Sue Mingus erzählt ihre Lebensgeschichte mit dem genialen und schwierigen Charles Mingus, dem »Angry Man« des Jazz. Sie führt uns in die New Yorker Jazzclubs der 60er und 70er Jahre, berichtet von ihrer langsamen Annäherung an Temperament und Musik des berühmten Bassisten und schildert ihren ergreifenden gemeinsamen Kampf gegen seine tödliche Krankheit.

Als Sue und Charles Mingus sich kennenlernten, hatte er gerade seine skandalumwitterte Autobiographie *Beneath the Underdog* beendet. Er hatte jetzt das Bedürfnis nach einer »Liebe mit einer Adresse«, aber es brauchte elf turbulente Jahre und mehrere ernsthafte Trennungen, bis Sue sich darauf einließ – und Allen Ginsberg die Trauung vollzog.
An Charles faszinierte Sue dessen Unangepaßtheit und Lebenslust, seine Zärtlichkeit und Direktheit. Zusammen waren sie ein produktives Jazz-Team, das die Grundlage für die Unabhängigkeit und Eigenwilligkeit von Charles' Musik bildete. Die letzten Jahre ihrer Ehe waren überschattet von Charles' tödlicher Muskelschwundkrankheit, gegen deren Fortschreiten sie gemeinsam mit allen nur erdenklichen Mitteln kämpften, um ihm einen würdevollen Tod zu ermöglichen.

Sue Graham Mingus, früher Herausgeberin und Publizistin, arbeitet heute als Musikproduzentin. Sie ist die Leiterin verschiedener Bands, die sich dem Werk von Charles Mingus widmen, und lebt in New York.

Sue Graham Mingus

Tonight at Noon

Eine Liebesgeschichte

Aus dem Englischen von Conny Lösch

Edition Nautilus

Titel der Originalausgabe: *Tonight at noon. A love story*

Umschlaggestaltung: Maja Bechert, unter Verwendung
einer Fotografie von Teppei Inokuchi

Edition Nautilus Verlag Lutz Schulenburg
Alte Holstenstraße 22 · D-21031 Hamburg

1. Auflage 2003 · Printed in Germany
www.edition-nautilus.de

1 2 3 4 5 · 07 06 05 04 03

ISBN 3-89401-415-6

Für Susanna und Roberto

»Verschämte Lieb', ach! Sie verrät sich schnell
Wie Blutschuld: ihre Nacht ist sonnenhell.«
William Shakespeare
Was ihr wollt, 3. Aufzug, 1. Szene

»Das Leben ändert sich ständig. Vielleicht regnet es morgen, dabei sollte doch die Sonne scheinen, weil Sommer ist. Gott ist ein komischer Typ, er spielt wie Charlie Parker. Er kann Donner schicken oder er kann die Sonne auf die Nacht verschieben – so kommt mir das vor.« Charles Mingus

C 𝄞 *lead sheet*

ECLIPSE

words and music by
CHARLES MINGUS

Ballad

PROLOG

»Natürlich werde man von Anfang an für verrückt gehalten, gerade weil man das genaue Gegenteil von verrückt sei…«
Thomas Bernhard, Das Kalkwerk

An einem kalten Januarmorgen noch vor Morgendämmerung verstreute ich im heiligen Dorf Rishikesh im nördlichen Teil Indiens die Asche von Charles Mingus im Ganges. Er hatte mich darum gebeten. Nach hinduistischem Brauch tauchte ich mit ihr in den eiskalten Fluß ein. Es geschah in der Gewißheit, daß die naßkalte Luft unter der Bergkette des Himalaya für das Leben des Geistes und für die Wiedergeburt geschaffen ist, woran er geglaubt hatte. Ich ging zu meinem Ein-Zimmer-Haus am Ganges, zitterte, hinterließ Wasserspuren im Sand und stellte mir vor, daß ich eines Tages ein kleines Schild mit seinem Namen, seinen Daten und dem Titel einer seiner Melodien über dem Eingang anbringen würde: »Tonight at Noon«. Damit bezeichnet man in der Sprache der Musiker die unvorhersehbaren Zeitverzögerungen bei einem Auftritt, die chaotischen Arbeitszeiten. Es ist ein Ausdruck für die Umkehr der Ordnung der Dinge. Vielleicht hat Mingus dabei auch das neue Leben im Sinn gehabt.

Während ich weiter am Ufer entlanglief, erinnerte ich mich an etwas, das er über Charlie Parker gesagt hatte: »Weißt du, ich hab über Birds Tod nachgedacht…« Wir saßen zusammen auf der Veranda unseres letzten Zuhauses in Mexiko und wärmten uns in der Sonne. »Als Bird starb, gab es einen

Donnerschlag. Es war ein glücklicher Tod. Ich hatte ein gutes Gefühl dabei. Als ob alles in Ordnung wäre, als ob Bird gestorben wäre, um nach ein paar von den Jungs Ausschau zu halten …«, er lachte, »wahrscheinlich nach den Beboppern!«

»Weißt du, Birds Musik war sehr intuitiv«, fuhr er fort. »Sie hatte etwas Heiliges. Ich weiß nicht, ob durch den Teufel oder die Engel, aber die Musik selbst war fast übermenschlich. Ich erinnere mich, wie ich mich mit ihm über Buddhismus unterhielt – er wußte alles darüber –, und dann erzählte er mir von Yoga und Buddhismus und plötzlich sahen wir, wie der Clubbesitzer die Hand hob und Bird sagte: ›Naja, Zeit zu gehen. Wir können das ja auf der Bühne ausdiskutieren.‹«

Charles schwieg und dachte nach.

»Also, das hat er gesagt«, wiederholte er. »Er sagte: ›Wir können das auf der Bühne ausdiskutieren.‹ Verstehst du, ich wußte immer, daß er mit der Musik genauso abergläubisch war wie ich.«

Zwei Wochen zuvor, an einem bewölkten Nachmittag im Januar, schwammen fünfundsechzig Pottwale durch die flachen Küstengewässer von Baja California in Nordwest-Mexiko, schwappten an Land wie eine monströse Flutwelle und verendeten auf dem Strand. Am selben Nachmittag, mehrere hundert Kilometer östlich, in einem kleinen Dorf namens Cuernavaca, starb mein Mann Charles Mingus. Er war sechsundfünfzig Jahre alt. Am folgenden Tag wurden Mingus und die Wale im Feuer verbrannt: Mingus im Krematorium in einem der Außenbezirke von Mexiko-Stadt und die Wale auf Scheiterhaufen entlang der Küste.

Mingus hätte diese zufällige Gleichzeitigkeit gefallen. Schließlich war er ein Mann der Vorahnungen und hätte sich zweifellos an den geheimnisvollen Donnerschlag aus wolkenlosem Himmel erinnert, am Tag als Charlie Parker starb. Er hatte die Geschichte oft genug erzählt: wie er an jenem Nachmittag, dem 12. März 1955, an dem Bird starb, seinen Baß die Fifth Avenue entlang zu einer Aufnahmesession trug. Wie er in die gleißende Sonne blickte und den Himmel grollen hörte. Und obwohl er später einmal sagte, er habe den Donner vielleicht nur in seinem eigenen Kopf gehört, machte das kaum einen Unterschied. Er wußte, Bird war mit einem Donnerschlag entflohen, so wie ich wußte, daß Mingus uns mit den Walen verlassen hatte.

Am Tag, nachdem Charles gestorben war, saßen sein zweitgeborener Sohn Eugene und ich auf einem Rinnstein unter dem Schornstein des Krematoriums auf einem alten mexikanischen Friedhof und sahen zu, wie der dunkelbraune Rauch Richtung Osten davon wehte.

»Er geht in die richtige Richtung«, meinte Eugene und nickte gen Himmel. Er wußte, daß ich in weniger als einer Woche dem Rauch folgen und nach Osten in ein heiliges Dorf an den Ausläufern des Himalaja reisen würde, um die Asche seines Vaters in den Ganges zu streuen.

Ich stellte mir vor, daß mich Charles auch deshalb darum gebeten hatte, seine Asche ans andere Ende der Welt zu bringen, weil er den Clubbesitzern und Konzertagenten, den Gangstern und Veranstaltern, die ihn seine gesamte Karriere hindurch schikaniert hatten, aus dem Weg gehen wollte. Schließlich erforderte der ruhige Übergang seines Geistes von dieser Welt in die nächste Abstand zu ihren Tricksereien und ihren Einmischungen – wenn nötig eine halbe Erdumrundung. Bei wichtigen Veranstaltungen hatte er sich stets zurückgezogen. Vor einem Konzert zum Beispiel meditierte er alleine in der Garderobe. Ich erzählte Eugene von einem Abend im Village Vanguard, einem Jazz-Club in New York, in dem die Garderobe gleichzeitig die Küche war. Ein paar Leute feierten dort wie üblich eine Party, und Mingus hatte geschrien, daß nur Bird die spirituelle Seite der Musik verstand.

Eugene und ich saßen Seite an Seite, tauschten Erinnerungsfetzen aus und versuchten uns nahe zu sein. Ich hatte ihn nur einmal getroffen, bevor er zu uns nach Mexiko kam, um sich um seinen Vater zu kümmern. Er sollte die ständig wechselnden unzuverlässigen Pfleger entlasten, die uns regelmäßig von einer Agentur in San Francisco geschickt wurden und selten länger als ein paar Wochen blieben. Monate zuvor in New York hatte man bei Charles eine unheilbare Nervenkrankheit namens Amyotrophe Lateralsklerose (ALS) diagnostiziert, die allgemein als Lou-Gehrig-Syndrom bekannt ist. Man hatte ihm noch drei bis sechs Monate zu leben gegeben. Als wir in Mexiko eintrafen, wo wir hofften, unter der Anleitung einer bekannten Zauberin und *curandera* namens Pachita wundersame Heilung zu finden, war seine Zeit bereits geliehen.

Und so hatten wir seinen Sohn kommen lassen. Eugene war stark, er gehörte zur Familie, und wir brauchten jede Hilfe, die wir kriegen konnten – denn Charles zählte zu den schwierigen Fällen, wie die Schwesternagenturen immer wieder betonten.

Im Krematorium hatte ich darauf bestanden, daß man den Sarg öffnete, um sicher zu gehen, daß Charles darin lag. Es war ein fremdes Land: wir waren Pannen gewohnt. Die Angestellten öffneten das blaue Laken, in das er eingewickelt war, und legten seinen Kopf frei. Sein rechtes Augenlid war geöffnet. Das sanfte braune Auge starrte geradeaus. Eugene schloß es und drückte die Lippen seines Vaters zusammen, nachdem er das Gold in seinen Zähnen überprüft hatte. Er hatte in Krankenhäusern ausgeholfen und wußte, wie er mir in Erinnerung rief, Bescheid über das, was Mitarbeiter dort anzurichten imstande waren – was ich mir vielleicht gar nicht vorstellen könnte.

Nachdem die Angestellten den Sarg durch eine Bodenklappe auf die unterste Ebene herabgelassen hatten, sprang Eugene unvermittelt auf und lief den langen Flur hinunter, als hätte er etwas Bestimmtes im Sinn. Ich folgte ihm ans Ende des Flurs, wo er sich durch eine geschlossene Tür Zutritt zu einem Raum, eine Art kleine Kapelle oberhalb der Brennöfen, verschaffte. Während ich ihn neugierig beobachtete, begann er im trüben Licht herumzusuchen. In all den Monaten, in denen wir zusammen gearbeitet hatten, war ich nicht sicher, was in seinem Kopf vorging. Jetzt fragte ich mich, ob er hierher gekommen war, um zu beten. Oder ob er vorhatte, irgendeinen Kunstgegenstand im Ärmel verschwinden zu lassen. Oder ob er nicht doch einfach nur die Zeit totschlagen wollte, bevor die Einäscherung begann.

Es dauerte nicht allzu lange, bis er ein altes Klavier in einer Ecke des Raums entdeckte, er öffnete den Deckel und begann einige karge, stockende Akkorde für seinen Vater zu improvisieren. Bald aber lösten sich die dürftigen Akkorde und Eugene sprang auf die Hinterbeine und rockte, wippte in seinen sauberen gestärkten Jeans vor dem offenen Klavier, summte dazu heiser wie Major Holly, wenn er mit seinem Baß sprach, stimmte Ton um Ton an und begleitete sich selbst dazu auf den Tasten.

Ich stand im Schatten in der Nähe des Klaviers und wunderte mich über seine Kühnheit, fragte mich, ob es ein Protest war oder eine spontane, überzogene Reaktion auf das Durcheinander, das dieser komplexe Mann, der sein Vater gewesen war, in Eugenes Welt gebracht hatte. Oder ob es nur ein spontaner Abschiedsgruß war, ein letzter einseitiger Wortwechsel, der in den Mauern der Kapelle ertönte und wieder verklang. Und dann, während ich zuhörte, wurde hinter dem Altar eine Tür aufgerissen und ein Priester kam herein gerannt. Der Priester hielt einen Augenblick im Türrahmen inne, während sich seine erstaunten Augen an das Licht gewöhnten. Als er uns endlich in der Ecke sah – Eugene sah, der in den anschwellenden Refrain seines Lieds vollkommen vertieft war –, hob der Priester einen bleichen Arm unter den Falten seines großen schwarzen Umhangs und bedeutete uns, zitternd vor Entrüstung, daß wir den Raum verlassen sollten.

»Fuera!« schrie der Priester. Und dann wieder: »Afuera!«

Eugene schloß vorsichtig den Klavierdeckel. »Wollte nur meinen Tribut beisteuern«, sagte er leise über die Schulter, als wir nach draußen gingen. Dann setzte er mit einem bescheidenen Schulterzucken hinzu, »mit gar nichts«.

Aus dem Heiligtum vertrieben, saßen Eugene und ich schweigend und nachdenklich unter dem Schornstein des Krematoriums. Die Beziehung, die wir über ein halbes Jahr zwangsläufig aufbauen mußten, war bestimmt von der Intimität der Krankheit mit ihrer Eindringlichkeit und Leidenschaft und auch noch immer belastet durch Familienkonflikte aus der Vergangenheit. Dreißig Jahre waren vergangen, seitdem sich Charles von Eugenes Mutter Jeanne getrennt hatte. Eugene hatte seinen Vater kaum gekannt, ein Mann, der von seiner Kunst und seinen Begierden getrieben war, dessen

Leben hauptsächlich unterwegs stattfand. In Mexiko hatten wir nun als eine Art improvisierte Familie zusammengelebt und waren zusammen durch Berge, Ebenen und Vulkanwüsten gefahren, hatten mit Hexen verkehrt, Elixiere aus Leguanblut zubereitet, Tausende von Schnecken von den eleganten Badezimmerwänden unserer Villa gepflückt, Jauchekompressen im Kühlschrank aufbewahrt und Voodoo-Operationen mit blitzenden Messern im Dunkeln beobachtet. Nachts rasten wir in einem Kleintransporter nur vom Mond beleuchtete Straßen entlang, damit sich Charles, der gelähmt in seinem Rollstuhl saß, in den Schlaf wiegen konnte. Tagsüber stand Eugene lang und aufrecht am Stuhl seines Vaters: stark, kompliziert, lakonisch, belustigt, seine Gefühle waren unmöglich einzuschätzen. Manchmal entspannte sich seine Stimmung durch das Gras, das er rauchte; andere Male verfiel er ins Grübeln. Vater und Sohn. Pfleger und Patient. Homeboys unter sich.

»Wir hatten ein Repertoire«, sagte Eugene eines Nachmittags zu seinem Vater, während er ihn massierte und ihm Geschichten erzählte. Eugene erzählte von seinem ehemaligen Partner im »Schmiergeldgeschäft« in Los Angeles und von den alten Zeiten, in denen er auf Ölfässer in Chinatown schoß, nachts riskanten zwielichtigen Unternehmungen nachging und für einen Hungerlohn arbeitete.

Ich lachte. »Ein gutes Verhältnis, meinst du.«

»Nigger sagen Repertoire«, sagte Charles sofort. »Genau das meinen sie. Er weiß, was er sagt.«

Homeboys unter sich. Sie streiten um Geld, erzählen Witze, wetteifern stillschweigend miteinander. Ihre Wortwechsel sind kryptisch oder vulgär, sie sind ständig auf der Hut. Eugene war vor Jahren zurückgelassen worden. Jetzt war er wieder da, zumindest physisch, und hatte das Sagen. Es gab Zeiten, wo man die dunklen, ungelösten Fragen zwischen ihnen spüren konnte. Dann wieder entstanden, trotz der belastenden Vergangenheit, Momente leuchtender Transzendenz, die den Rest auslöschten, freundliche kurze Augenblicke, die ihre persönlichen Befindlichkeiten in den Hintergrund rückten.

Eines Nachmittags beschwerte sich Charles, wie es seine Art war. »Ich hätte gesund werden können«, warf er mir vor. »Ich hab die falschen Pfleger. Ich brauche ein Team. Leute, die dran glauben.«

»Wir glauben dran«, sagte ich.

»Eugene sagt, ich glaube an Hexen. Er sagt, bei Pachita sind ein paar verrückte Leute, die Messer mögen und die geschnitten werden wollen, die gesund werden könnten, ohne geschnitten zu werden...«

»Es ist egal, was mit Eugene ist. Entscheidend ist, was du glaubst.«

»Er ist nach Mexiko-Stadt gefahren. Er hat mich in der Nacht der Operation allein gelassen. Er glaubt nicht, daß ich gesund werde.«

»Doch, das tut er. Er will, daß du läufst, er glaubt dran«, beharrte ich.

An jenem Abend zog Eugene Charles auf wundersame Weise ohne den Hoyer-Lift aus dem Bett, drehte ihn auf den Füßen herum und brachte ihn dazu, zwei oder drei schwankende Schritte zu machen. Statt ihn direkt in den Stuhl zu setzen, hielt ihn Eugene stehend aufrecht. Charles machte einen Buckel und ich legte ihm die Hände auf Eugenes Schultern, so daß er sich abstützen und den Kopf heben konnte, bis er sich schließlich selbst aufrecht hielt. Er hob den Kopf höher und höher, warf ihn zurück, hob ihn noch höher, seine Augen rollten nach oben und er reckte den Hals. Während wir ihn beobachteten – gerührt von seinen und unseren hochfliegenden Gefühlen – stand er noch einmal auf wie ein Mensch. Ich dachte an die Musik, die er vor langer Zeit geschrieben hatte – »Pithecanthropus Erectus« –, die von seinen Gefühlen für den ersten Menschen auf Erden sprach, der sich selbst triumphierend auf seine zwei Beine gestellt hatte. Jetzt, da wir ihn anstarrten, rief Charles gen Himmel: »Wo war ich gewesen?«

Ich sah, daß Eugenes Augen glänzten, als er seinen Vater festhielt und ich wußte, daß er dieses Mal daran glaubte.

Auf dem Friedhof blieb Eugene neben mir: »Wir haben immer noch den Sarg«, sagte er. »Ich meine, bezahlt ist er ja. Das ist doch Verschwendung. Ich hab gedacht, ich könnte ihn nach Hause zu meiner Tante schaffen.«

»Das ist kein so tolles Geschenk«, sagte ich rasch. Ich hatte mich an seine Launen gewöhnt; die meisten seiner einfallsreichen Erfindungen für Charles entstanden aus solchen Launen. Ich nahm an, er wollte den Sarg als Versteck für seine Marihuanapflanzen, die er den Sommer über großgezogen hatte. Seine Vorliebe fürs »Rauchen« war im Verlauf der Tage, in denen Charles' Krankheit immer schlimmer wurde und heranreifte wie Eugenes Gras, zu einer unersättlichen Leidenschaft geworden. Ich hatte mir immer vorgestellt, wie ihn seine Ernteaktivitäten in den langen, von Krankheit geprägten Nächten aufrecht hielten – wie er sich auf die milden, sonnendurchfluteten Stunden am nächsten Tag freute, wenn er einen neuen Kräuterextrakt zu seinen Pflanzen brachte und pfeifend über die Felder stapfte. Ich stellte mir vor, daß sie seine Gedanken während unserer Marathonsitzungen am Krankenbett zum Funkeln brachten, obwohl ich nicht davon überzeugt war.

»Das ist kein so tolles Geschenk«, sagte ich wieder.

Er starrte auf den Schornstein des Krematoriums, zählte sinnlos die Backsteine. »Ja«, überlegte er. »Und es könnte Probleme am Zoll geben.«

»Oder er könnte Übergewicht haben…«

Er lehnte sich zurück, verwarf die Idee ebenso gelassen, wie er sie sich hatte einfallen lassen.

Zusammen beobachteten wir den dunkelbraunen Rauch, der zweieinhalb Stunden in östlicher Richtung abzog, Rauch, der mit der Zeit immer heller wurde, Feuer, das Knochen verschlang. Feuer, das zum Schluß ganz weiß war. Charles hätte etwas dazu zu sagen gehabt, dachte ich.

Mir fiel eine Unterhaltung zwischen Charles und mir ein, kurz bevor wir New York verließen. Wir saßen in der Abenddämmerung auf unserem kleinen Balkon über der Tenth Avenue und beobachteten, wie die Sonne hinter New Jersey verschwand. Er wußte bereits, daß er bald sterben würde. »Vielleicht komme ich als jemand anders wieder auf die Erde«, sagte er und starrte über den Fluß. »Ich werde irgendwo sein, keinen Namen haben und Cello üben.« Er lachte. »Und Bach, Beethoven und Mingus studieren…«

»Weißt du, das mit dem Körper hatte ich schon. Das nächste Mal will ich als Stern wieder kommen. Ich will die ganze Nacht leuchten. Ein Stern bleibt so lange da oben, bis er verbrennt und sich in etwas anderes verwandelt. Wenn ich hier rauskomme, werde ich eine Menge zu erzählen haben. Aber nur für den Fall ... Ich möchte im Ganges beerdigt werden. Eigentlich will ich gar nicht mehr zurückkommen.« Er schwieg. Er legte seinen guten Arm um mich, den Arm, mit dem er noch seitlich an seinen Rollstuhl klopfen konnte, um den Takt zu halten.

»Ich hatte jede Menge Karmas, Baby«, sagte er. »Ich bin eigentlich ein blöder Idiot. Ich hab gar keine große Ahnung von Musik. Das kommt von Gott. Alles. Gott ist das ewige Leben.«

Er hatte gerade mit seinem Freund Booker-der-Schneider über die Schriften von Swami Vivekananda und die Hindu-Gleichnisse gesprochen. Auch Booker war dabei zu sterben.

»Diese Jungs hatten mehr zu sagen«, hatte er Booker erklärt, als beide getrennt in ihren jeweiligen Wohnungen – Mingus im Rollstuhl in unserer Wohnung in Manhattan, Booker im Bett in Queens – Sinn in die Sache zu bringen versuchten. »Das sind die einzigen, mit denen ich was anfangen kann. Ihre Religion ist offen und demokratisch, sie verehren alle Propheten. Es gibt überhaupt keine Vorurteile!«

Booker hatte gelacht. Er und Charles waren seit den sechziger Jahren befreundet, lange bevor Booker ins Gefängnis mußte, weil er seinen kleinen Klamottenladen auf der Avenue B mit dem Messer gegen einen der Erpresser aus dem Viertel verteidigte, der ihm regelmäßig Geld abverlangte. Er erstach ihn ebenso geschickt und verdientermaßen (wie einige meinten), wie er auch einmal eine Ratte mit der Schere im Hinterzimmer seines Ladens von seinem Bügelbrett herunter schleuderte. Damals nähte Booker afrikanische Umhänge für die Führer der neuen schwarzen Bewegung, von denen viele in der Nähe wohnten oder arbeiteten. Die Straße runter hielt der Aktivist Rap Brown politische Versammlungen im Hinterzimmer von Bunch's Restaurant ab. Einer der Führer der Bürgerrechtsbewegung, Stokely Carmichael, kam zum Mittagessen vorbei. Booker nannte seine Kleiderserie »The New Breed«, und Charles war einer seiner treusten Kunden. Jetzt hatte man

Booker mit Tuberkulose aus dem Gefängnis in Ossining entlassen, damit er zu Hause sterben konnte.

Booker lachte wieder. Er erinnerte Charles an alte Zeiten, an Abende auf der Bühne, an denen Mingus die Namen aller Propheten schnell und dröhnend wie ein Presslufthammer herausschrie: »Buddha! Moses! Krishna! Konfuzius! Uuuuuunnd Jeeeesus Christus!« Dann sah er ins Publikum und schrie noch einmal: »Alle Propheten!!«

»Ach ja«, erwiderte Mingus. Auch er lachte. »Ich war sofort erleuchtet, als ich Vivekananda gelesen hatte, obwohl ich in einer westlichen Kirche aufgewachsen bin. Weißt du, mein Freund Farwell Taylor hat mich zur Vedanta Society mitgenommen, als ich jung war. In dem, was die gesagt haben, hab ich mehr Wahrheit gefunden als in der ganzen Methodisten-Szene. Ich meine, die meisten Leute sind von dem ganzen politischen System, also der Kirche und den Gangstern, so genervt, daß sie gar nicht mehr wissen, worum's im Leben geht, Mann. Die haben keine Zeit es rauszufinden.«

Sie standen beide unter dem Einfluß von Beruhigungsmitteln und sprachen schleppend miteinander.

»Ich komm in meinem Rollstuhl vorbei und bring Kuchen mit«, versprach Charles Booker. Nach einer langen Pause sagte er: »Es gibt keine Heilung für das, was ich habe, aber ich werde wieder aus dem Bett aufstehen. Ich werde aus diesem *Bett* wieder aufstehen. Ich werde wieder *aus* diesem Bett aufstehen. Ich werde aufrecht auf den *Beinen* sterben. In Ordnung, Baby, ich liebe dich. Ich laß dich jetzt in Ruhe.«

Auf dem Friedhof stießen Arturo und Jesus zu uns, zwei mexikanische Pfleger, die gekommen waren, um Charles die letzte Ehre zu erweisen. Sie saßen ein paar Meter entfernt auf großen weißen Steinen und unterhielten sich leise auf Spanisch, während sich der Rauch ihrer Zigaretten durch die Luft schlängelte und sich mit dem Rauch aus dem Krematorium über uns vermischte. Arturo, der uns über so viele Monate hinweg eine große Hilfe gewesen war und der in den Krankenzimmern unserer Villa so kräftig gewirkt hatte, wirkte jetzt in Hemdsärmeln und unter freiem Himmel blaß und zierlich.

Schließlich tauchte ein Mann in weiten ausgebeulten Hosen und einer schmutzigen weißen Mütze mit der Schachtel voller Asche aus dem Krematorium auf. Eugene und ich füllten die Asche in eine kleine Urne um, befühlten den warmen Inhalt, suchten nach Schädelsplittern und Knochen, wie es der hinduistische Brauch verlangt. Jeder von uns beiden dachte daran – mit der Selbstsucht und irren Besitzgier der Hinterbliebenen – ein Souvenir zu behalten.

»Ich hoffe, du hast nichts genommen«, sagte ich später schroff zu Eugene.

»Ich hab dran gedacht«, gab er zu. »Aber ich wollte nicht, daß er unvollständig wiedergeboren wird. Ich wollte nicht, daß ihm ein Finger oder ein paar Zehen fehlen.«

Eugene und ich fuhren schweigend in der Abenddämmerung durch die Berge zurück, ein heftiger Wind bog die Bäume und schüttelte den Wagen. An Charles' Stelle, der sonst angegurtet hinter uns in seinem Rollstuhl gesessen hatte, stand da jetzt nur die metallene Urne. Die Verwandlung war zu ungeheuerlich, als daß man darüber hätte sprechen können.

EINS

»Ich liebe Mingus. Mingus ist ein echter Mann. Wenn er sich zum Idioten macht, dann macht er sich zum Vollidioten.« Miles Davis

Das erste Mal traf ich Charles Mingus im Juli 1964, kurz vor Mitternacht. Ich ging in den Five Spot, einen Jazz-Club in Lower Manhattan, weil der Produzent eines Films, in dem ich mitspielte, bei dem Saxophonisten Ornette Coleman einen Soundtrack in Auftrag gegeben hatte – zumindest glaubte er, daß er einen Soundtrack in Auftrag gegeben hatte. Mein Freund Sam Edwards, der ebenfalls an dem Film mitarbeitete, meinte, ich solle mir die Leute mal ansehen. Ich hatte nicht die leiseste Ahnung von Jazz. Sam hatte mir bereits erklärt, ich wäre damit für eine New Yorkerin nicht besonders in, ergänzte aber in seiner gewohnt lässigen Art, daß schließlich jeder lernfähig sei. Von Mitgliedern der Filmcrew hatte ich das Ornette Coleman Album »Something Else« bekommen und die Miles-Davis-Platte »Miles Ahead« immer wieder gehört, da sie der Regisseur des Films in den langen Drehpausen zwischen den Szenen ständig aufgelegt hatte. Weiter war ich in die Musik nicht eingeweiht.

Sam holte mich in meiner Wohnung auf der Upper West Side ab, und wir zogen zum Village Gate, wo Dizzy Gillespie auftrat. Gegen Mitternacht, als Dizzys Set zu Ende war, fuhren wir quer durch die Stadt zum Five Spot, um Mingus zu hören. Damals war das Five Spot einer der lebhaftesten Jazz-Treffs in New York City. Jazz hatte Hochkonjunktur und sowohl Charles Mingus als auch Thelonious

Monk, der kürzlich erst auf dem Titelblatt des *Time Magazine* erschienen war, konnten sechs Monate durchgängig an ein und dem selben Veranstaltungsort spielen und es kamen immer Leute. Zu dieser Zeit wurde Charles Mingus, wie mir Sam erklärte, in der Presse als »angry man« des Jazz bezeichnet.

Ich hatte kaum etwas von Mingus gehört, obwohl sein Ruf auch schon bis zu mir durchgedrungen war: er galt als störrischer, manchmal hitziger, oft ungerechter und aufbrausender Charakter, ein Musiker, der seine Bandkollegen auf der Bühne feuerte, sie wieder anheuerte, ein unaufmerksames Publikum zurechtwies, Streit suchte, sein Instrument meisterhaft beherrschte, seine politischen Überzeugungen auf der Bühne kundtat, eine übermächtige Persönlichkeit darstellte und Auftritte aus dem Stegreif hinlegen konnte. Einige meinten, er sei der Inbegriff eines Sechziger-Jahre-»Happenings« – jene spontanen Veranstaltungen dieser Zeit, die überall in der Stadt stattfanden.

Die Pause hatte gerade begonnen, als wir eintrafen, und die Musiker standen in der Nähe der Bühne herum. An der Bar waren noch ein paar Plätze frei und Sam bestellte mir einen Gin Tonic. Ich war dabei, mich von einem Besuch zu Hause bei meinem Vater zu erholen – das heißt nicht wirklich zu Hause, das war Milwaukee, sondern Florida, wo sich mein Vater zur Ruhe gesetzt hatte und wo ich hingefahren war, um Familienprobleme zu besprechen: meine Ehe und finanzielle Lage, sein altersbedingtes Hinken.

Er hatte versucht mich anzurufen und dabei festgestellt, daß mein Telefon nicht funktionierte. Als ich ihm erzählte, daß auch meine Ehe so gut wie kaputt war, schlug er vor, ich solle kommen und alles mit ihm bereden. Während unserer langen Gespräche sog ich die Sonne in mich auf und jetzt, zurück in New York, hoffte ich, die unangenehmen Dinge des Lebens noch ein paar Stunden länger ausblenden und mich in einem Club entspannen zu können. Ich war braun gebrannt und von Kopf bis Fuß hell, aber nicht rein-weiß, gekleidet. »Wie eine Flasche Milch«, bemerkte Sam lachend, als er mein creme-farbenes Kostüm sah – Rock, Bluse, dazu passende Sommerschuhe mit Absätzen. »Du könntest Reklame für deinen Heimatstaat machen. Die Verkörperung der amerikanischen Milchwirtschaft in Leinen.«

Ich klärte ihn auf, daß es sich um Seide, nicht um Leinen handelte, und daß mir sogar mein Vater am Flughafen ein Kompliment gemacht hatte – ein Ereignis, das ich mir noch immer auf der Zunge zergehen ließ, denn in meiner Familie war es üblich, sich um Lob zu drücken. Dieses eine Mal hatten sich Moms Klostergeister rausgehalten. Sam wußte von der Sacred-Heart-Klosterschule, in der meine Mom ihre Kindheit verbracht hatte. Ich hatte ihm von dem prestigeträchtigen Pensionat für katholische junge Damen erzählt, in dem man die alten Rituale pflegte und Ausschweifungen wie übertriebenen Luxus ebenso tatkräftig und entschlossen mißbilligte wie zur Jahrhundertwende sechzig Jahre zuvor.

Ich war gerührt von der unerwarteten Aufmerksamkeit meines Vaters, die er mir an jenem Tag so überschwenglich zuteil werden ließ. Während wir auf unseren Barhockern saßen und darauf warteten, daß die Musik begann, konnte ich nicht anders, als vor Sam damit zu prahlen.

»Er hat mein Seidenkleid, meine hohen Absätze und den Schmuck angestarrt – normalerweise ziehe ich mich nicht so an –, und er hat mein hochgestecktes Haar betrachtet, das von einem Hauch Haarspray zusammengehalten wurde, und mir gesagt, ich sei eine schöne Frau. Vielleicht hat er mich zum ersten Mal wirklich gesehen. Ich glaube, er war stolz.« Der Kellner stellte meinen Drink ab und eilte fort, um Sams Getränk zu holen, das er vergessen hatte. »Natürlich war er schüchtern, so etwas zu sagen war sehr intim. Wir haben in unserer Familie nie über das Aussehen gesprochen. Ich kann mich an überhaupt keine Komplimente erinnern – auch nicht wegen unserer Ausbildung. Für Mom wäre das gefährlich nahe an Eitelkeit herangekommen. Und trotzdem hatten meine Eltern natürlich hohe Erwartungen: man erwartete von uns, daß wir gut waren, ohne Schmeicheleien oder Anerkennung. Aber so waren sie eben.« Ich sah Sam an. »Meinen Brüdern und mir hat nichts gefehlt, will ich damit sagen.«

Mir war bewußt, daß ich mich für etwas rechtfertigte, das für die Angst einer Spartanikerin vor Exzessen oder persönlichen Eigenheiten gehalten werden könnte.

»Naja, dann also auf das väterliche Lob.« Sam hob sein Glas. Nachdem er den Raum mit Blicken abgesucht hatte, deutete er auf jemanden an einem entfernten Tisch und sagte, es sei Mingus. Ich hatte den einzelnen Mann, der alleine an einem Vierertisch saß, schon bemerkt. Er schien den Nachtschwärmern um ihn herum so fern und entrückt wie eine zufällig in ein Menschenmeer geworfene einsame Insel. Seine Ärmel waren hochgekrempelt und er hielt einen Steakknochen in der Hand, seine Augen fixierten intensiv den runden Teller voll Essen vor ihm. Er schien so in sich gekehrt wie ein heiliger Mann, der über sein Chakra meditiert. Er wirkte, als würde er dieselbe grüblerische Intensität auf alles übertragen, das er berührte, und in dem Augenblick war das sein Abendessen.

Ich mochte ihn sofort. Ich mochte die Art, wie er in dem lauten Raum alleine war, wie er sich auf den riesigen Rinderknochen in seiner Hand konzentrierte. Er war trotz der aufgedrehten und lärmenden Samstagabend-Touristenmeute um ihn herum ins Essen vertieft, war versunken in dessen Annehmlichkeit, ein unbefangener, schwitzender, konzentrierter Mann, unbeeindruckt fremden Blicken ausgesetzt. Ein Mann, der zu sehr in sich selbst ruhte, um Angst zu verspüren. Mein eigenes Leben war geordnet und ausgewogen, beruhte auf Grammatik, gutem Geschmack und makellosen Manieren. Dennoch erschien mir irgendetwas an dem Mann am anderen Ende des Raums merkwürdig vertraut, so als würde ich ihn bereits kennen. Er wirkte auf mich wie ein Verwandter der Familie, eine mächtige Präsenz oder wie mein Vater eine Persönlichkeit von Gewicht, was unabhängig von Körperumfang oder -größe spürbar war – Mingus war damals nicht zu dick, ebenso wenig wie mein Vater es jemals war. Ich glaube jetzt, daß es eine Prophezeiung war, die mich streifte, ein phantastischer Windhauch aus der Zukunft, vergleichbar einem Photo, das innerhalb einer Reihe auffällt, weil es zu schnell entwickelt wurde, und das einen Schnappschuß aus weit entfernter Zukunft zeigt.

An meiner Wand zu Hause hängt eine winzig kleine Aufnahme in einem viel zu großen Rahmen. Sie zeigt mich, als Fünfjährige. Auf dem vergilbten Foto werde ich von zwei robusten

Kinderfrauen flankiert, die mich an den Händen packen. Sie sind groß und stehen militärisch gerade. Selbst jetzt noch kann ich meine Hände in ihre Hände eingeschlossen spüren. Sie waren für die Leitung der Küche und für mich verantwortlich. Obwohl die Anordnungen von oben kamen – von meiner Mutter, die peinlich genau die Zubereitung des Essens, das Decken des Tisches und das Anzünden des Kerzenleuchters, das Herrichten meines Haars mit der heißen Lockenschere jeden Morgen vor der Schule überwachte –, griffen sie an ihrer statt durch und sorgten für die Einhaltung der Gesetze.

Unsere Mahlzeiten waren förmliche Anlässe, zu denen meine Brüder Krawatten und frisch gebügelte Hemden trugen, eine Klingel zitierte die Dienstmädchen herbei und mein Vater tranchierte am Kopfende des Tisches. Obwohl sich die Rahmenbedingungen mit Ausbruch des Krieges änderten und sich junge Frauen durch die Arbeit in der Kriegsindustrie sehr viel besser und unabhängiger ihren Lebensunterhalt verdienen konnten, als in Haushalten zu dienen, blieben die gemeinsamen Hauptmahlzeiten ein wichtiges Ritual, das noch lange aufrechterhalten wurde. Sie waren das Eisen, mit dem sich gesellschaftliche Formen in das Leben und das der Kinder brannten, unabhängig von den Lebensumständen. Selbst Jahre später, als ich eine Zeitung leitete und regelmäßig ausgelassene Redaktionstreffen/Festessen zu Hause veranstaltete und sich Charles groß und mächtig über seine Lieblingsgerichte am Kopfende des Tisches beugte, verzehrten wir unser Essen bei flackerndem Kerzenlicht, saßen aufrecht vor unseren Gedecken und bedeckten die Schöße mit Leinenservietten. Ein Verfall der Tischmanieren blieb undenkbar. Er war auf immer verknüpft mit Moms nachhaltig lebhaften Beschreibungen der Disziplin in der Klosterschule ihrer Kindheit – und der barbarischen Strafen, wenn ein kleiner Ellbogen auf dem Essenstisch auflag oder die Silbergabeln falsch gewählt wurden.

Beide Frauen auf dem Schnappschuß blicken ernst unter ihren Hutkrempen hervor, die schräg und verwegen bis über die Stirn reichen. Die langen Mäntel sind leicht geöffnet. Vielleicht ist es der erste milde Tag gegen Ende des Winters, obwohl die Bäume im Hintergrund kahl sind und darauf hindeuten, daß der Frühling erst in einigen Wochen beginnt. Man denkt, daß auch das Leben der Frauen wohl kaum in Kürze erblühen wird, obwohl sie jung genug sind, und vielleicht – aber nein, ich kann nicht anders an sie denken als an Gefängniswärterinnen. Ausstaffiert mit einem doppelreihigen Mantel und passendem Hut, zwinkere ich meinem Vater mit seiner Boxkamera gereizt zu, meine Hände in ihren Händen gefangen. Eines Tages werde ich nach Europa fliehen, einen freigeistigen italienischen Bildhauer heiraten und nach dessen Tod Charles. Das ist bereits dem Schnappschuß eingeschrieben.

Aber Moment, da gibt es noch ein anderes Bild – meine Mutter in jungen Jahren von einem Berufsfotografen abgelichtet. Sie ist schön, trägt ein beigefarbenes Leinenkleid und sitzt auf einer weißen Holzbank im Garten. Sie scheint sorglos, freundlich und noch ohne Enttäuschung – es war Jahre vor ihrem Selbstmord. Sie hält eine schützende Hand hinter mich, während ich oben auf der Bank balanciere und offenbar unbeschwert in die Sonne blinzele. Man erlaubt mir meine Turnereien, erlaubt mir auf hohe Bäume zu klettern und über Zäune zu steigen und die sorgfältig geordnete Welt zu erkunden, die man mir bietet. Man schenkt mir die Illusion von Unabhängigkeit, ein bleibendes Gefühl von Freiheit und dem Recht diese Freiheit einzufordern. Das alles wird ein Leben lang anhalten.

Während ich ihn beobachtete, stand Mingus vom Tisch auf und bahnte sich einen Weg durch die Menge. Als er an der Bar ankam, beschwerte sich ein bärtiger junger Mann in unserer Nähe bei ihm über Dizzy Gillespies Gekasper auf der Bühne des Clubs, aus dem Sam und ich gerade kamen. »Hast du ihn spielen gehört?« fragte Mingus sofort. Bevor der junge Mann antworten konnte, fuhr er fort: »Hör das nächste Mal einfach zu, wie er Trompete spielt.« Mingus stand an der Bar in der Nähe der Eisbehälter und wirkte niedergeschlagen. Er hatte dem Publikum unzählige Jahre lang gesagt, daß sie zuhören sollten. Jetzt, als der Koch des Hauses an ihm vorbei ging, fiel Mingus ein weiterer Regelverstoß ein – das Steak am Vorabend war zu sehr durchgebraten gewesen – und er setzte zu einer hitzigen Beschwerde an. Der chinesische Koch, der nach seinem

Lieblingsausdruck »Samelschitt« genannt wurde, wartete, bis sich der Sturm gelegt hatte.

»Same old shit«, sagte er leise und verschwand in der Küche.

Mingus rief nach einer Flasche Bordeaux – seiner eigenen, die er scheinbar von zu Hause mitgebracht hatte – und stand so nah bei unseren Hockern, daß ich ihm in die Augen sehen konnte, als er sich mit dem Barmann in ein Gespräch über Wein vertiefte. Es waren große und unschuldige Augen und, wie ich fand, verletzbare, fragende, dunkelbraune, amüsierte Augen, die im Raum umherflitzten, während er sich weiter auf seine Unterhaltung mit dem Mann an der Bar konzentrierte. Ich beschloß Mingus zu fragen, ob er Ornette Coleman gesehen hatte, den Musiker, den Sam und ich suchten und dessen Free-Style-Spiel bei Jazzfans noch immer umstritten war.

»Du meinst den Calypso-Spieler?« fragte Mingus verächtlich. Er sah mich neugierig an. »Bist du seine alte Dame?« fragte er.

»Seine Mutter?« fragte ich zurück. Ich hatte nicht die leiseste Ahnung, was er meinte. Mingus lachte. »Nein, Baby, ich meine seine Frau, seine Lady?«

»Er schreibt die Musik für einen Film, bei dem ich mitspiele.«

»Du spielst in einem Film mit?« Er schien überrascht. »Mit *den* Zähnen?«

Jetzt lachte ich. »Es ist ein Undergroundfilm«, erwiderte ich. »Die sind nicht so wählerisch.« Der fehlende Zahn hinten in meinem Mund war kaum zu sehen – ganz bestimmt war er noch nie zuvor einem Fremden aufgefallen.

»Ist dein Daddy nicht reich?« beharrte Mingus. Ich sah zur Seite auf Sam. Er saß mit geradem Rücken unbeteiligt da und starrte sich selbst im Spiegel hinter der Bar an. Ich schätze, er wollte wissen, wie weit diese fehlgeschlagene Kommunikation noch gehen würde.

»Ich habe in Italien gelebt«, sagte ich. »Die Zahnärzte sind da nicht so toll. Aber ich finde es auch nicht so wichtig.« Ich wandte mich wieder Sam zu.

Sam Edwards gab eine Kunstzeitschrift, *The Second Coming*, heraus und hatte am Nachmittag Standfotos aus Robert Franks neuem Film betrachtet. Robert war bei »Pull My Daisy« Kameramann gewesen, einem Dokumentarfilm über die Beat Poeten mit Jack Kerouac als Erzähler, und nun drehte er seinen ersten Spielfilm. Mein Partner in Robert Franks Film war ein französischer Schauspieler namens Martin La Salle. Martino, wie wir ihn nannten, hatte die Hauptrolle in Robert Bressons »Pickpocket« gespielt, ein unter Kennern berühmter Film. Ich war bei einer Sondervorführung von »Pickpocket« eingeschlafen, eingezwängt zwischen meinem künftigen Filmregisseur und meinem künftigen Filmpartner, und hatte mir, obwohl der Film quälend langsam war, ungerechterweise den Ruf erworben, desinteressiert zu sein. Die Vorstellung, mit Martino auf der Leinwand aufzutauchen, hatte noch immer etwas Unwirkliches.

Ich lebte mit meinem Mann und meinen Kindern, Susanna und Roberto, zusammen und versuchte über die Runden zu kommen, modelte gelegentlich für einen Photographen und hatte die Hauptrolle in Franks Film ergattert. Meine vierköpfige Familie war vor fünf Jahren aus Rom in die Staaten gekommen. Sechs Jahre davor hatte ich meinen Abschluß am Smith College gemacht und war auf der Suche nach dem Europa, das sich meine Mutter vorgestellt hatte, fortgegangen – ein Europa, das sich von dem, was ich vorfand, mit Sicherheit unterschied – ich hatte zwei Jahre in Paris verbracht und war dann nach Italien gezogen.

Der Grund für die ausgesprochen spontane Verlagerung unserer Familie nach New York war mehr oder weniger folgender:

Weil mein Bruder Bob zusammen mit einem Freund den dritten Platz bei den Irish Sweepstakes gemacht hatte und weil der Geburtsname meiner verstorbenen Mutter ebenso wie ein Teil ihrer früheren Adresse Bestandteil des Namens des Pferdes war, betrachtete sich mein Bruder nun als Sachwalter des Schicksals. Er fühlte sich berufen, seine jüngere Schwester und ihre italienische Familie (in die er sich bereits während eines Rombesuchs verliebt hatte) nach Hause zurückzubringen. Er half uns bei der Organisation der Reise, versprach eine Galerie für Alberto zu finden, und sorgte dafür, daß bei unserer Ankunft ein Haus auf dem Land auf uns wartete.

Auf Anraten unserer Freunde, die uns ermutigten an unseren Erfolg zu glauben, ließen Alberto und ich unsere Matratze, unseren kostspieligsten Besitz, in Rom zurück.

Wir legten in Venedig ab, als einzige Passagiere auf einem Frachtschiff in die Staaten. Wir waren Gäste des Schiffseigners, der wiederum ein Freund einer venezianischen Comtesse namens Adele war, die Alberto und seine Kunst lange gefördert hatte. (Der zweite Ehemann der Comtesse, Giulio Machi, ein Filmemacher, war als Kriegsgefangener fast sieben Jahre lang Albertos bester Freund in einem britischen Gefangenenlager in Indien gewesen. Die italienische Regierung war zu arm, um ihre Soldaten nach dem Krieg nach Hause zu holen, und so blieben sie ein weiteres Jahr, wo sie waren. Im letzten Jahr war es Alberto gestattet durch Indien zu reisen und für die Briten Kunst zu machen, er entwickelte sich vom Gefangenen zur Persönlichkeit mit eigenem Hausdiener oder Butler – was eine zusätzlich surreale Note darstellte. Giulio selbst kehrte mehrere Jahre später nach Indien zurück und drehte mit dem Kameramann Claude Renoir, einem Neffen des Filmregisseurs Jean Renoir, einen Film mit dem Titel »India Favolosa«.) Als wir in See stachen, fuhr unser Schiff direkt unter den Fenstern des Palastes der Comtesse vorbei. Ihre Diener winkten fröhlich mit bunten Teppichen und seidenen Wandbehängen oder sonstigen Fahnen, die sie fanden, von den Balkonen über unseren Köpfen herunter. Zweiundzwanzig Tage später, in Norfolk, Virginia, trafen Alberto, ich und unsere Kinder in einem langen schwarzen von Kohlebarkassen gesäumten Dock ein. Von hoch oben konnten wir tief unten meinen Bruder sehen, einen einsamen weißen Fleck, der alleine am Ende des Piers wartete. Als wir durch den Süden, in dem 1958 noch immer Rassentrennung herrschte, Richtung Norden fuhren, betraten wir eine merkwürdige Welt aus Hula Hoops, Elvis Presley und Menschen, die durch ihre Hautfarbe voneinander getrennt wurden. Rom schien sehr weit weg.

So hatte es uns Ende der 50er Jahre aus unserer kleinen, aber eleganten Wohnung in der Villa Brasini in ein Landhaus im Hinterland von New Jersey und schließlich nach Manhattan verschlagen. Unser Leben änderte sich damit ebenso radikal wie die Landschaft, die uns umgab.

»Verstehe.« Mingus lächelte unvermittelt und machte sich bereit, auf die Bühne zu gehen. Es war Zeit für das nächste Set. Die Bühnenscheinwerfer waren eingeschaltet und er sah mich wieder an. Dann sagte er: »Trotzdem, wenn ich dein Daddy wär, würde ich die Zähne richten lassen!«

Sam verwickelte ihn noch einmal in ein Gespräch über Dizzys Musik und ich konnte nicht anders, als meine Meinung beizusteuern – sie glich der des bärtigen Fans an der Bar – Dizzy spielte für die Touristen, jonglierte mit seinen Maracas und kasperte herum. Den Showbiz-Aspekt, seine abweisende und herablassende Haltung gegenüber dem Publikum, zu dem auch ich gehörte, fand ich ärgerlich. Mingus stieß einen letzten resignierten Seufzer aus und nuschelte wieder etwas über die Vorzüge des Zuhörens. Ich fing an zu verstehen, was er meinte.

Er blieb noch immer neben meinem Hocker stehen. »Ich spiele was für dich«, sagte er schließlich, als er sich umdrehte und uns verließ. Er ging zum Klavier, wo er den Pianisten unterbrach und sich selbst auf die Bank setzte. Leise fand er eine Melodie auf den Tasten, vorsichtig und nachdenklich, als würde er zu Hause spielen.

Rechts neben der Bühne versammelten sich seine Musiker. Er sah sie an, stand langsam auf und ging in die Mitte der Bühne. Dann, mit einer einzigen raschen Bewegung und ohne ein Wort an seine Mitmusiker zu richten, nahm er seinen Kontrabaß und setzte mit einer schnellen Version von »Fables of Faubus« ein, seiner persönlichen Anklage gegen Orville Faubus, den Gouverneur von Arkansas, der verhindert hatte, daß ein schwarzes Mädchen im Teenageralter in Little Rock die High School besuchte und sie damit für Farbige zugänglich gemacht hätte.

»Sag … wer ist eine Witzfigur …!« rief er seinem Schlagzeuger, Dannie Richmond, zu.

»Gou … ver … neur … Fau … bus!« rief sein Schlagzeuger zurück.

»Warum ist er so krank … und lächerlich … Dannie?«

»Zwei-vier-sechs-acht … er wäscht euch das Gehirn und lehrt euch Hass …!«

Zwei Stunden später beendete er das Set mit einem komplizierten Baß-Solo und zog sich in die Küche zurück, die auch Garderobe war – eines von vielen Ärgernissen in der Welt des Jazz-Künstlers, wie mir Sam erklärte, auf das Mingus jeden Abend vor Publikum zu sprechen kam. Etwas früher am Abend hatte er den Barmann verwarnt, weil er die Registrierkasse während eines seiner Baß-Solos klingeln ließ, und später ein paar laute Stammgäste ausgeschimpft, die vor der Bühne saßen und mit den Eiswürfeln in ihren Gläsern klirrten.

»Isaac Stern muß sich so eine Scheiße nicht gefallen lassen«, sagte er, und starrte den fraglichen Tisch direkt an.

Es war spät. Wir ließen uns die Rechnung geben und Sam brachte mich im Taxi nach Hause.

Auf dem Nachhauseweg sagte ich Sam, daß er mit seinen Seitenhieben gegen Amerikas Milchwirtschaft nicht ganz falsch gelegen hatte und daß der Mittlere Westen noch immer an mir haftete wie sommerlicher Blütenstaub: Ich erinnerte mich an Autofahrten sonntags nachmittags quer durch den Bundesstaat, mein Vater sah mit seinem grauen Filzhut am Steuer unseres königsblauen Buick ungewollt verwegen aus. Wir fuhren kreuz und quer übers Land und beobachteten Kühe. Wohin man auch schaute, überall standen Kühe, sie sprenkelten die Landschaft, unbewegt, würdevoll und vertraut. Sie ziehen sich ruhig durch tausende von Kindheitsnachmittage meiner Erinnerung, langsame gemütliche Kühe mit sanften braunen Augen, so leer und bewegungslos wie mein Leben.

»Sie waren so bewegungslos wie Statuen«, sagte ich.

»Wisconsin-Skulpturen«, stimmte mir Sam von seiner Seite im Taxi aus zu.

»Naja, in den Museen war auch nicht viel los«, entgegnete ich, »falls du das meinst. Wer sich nach Kultur sehnte, fuhr Richtung Süden, 150 Kilometer bis Chicago, holte sich Saisonkarten für die Symphonie oder besuchte das Art Institute. Aber Sonntags machten wir Ausflüge mit dem Auto…«

»Du vermißt die Kühe.« Sam nickte. »Das ist ganz normal.«

Ich sagte, wahrscheinlich vermisse ich es eher, alleine und frei zu sein. Ich erzählte, daß mir selbst mein Mann neulich gesagt hatte, daß sich ein Mann bei mir nicht sicher fühlen würde und daß ich immer eine »Fahrkarte nach Florida in der Tasche«

hätte, wie er sich ausdrückte. Es war seine Art, einen Defekt an mir zu erklären, die Unfähigkeit, sich mit vollkommener Überzeugung dem Eheleben hinzugeben. Obwohl wir Freunde waren, uns noch immer alle Einzelheiten über unsere Träume und unseren Kummer erzählten, war unsere Ehe so gut wie am Ende. Ich sprang vor unserer Wohnung aus dem Taxi und Sam verschwand in der Nacht. Ich stand noch eine Weile auf dem Bürgersteig und beobachtete die Sterne, die über den Bäumen im Riverside Drive zu sehen waren und fragte mich, ob ich noch mal in den Club gehen würde.

In der Woche, nachdem ich Mingus getroffen hatte, fuhr ich an einem Donnerstag oder dem »Zuhörerabend«, wie ihn die Musiker nannten, da der Raum weniger voll war, alleine in den Five Spot. Ich saß an einem Tisch direkt vor der Bühne, an den mich ein Kellner platziert hatte, und fragte mich, ob ich nicht um einen weniger sichtbaren Platz weiter hinten hätte bitten sollen. Ich ging kaum alleine aus und war noch nie zuvor alleine in einem Jazz-Club gewesen. Ich war froh, als der Kellner jemanden mit Namen Ivan Black an meinen Tisch setzte, einen leise sprechenden, blassen Mann mittleren Alters, der sich als Publicity Agent für einen anderen Club vorstellte. Er war außerdem Kenner afro-amerikanischer Geschichte, wie er bescheiden hinzufügte, und dabei, das New Yorker Nachtleben zu erforschen. Er schien einen ganzen Vorrat ungewöhnlicher Fakten im Kopf zu haben, die er Außenstehenden wie mir, aber auch den um uns herumsitzenden Freunden und Musikern präsentierte. Sie spendierten ihm Getränke und lauschten seinen Vorträgen über Jahrhunderte und Zivilisationen, die die Klassenzimmer nie erreicht hatten – zumindest damals noch nicht, aber die Dinge veränderten sich. Es war 1964, das Jahr, in dem der Civil Rights Act verabschiedet wurde und eine neue Politik entstand.

Das Gerede über Veränderung ließ Mingus jedoch unbeeindruckt, wie Ivan erklärte. (Schon bald sollte es einen neuen Wahlspruch geben – »Black is beautiful« – und eine neue Frisur – den Afro – und noch immer blieb es, wie Mingus Reportern mitteilte – derselbe »Schitt« wie vorher.) Mingus hatte seine eigene Schreibweise von »Schitt« erfunden, erläuterte

Ivan, so daß der Begriff in den Zeitungen und Zeitschriften gedruckt erscheinen konnte, an die Mingus regelmäßig schrieb und über Musik, Rassismus oder die Verlogenheit der Plattenindustrie wetterte – offene Briefe an Kritiker, in denen das Wort »Schitt« eine herausragende Stellung einnahm. »Mingus kann Ihnen eine Menge über das Leben erzählen«, sagte Ivan lachend, als die Lichter gedämpft wurden, »wenn Sie ihn in der richtigen Stimmung erwischen.« Wir lehnten uns zurück und warteten, daß die Musik begann.

In der Mitte des Sets beugte sich Ivan, wie er es den gesamten Abend immer wieder getan hatte, zu mir herüber, um mir etwas zu erklären. Dieses Mal jedoch sprach er zu lange. Mingus blickte finster von der Bühne. Gleichzeitig entstand innerhalb der Dichte der Musik ein grollendes Baß-Solo mit solch zornigen Anschlägen, dissonanten Legati und protestierendem Schrammen, daß alle ihre ganze Aufmerksamkeit darauf richteten. Das Schrammen hielt an, wurde beinahe ohrenbetäubend, bis Mingus, zufrieden mit der erzielten Wirkung, sanft in den Refrain von »She's so Funny That Way« verfiel.

Am Ende des Sets brach am Nachbartisch ein Streit aus: ein Gast beschwerte sich darüber, daß Mingus die ungeteilte Aufmerksamkeit des Publikums forderte. »Ja, naja, es ist anspruchsvolle Musik. Da muß man zuhören«, erwiderte ein anderer am selben Tisch. »Mingus ist keine Hintergrundmusik. Das geht nicht beim Essen. Ich meine…«, er lachte plötzlich. »Ich meine, wie kann man denn dabei essen, Mann? Das ist genau das, was Dexter Gordon gesagt hat. ›Man würde an seinen Spaghetti ersticken!‹« In diesem Augenblick kam Mingus auf dem Weg in die Küche an unseren Tischen vorbei. Zusammen mit Ivan Black besuchte ich zum ersten Mal in meinem Leben eine Künstlergarderobe.

In der Küche schnallten zwei von Mingus' Mitmusikern ihre Blasinstrumente ab und riefen dem Koch Essensbestellungen zu. Hinter ihnen saß Mingus auf einem Hocker und trank aus einer großen Flasche Rotwein. Er setzte die Flasche von den Lippen ab und sah mich ohne zu lächeln an. Er grüßte nicht und ich erwartete nicht, daß er es tat.

»Weshalb waren Sie neulich abend so unverschämt?« hörte ich mich selbst fragen. Er wirkte verblüfft. Er trug eine lange

Kette um den Hals, an der Armbanduhren, Ringe und verschiedene Talismänner baumelten.

»*Du* warst unverschämt«, sagte er instinktiv. Er hatte nicht die leiseste Ahnung, wovon ich sprach.

Ich lachte. »Warum tragen Sie das alles um den Hals?«

Er schwieg einen Moment lang. Er stellte die Weinflasche auf dem Boden ab. Er sah mich an, vielleicht um abzuschätzen, ob er die Frage zulassen wollte. Er entschied sich einmal mehr die Sache laufen zu lassen.

»Das sind Geschenke«, sagte er langsam. »Von Frauen. Von Fans.« Dann, als hätte er es gerade erst beschlossen, ergänzte er: »Sie bringen Glück...« Er sah zu mir hoch. »Wie kommt es, daß du hier bist? Hast du dir die Musik angehört?« fragte er. »Bist du eine Erbin? Oder ein Call-Girl? Oder eine Spionin? ...« Es lag eine leichte Gereiztheit in seiner Stimme. »Oder hat dich jemand geschickt?«

Ivan Black begann eine Diskussion über Hannibal. Ich fand, es sei Zeit zu gehen und suchte in meiner Tasche nach den Schlüsseln.

»Ich bringe dich zum Auto«, sagte Mingus unerwartet. »Du solltest um diese Zeit nicht alleine auf die Straße gehen.«

Er begleitete mich die Straße runter, hielt schützend meinen Arm und versicherte sich, daß ich die Tür meines alten Kombi hinter mir verriegelte, bevor er wieder die Straße hochging. Ein paar Augenblicke später, als ich am Club vorbeifuhr, wartete er in der Eingangstür und winkte, seine O-Beine zeichneten sich deutlich im Gegenlicht ab.

»Paß gut auf dich auf«, rief er mir zu. »Da draußen ist niemand mehr sicher.« Seine Stimme verhallte.

Wenige Wochen später lief ich Mingus wieder über den Weg. Es war an einem heißen Sommerabend im Central Park, wo wir hingegangen waren, um James Earl Jones in einer Aufführung von Othello zu sehen. Die Veranstaltung war Teil der Reihe »Shakespeare im Park«, und ich war mit Freunden aus der Schule meiner Kinder durch den Park spaziert, die wie ich zu einem der billigen Kulturereignisse, die die Stadt bot, herbeigeeilt waren. Als wir die Schlange am Eingang erreichten, stand Mingus inmitten einer angeregt diskutierenden Menge, die mit ihm der Meinung zu sein schien, daß die Sitzordnung des Theaters abzulehnen sei. Es gehörte zu seinen Angewohnheiten, wie ich später erfuhr, jedermann in Hörweite in seine persönlichen Angelegenheiten mit einzubeziehen. Es war eine Form des Schutzes, wie er einmal erklärte, gegen den Feind, den unbekannten Gegenspieler. Er brauchte Zeugen und verwickelte deshalb Leute, die auf den Treppenstufen vor ihren Wohnhäusern saßen, auf dem Weg zur Arbeit in Unterhaltungen, plauderte freundschaftlich mit Polizisten, und eine Armee von Anhängern in unzähligen über die gesamte Stadt verteilten Bars war bereit, für ihn zu bürgen. Überall lauerte Gefahr und er würde ihr nicht ohne Freunde oder gar unvorbereitet begegnen.

Er entdeckte mich mit meinen Freunden und lud uns ein mit ihm zu kommen. Als wir zusammen auf der unüberdachten Tribüne saßen und das Stück verfolgten, sah er regelmäßig in seine lederne Aktentasche, klappte sie auf und wieder zu. Diese Aktentasche – seine Büchse der Pandora, wie sie später jemand nannte – war voll mit Arzneiflaschen, Messern, schwarzem Pfeffer, Notenblättern, Ohrstöpseln, Telefonnummern, einer Flasche Courvoisier, mehreren Meerschaumpfeifen und einer Menge Geld. Mingus setzte die winzige gelbgetönte Schweizer Uhrmacherbrille, die er trug, ab und ersetzte sie durch eine dunkle Sonnenbrille. Mit großer Sorgfalt stopfte er seine Pfeife, zündete mehrere Streichhölzer an und blies Rauch in den dämmrigen Himmel. Er schluckte eine Pille aus einem Fläschchen und drehte geräuschvoll die Verschlußkappe zu. Er wischte die Gläser eines winzig kleinen Opernglases mit einem riesigen Taschentuch und reichte es mir. Er zählte ein paar Geldscheine. In einem Moment der Abgelenktheit legte er seinen Arm um mich und zog ihn rasch wieder zurück. Und die ganze Zeit war er, trotz seiner Geschäftigkeit, vollkommen in das Bühnengeschehen vertieft.

Als ich ihn in der Pause nach den vielen Geldscheinen in seiner Aktentasche fragte, erklärte er, er habe sich vor Jahren angewöhnt, eine Menge Geld, gewöhnlich in dicken Bündeln kleiner Scheine, mit sich herumzutragen. Seine Begründung war einfach: er war schwarz. Wenn »kreative Wut« nicht funktionierte – ein Begriff, der ein System umschrieb, mit dem er in der Regel die besseren Tische, persönliche Zuwendung oder einfach nur Zutritt zu einem Restaurant erhielt – dann funktionierte Geld. Er erzählte, er hätte besondere Hemden mit Geheimtaschen an den Schultern und unter den Achselhöhlen anfertigen lassen, in denen er Geldbündel herumtrug.

Als »Othello« vorbei war, fragte er, ob ich mit ihm in einem Steakhouse in der Nähe essen würde. Ich verabredete mich mit meinen Freunden für später, und Mingus und ich machten uns auf durch den Park. Während wir gingen, kam ein Jazzkritiker auf uns zu, den er kannte und der eine John-Coltrane-Platte unter dem Arm trug. Er begann Mingus über den großen Saxophonisten auszufragen. »Mann, frag mich nicht. Ich bin bloß ein armer Bassist«, antwortete Mingus. Er hakte sich schützend bei mir unter, wie er es auf der Straße draußen vor dem Five Spot getan hatte und schwieg, während wir zu dritt weiter gingen. Es entstand eine unangenehme Stille. Mingus schien hin- und hergerissen, einerseits den Mann, der ihm in die Quere gekommen war, wegzuschicken und andererseits etwas loszuwerden, das ihm auf der Seele lag.

»Er ist nach Indien zurück, Mann«, sagte Mingus schließlich. »Zurück zur indischen Pedal-Point-Musik. Er hat da einen Nerv getroffen.« Der Kritiker teilte uns seine eigene Meinung mit, aber Mingus hörte nicht zu. »Warum macht er aber nicht auch noch andere Sachen?« fragte Mingus laut. »Warum stilisieren sich Leute? Kapieren die nicht, daß man im Sommer leichte Klamotten und Strohhüte trägt und im Winter das Recht hat, eine andere Melodie zu spielen. Man muß sich nicht so stilisieren. Ein Priester predigt jeden Sonntag eine andere Predigt. Er predigt nicht immer dasselbe. Man blättert eine Seite weiter.« Er blieb auf dem Weg stehen und zog ein paar Streichhölzer aus der Tasche. »Das ist sehr traurig.« Den Streichhölzern folgte ein großes flaches Feuerzeug, aus dem er eine riesige Flamme aufstechen ließ und langsam seine Pfeife damit anzündete. Der Kritiker versuchte wieder etwas zu sagen, aber Mingus hörte nicht zu. »Das ist sehr traurig«, fuhr er fort. »Deshalb habe ich es nicht geschafft. Weil ich die ganze Zeit Seiten umblättere. Weil ich zu einer bestimmten Seite kommen will. Wenn ich diese Seite aufschlage ...«, er hielt inne. Wir hatten die Fifth Avenue erreicht, wo er beschloß rechts abzubiegen und den Journalisten geradeaus weiter gehen zu lassen.

»Naja, Mann, wir sehen uns«, sagte er unvermittelt und nahm wieder meinen Arm. Dann stellte er sich an den Straßenrand, um ein Taxi zu rufen. Zwei oder drei Taxis bremsten ab und fuhren dann ohne anzuhalten weiter. Mingus' Laune schlug um. Er schrie nach dem nächsten Taxi, rannte ihm nach und schaffte es, mit dem Fuß gegen den hinteren Kotflügel zu treten und dabei zu schreien, als hätte ihn das Auto angefahren.

»Ich hab deine Nummer!« schrie er ihm nach. »Ich verklag dich, du Arsch!« (In späteren, ruhigeren Jahren trug er einen zusammenklappbaren Lederhocker auf einem dreibeinigen Metallgestell mit sich herum, auf dem er jeden weißen Taxifahrer mit Redneckgesinnung, der an ihm vorbeifuhr, stilvoll »aussaß«. So wie auch an dem Abend 1974, als er die Carnegie Hall bei stehenden Ovationen nach einem Konzert verließ und sich – da es ihm nicht gelang, ein Taxi anzuhalten – auf seinen Klapphocker mitten auf die Fifty-Seventh Street setzte und Zeitung las.)

Wir gingen ein paar Straßenecken weiter und hielten ein Taxi vor dem Plaza Hotel an. Dort konnte man leichter einen Fahrer finden, der zugunsten grüner Scheine in seiner Brieftasche über die Hautfarbe hinwegsah, meinte Mingus. Auf halber Strecke überlegte es sich Mingus anders mit dem Essen und erklärte, er müsse mir zuerst etwas wichtiges zeigen. Er wies den Fahrer an, stattdessen zum Grand Central Terminal zu fahren. Als wir ankamen, sprang er aus dem Taxi und führte mich rasch nach unten, eilte durch die Gänge und Flure, bis wir eine Ecke erreichten, an der unsere Stimmen die Wand entlang hallten. Ich wartete an einem Ende der langen Wand, während er in leisem Flüsterton auf der anderen Seite redete. Es waren unerwartet zärtliche Worte, die durch den Raum tosten, schüchterne Worte der Liebe, die die schmutzigen Wände des Grand Central entlang glitten, so fremd und unwirklich wie das Graffiti, an dem sie vorbeizogen.

»Ich liebe dich«, sagte er. »Ich will, daß du meine Frau wirst.« Lachend überging ich seine Worte. Es waren Geräusche in einem Bahnhof, erzeugt von einem Mann, den ich kaum kannte. Trotzdem hörte ich weiter zu. Fast die ganze Nacht lauschte ich seinem Wortfluß und seinen langen Geschichten. Ivan Black würde sagen, ich hatte ihn in der richtigen Stimmung erwischt.

Mit dem Taxi fuhren wir einige Straßenecken weiter zu Gallaghers Steak House, wo Mingus offenbar Stammgast war. Nach einem üppigen Essen gingen wir die dunklen West Side Straßen von Manhattan entlang und dann wieder zurück durch den Park, vorbei am Zoo, gingen nirgendwohin durch die Nacht, zumindest nirgendwohin, wo Außenstehende stören konnten. Vielleicht hatte er das Gefühl, die Last der Welt sei weit weg. Und so spazierten wir, Seite an Seite, unsere Schultern berührten sich ab und zu, ein Paar im Dunkeln, das mit sich selbst beschäftigt war. Er erzählte, wie er Zuhälter hatte werden wollen, daß seine Welt von Gangstern beherrscht sei, die Clubs voller Frauen waren, die man »Flittchen« nannte, und daß er in seinem Schmerz und mit seinen Sünden Gott zu finden versuchte.

»Ich habe mit diesem Leben gebrochen«, sagte er. »Ich konnte es nicht aushalten. Es hat mich verrückt gemacht. Ich hatte nur zwei Mädchen, aber ich wußte, daß es falsch war. Vielleicht wollte ich einfach nur keine Schlange, Ratte oder Küchenschabe werden, wenn ich sterbe. Vielleicht war es einfach das … Es hatte hauptsächlich mit Religion zu tun, mit meinem Karma.« Ich lauschte, während seine Biografie mutig und ungeschützt durch die Nacht strömte, dicht gepackte Geschichten verschlüsselt in Intimität, eine Sprache so hell und weit entfernt wie der Mond über uns, und all das vorgebracht in einem unablässigen blitzschnellen Nuscheln. Ich verstand kaum ein Wort. Ich wußte nur, daß er die Wahrheit offen legte, ungeglättet und ohne Ausflüchte. Als er schließlich ruhiger wurde, begannen wir über seine Feigheit und seine Ängste zu sprechen. Und dann erinnerte er sich an Fats Navarro, den Trompeter, über den er, wie er erzählte, in einem Buch geschrieben hatte.

»Weißt du, Fats hatte vor nichts Angst«, sagte er. »Besonders nicht vor dem Tod. Fats redete immer davon ›Alle haben Angst zu sterben, ich hab keine Angst zu sterben.‹« Wir marschierten jetzt auf der Eighth Avenue, an Kegelbahnen und Lebensmittelgeschäften vorbei, die bis spät in die Nacht geöffnet waren, und er hatte noch immer nicht aufgehört zu reden. Meine Freunde hatte ich längst vergessen. »Na, und eines Abends hatten wir eine Panne mit dem Bus«, fuhr er fort. »Wir waren auf einer von diesen Touren mit Lionel Hampton und wir mußten ein paar Stunden auf der Straße warten. Es war außerhalb der Stadt und da war so ein Damm mit Sparren, weißt du? Diese breiten Betonsparren an Brücken?« Er blieb stehen und sah mich eine Weile an, als könnte er schweigend etwas verstehen, das mit seinen Worten nicht faßbar war.

»Ich mochte Fats«, fuhr er langsamer fort. Seine Stimme war so zärtlich, wie sie es im Bahnhof gewesen war. »Er saß immer neben mir im Tourbus und in den Hotels teilten wir das Zimmer. Also sagte ich: ›Ich spiele Folge-dem-Führer mit dir, Fats.‹ Und Fats sagte: ›In Ordnung.‹ Ich lief über die Sparren bis sie zu hoch wurden und ich sagte: ›Ich komme jetzt zurück, Fats.‹ und Fats protestierte. Er sagte: ›Du hast gesagt, wir spielen Folge-dem-Führer, Mingus. Jetzt führe ich!‹

›Gut, Mann!‹ Er stieg ganz hoch auf die Brücke, lief über den schmalen Balken, drehte sich um und sagte ›Mingus, hab keine Angst! Du hast Angst zu sterben!‹ Und dann lief er ganz über das Ding rüber, drehte sich um und kam wieder zurück … Na, ich konnte das nicht. Damals jedenfalls nicht. Das hätte mich umgebracht!«

Mingus stand im Schatten auf der Straße, versunken in Erinnerungen. Dann, als wollte er mich daran teilhaben lassen, beugte er sich vor und berührte sanft mein Gesicht. Am Horizont hellte der Himmel zwischen den Klötzen von Hochhäusern auf. Es war beinahe schon Morgendämmerung.

»Jetzt ist das vielleicht anders«, sagte er schließlich. »Jetzt bin ich älter. Ein Mann muß wissen, wie man stirbt.«

Den restlichen Sommer über trafen wir uns auf einen Kaffee oder eine schnelle Mahlzeit. Meist kam er mit quietschenden Reifen vor irgendeinem kleinen Coffee Shop an. Mit seinen braunen Lederhosen und seiner Lederweste, den offenen Sandalen und der winzigen Sonnenbrille wirkte er cool. Er war dünn und drahtig, nichts deutete darauf hin, daß er einmal dreihundert Pfund gewogen hatte. (»Mingus?« fragten die

Leute. »Neeee, der ist fett. Muß jemand anders sein.«) Gewöhnlich betrat er das Café, sondierte das Gelände, lenkte die beiläufige Aufmerksamkeit der Gäste – die sich ruhig auf ihre Mahlzeiten oder Zeitungen konzentrierten – auf ein Thema, das ihm durch den Kopf ging und zwar mit der ganzen Lautstärke, Anschaulichkeit und Hingabe, die nötig waren, um die feindlichen Szenarios abzuwenden, die sich, wie er glaubte, in den Köpfen der anderen abspielten. Er katapultierte uns mitten in das Leben aller Anwesenden.

Von Kindheit an hatte man mir beigebracht, bei verstörenden Szenen wegzusehen, private Streitereien oder öffentliche Auseinandersetzungen zu ignorieren und respektvoll unbeteiligt zu wirken. All das war jetzt vorbei. Charles' Drang, die Gefahren, die er seinen Blicken entzogen im Verborgenen vermutete, ins helle Tageslicht zu zerren, war nicht »negativ«, wie der Jargon damals lautete, noch war es »Schwarzseherei«, wie mein Vater gesagt hätte. Für Charles war es einfach die Norm – den Feind entwaffnen, aufscheuchen was sich im Gestrüpp verbarg.

Mein Vater war in der Kavallerie gewesen und Pferde spielten eine große Rolle in seiner Art zu reden. Man saß auf einem hohen Roß, jemand sollte es mit der Pferdepeitsche zu spüren bekommen oder er zitierte: »Nicht die schwere Rüstung schmerzt das Pferd, sondern das Hämmern Hämmern Hämmern der Hufe auf dem harten Highway«, eine Cockney-Redensart, die er einmal in einem Pub gehört hatte und die er immer, wenn er ein paar Drinks intus hatte, mit Vergnügen in nachgeahmtem Dialekt zitierte. Ich lernte schnell die Redewendung »etwas schwarz sehen« in Charles' Gegenwart nicht zu gebrauchen, ebenso wie »blackmail« als Ausdruck für Erpressung (»nenn es whitemail«), »da kräuseln sich mir die Haare« und eine ganze Reihe weiterer einst unverdächtiger Dynamitfässer. Worte waren von Bedeutung und Charles' Mission war es, die Luft zu reinigen.

Ich hatte einen neuen Wortschatz zu lernen. Wenn er in einem Restaurant sagte, da sei eine »Seele in der Küche«, bedeutete das, daß der Koch ein Bruder war. Ein Bruder hieß jemand, der dieselbe Hautfarbe hatte wie er. Wenn jemand »gebucht« war, bedeutete das, seine Tage auf Erden waren gezählt, er würde weiter reisen. Wenn Charles sagte: »Ich hab die Beine vor ihm übereinander geschlagen«, bedeutete das, daß er gesund und in Form war: er hatte genug Gewicht verloren, daß er die Beine übereinander schlagen konnte. (Er schlug die Beine übereinander – und sah dann bedeutsam auf einen ihm gegenüber sitzenden Widersacher, der möglicherweise gar keine Ahnung hatte, welch unheilvolle Nachricht ihm gerade mitgeteilt wurde.) Im Zweifelsfall hatte ich oft selbst keine Ahnung, welche Anweisung er mir gab. Ich hatte Italienisch gelernt, aber dies war eine erfundene Sprache ohne festgelegten Text. Man mußte mit viel Gefühl dahinter kommen.

Spät abends beendete er sein Set manchmal mit einigen Takten einer beliebten Melodie aus den dreißiger Jahren: »The Object of My Affection«.

»Das wird nie passieren«, sagte ein Schauspieler, der eines Abends in Gedanken versunken mit mir am Tisch saß. Er war einer der Stars der Negro Ensemble Theater Company, die ihren Sitz um die Ecke vom Five Spot hatte.

»Was wird nicht passieren?« fragte ich.

»Was in dem Lied gesagt wird«, meinte er lachend. »›Change my complexion from white to rosy red.‹«

Da gab es auch Subtexte: es war ein kitschiges Lied, eine Zielscheibe des Spotts, eine Melodie, die eine ganze gesellschaftliche Schicht symbolisierte – meine Schicht. Ich dachte an die Bälle der Debütantinnen zu Hause, an den Koffer voller Abendkleider, die ich nach dem College mit nach Europa genommen und nie getragen hatte, da sich mein Leben in Paris plötzlich änderte.

Ich war mit achtzehn Jahren der Gesellschaft vorgestellt worden, hatte in meinen langen weißen Handschuhen und dem züchtigen Abendkleid – nicht dem hautengen, das zu kaufen ich Mom angefleht hatte – oben an einer langen Treppe im Scheinwerferlicht gestanden, während mein Name vor einem voll besetzten Ballsaal ausgerufen wurde. Ich manövrierte mich die Treppe herunter, wo mein ältester Bruder wartete. Er geleitete mich zu einem Kotillon in der Mitte der Tanzfläche, wo fünfunddreißig oder vierzig junge Frauen eine Tradition lebten, die damals schon, so wie die Königlichen Familien überall in der Welt, rapide an Boden verlor. (Die Abendkleider, die ich mit nach Europa genommen hatte, vergammelten in der Truhe im Keller des American House der Cité Universitaire zusammen mit Hunderten nicht abgeholter Koffer junger Damen wie mir, die in die Ateliers von Paris zogen und ihr früheres Leben mit den Kleidern in ihrem Gepäck hinter sich ließen.)

Jeden Augenblick, den wir uns trafen, ging Mingus so stürmisch an, als stünde sein Leben auf dem Spiel. An Hotdog-Ständen orderte er jede verfügbare Sauce mit derselben Intensität, mit der er auch Taxifahrern begegnete, die ihn auf der Straße willentlich übersahen. Zum Frühstück bestellte er zum Beispiel einen Berg Lammfleisch – er machte damals eine Protein-Diät –, zum Abendessen ein Dutzend Rühreier. Sein täglicher Speiseplan war so persönlich, leidenschaftlich und lautstark wie seine politischen Angriffe gegen den Status Quo. Ich war fasziniert von seiner Unmäßigkeit, seiner Dreistigkeit, seiner beeindruckenden Weigerung Kompromisse einzugehen, sobald er einmal von etwas überzeugt war.

Bei unserem ersten Treffen hatte ich ihn gefragt, was es mit den häßlichen Verletzungen auf sich hatte, die mir an seinem Handgelenk aufgefallen waren. Er schien der Geschichte keine große Bedeutung beizumessen und erzählte von einer Wette, die er ein paar Tage zuvor mit einem französischen Filmregisseur eingegangen war, dessen Dokumentarfilm über Stammeskulturen, »The Sky Above, the Mud Below«, in den Filmkunsttheatern der Stadt gezeigt wurde. Er und der Regisseur hatten nach einer Nachmittagsprobe im Five Spot getrunken. Nach mehreren Flaschen Rotwein vertraute ihm der Regisseur an, daß er in Folge einer Kriegsverletzung kein Gefühl mehr in seiner linken Hand habe.

»Ein schwarzer Mann in diesem Land hat auch kein Gefühl«, antwortete Charles sofort. »Er ist Schmerz gewohnt.« Dann forderte er den Regisseur zu einem Wettkampf heraus, bei dem sie sich abwechselnd Zigaretten auf den Handgelenken ausdrückten, eine nach der anderen, bis schließlich der Regisseur aus Mitleid nachgab. Nach fünf Brandwunden wurde klar, daß Mingus niemals nachgeben würde. »Du hast einfach weitergemacht?« fragte ich ungläubig. Er zuckte nur mit den Schultern.

Einer seiner engsten Freunde aus Kindertagen in Watts, der

Posaunist Britt Woodman, der über zwölf Jahre lang in Duke Ellingtons Band gespielt hatte, erzählte mir, Mingus habe als junger Mann immer ein Lasso dabei gehabt und sei damit auf seinem Motorrad an den gepflegten Vorgärten in Los Angeles vorbeigerast. Wenn er eine schwarze Dienstboten-Statuette sah, schlug er ihr mit dem Lasso den Kopf ab. Britt erzählte, Mingus habe manchmal nach einer Auseinandersetzung mit einem weißen Hausbesitzer ganz gezielt Vergeltung in einer Redneckbar gesucht. Britt, einer der nettesten, friedfertigsten Menschen auf Erden, lächelte bei dieser Erinnerung stolz.

Charles' Wertvorstellungen nahmen solch unorthodoxe Formen an, daß ich sie, mir selbst zum Trotz, von vornherein ablehnte. Seine Ironie stand im Widerspruch zu meinem Vertrauen in das Offensichtliche, zu den Erfahrungen meiner Kindheit, in der mich niemand reingelegt hatte. Ich war in einer der sichersten Städte der Vereinigten Staaten aufgewachsen. Milwaukee hatte die härteste Polizeitruppe, die niedrigste Verbrechensrate, die saubersten Straßen, die wenigsten Verkehrsunfälle im ganzen Land. Selbst mein Eintritt in die Welt war frei von Anstrengung gewesen: knitterfrei wurde ich per Kaiserschnitt aus dem Bauch meiner Mutter gehoben. Der Lake Michigan, endlos wie der Ozean, flankierte die reicheren Stadtviertel, war so zahm wie die Spaniel auf unserem Vorgartenrasen, so vertraut und grau wie der Filzhut, den mein Vater trug, wenn er ins Büro ging und den er zum Gruß an die Damen antippte, mit denen meine Mutter zweimal wöchentlich Verbandsmaterial für das rote Kreuz aufrollte. Nachdem das Verbandsmaterial gerollt war, wurden Tische zum Bridge zusammen geschoben und mit derselben Sorgfalt, die auch mein Leben bestimmte, makellose Spielkarten akkurat aufeinandergestapelt.

Die Sommernachmittage verliefen gleichmäßig und vorhersehbar wie die mathematischen Gleichungen im Kopf meines Vaters, in dem sich leise tickend das Gehirn eines Erfinders verbarg. Ich saß auf den flachen Felsen am Ende eines blumenbewachsenen Hohlwegs und träumte mich über das Wasser hinweg. Es waren bewegungslose Nachmittage, an denen das Rauschen in den Blättern der großen Ulmen nicht zu hören war und die Wachhunde im Schatten dösten. Das einzige vernehmbare Geräusch war das Surren der Rasensprenger auf einem Dutzend Rasenflächen nur ein kleines Stück von dem Neun-Loch-Golfplatz am Ende der Straße entfernt. An solchen Nachmittagen beobachtete ich, wie das graue Wasser gegen die Felsen klatschte, und wartete. Ich war geprägt von Sommern, die so frei von Aufruhr waren wie der Fliederstrauch vor meinem Fenster. Sommer, die für eine gewisse grundsätzliche Gelassenheit sorgten. Sommer, in denen sich schließlich der Panzer bildete, der die Überraschungen des Lebens von mir fernhielt und mir dennoch meinen, wie ein Freund bemerkte, »entsetzlichen Optimismus« bewahrte.

Mußte ich mich für mein Wohlergehen entschuldigen, fragte ich mich. Ich wachte glücklich auf, was ich einem günstigen Stoffwechsel, langweiligen Sommern oder einer leichten Geburt zuschrieb. Reine Energie vertrieb die Schwermut. Selbst wenn ich von Morgenmuffeln umgeben war, stieg ich, auch wenn ich damit Irritationen auslöste und es keinen Anlaß dafür gab, voller Hoffnung aus dem Bett – trotz meiner Unfähigkeit zu erklären, wo diese Hoffnung herkam.

Mitte September kündigte Mingus an, daß er zum Monterey Jazz-Festival in Kalifornien fahren würde. Zusammen mit anderen Kompositionen, die er geschrieben hatte, wollte er ein längeres Werk über Integration vorstellen, das er »Meditations of a Pair of Wirecutters« genannt hatte. Wir saßen in einem Imbiß in der Madison Avenue und er brachte mich auf den neuesten Stand der Dinge. »Es ist ganz durchorchestriert«, sagte er mir gegenüber sitzend. Die Leute um uns herum bestellten noch von der Frühstückskarte, Mingus aber stellte sich eine proteinreiche Riesenauswahl an Fleisch und Käse von der Abendkarte zusammen. »Manchmal nenne ich es ›Meditations on Integration‹ und manchmal ›Meditations on Inner Peace‹.« Die Kellnerin war losgezogen, um die üppige Bestellung mit ihrem Vorgesetzten zu besprechen. »Ich meine, wir werden es mit einer größeren Band spielen. Wir werden drei Tage da draußen proben. Weißt du, in Europa haben wir nur mit einem Quintett gespielt.« Ich wußte nicht, was an der größeren Band so besonderes war, aber er war überschwenglich und seine gute Laune wurde immer besser. Er erklärte, daß das Stück eine Hymne gegen die Ungerechtigkeit sei, daß er sie den im Süden hinter Elektrozäunen gefangenen schwarzen Amerikanern gewidmet habe.

»Wo werden sie gefangen gehalten?« fragte ich sofort. Er ging davon aus, daß seine Behauptungen selbstverständlich waren. Ständig mußte ich versuchen, mit ihm Schritt zu halten. Manchmal glaubte ich ihm nur die Hälfte. Es handelte sich um Tatsachen außerhalb meiner Reichweite. Ausschweifung und Wahrheit ließen sich bei ihm schwer trennen, obwohl sie gelegentlich tatsächlich identisch waren. Vor ihrer letzten gemeinsamen Tour, erklärte er, habe er von seinem Saxophonisten Eric Dolphy von den Internierungen erfahren. Das ginge ihm nicht aus dem Kopf.

»Noch haben sie in diesem Land keine Öfen und Gashähne«, sagte er grimmig, als die Kellnerin mit einem Kanten Gorgonzola und einem riesigen Steak zurückkam. »Aber sie haben elektrische Zäune. Also habe ich ein Gebet für die Zaunschneider geschrieben. Ich hab ein Gebet geschrieben, damit wir eine Schere finden und abhauen!«

Eine Woche später, direkt nach dem Ende des Konzerts in Monterey, rief er mich von einem Telefon hinter der Bühne aus in New York an. Er berichtete, das Publikum habe fünf volle, unglaubliche Minuten begeistert geklatscht. Er war auf der Bühne hin- und hergelaufen, seine Ledersandalen hatten gegen seine blanken Füße geschnalzt und die Menge sei aufgestanden und hätte geschrien. Er sagte, er habe nicht ein einziges Mal hochgesehen, er hatte zu viel Angst. Bei der Probe hatte er seinem Trompeter, Lonnie Hillyer, gesagt, daß die Musik ein Gebet sei und er, Lonnie, der Prediger. »Ich habe ihm gesagt, das ist so, wenn Auflösung einsetzt und man wieder Ordnung schaffen muß«, erzählte er. »Ich habe ihm gesagt, das ist wie bei einem Pfarrer in der Kirche oder einem jüdischen Rabbi. Alle schreien dich an. Man muß einen Sprechchor anstimmen und sie wieder zur Ruhe bringen.« Er war in Fahrt. Ich kam kaum dazu, etwas zu sagen. Er sagte, er habe für Gott gespielt und daß er sich dem Tod nahe fühle. Am nächsten Tag las ich in der Presse darüber. »Ich hatte Schmerzen in der Brust«, hatte er einem Reporter erklärt. »Das hatte ich schon einmal und da haben sie mir Angst gemacht. Dieses Mal war es egal. Ich sagte mir, zum Teufel damit, ich werde weiter spielen, was ich spiele, auch wenn ich sterbe.«

Am Ende der Woche zählte ihn das *Time Magazine* zu den größten Komponisten des Jazz. »Gegen Ende dieses Wahnsinnskonzerts«, jubelte der Reporter, »erhoben sich 5000 Jazzfans zu einem tosenden Beifallssturm, den sie weder Ellington noch Dizzy Gillespie und noch nicht einmal Thelonious Monk gezollt hatten.« Eine andere Zeitung verglich ihn mit Pablo Casals und seine Kompositionen mit Debussy. Die *New York Herald Tribune* schrieb, er habe jede Erinnerung an andere Jazz-Bassisten ausgelöscht. Mingus erzählte jemandem, er würde für die Liebe und den Geist spielen. Als er nach Hause kam, sagte er, er spiele für mich. Ich glaubte es ihm nicht wirklich. Ich verstand das Ausmaß seiner Gefühle nicht – für mich oder für irgendetwas anderes. Ich war noch nicht bereit. Sein Gebrüll und Getöse waren wie das Geräusch berstenden Glases. Ich war noch ganz und gar nicht bereit.

Es machte kaum etwas aus. Er schenkte dem keine Beachtung. Er sprühte vor Ideen, schrie sie ins Telefon, erklärte, es sei an der Zeit, eine neue Plattenfirma zu gründen, listete die Verbrechen jedes Major Labels auf, bei dem er das Unglück gehabt hatte zu unterschreiben. Er beschrieb, wie man dort weiße Musiker bevorzugte und Tantiemen einbehielt. Als ich erwähnte, daß ich einen Job suchte, schlug er vor, daß ich ihm half, einen kleinen Mailorder-Plattenclub zu organisieren, der »Mingus at Monterey« zum Kauf anbieten sollte. Frank Sinatras Büro habe angerufen mit der Nachricht, daß sie es veröffentlichen wollten, aber er habe entschieden, es selbst herauszubringen.

»Das ist die einzige Möglichkeit«, schrie er glücklich, bevor er auflegte, »eine ehrliche Abrechnung zu bekommen!« Bereits in ein Dutzend Zukunftspläne eingebunden, begleitete ich ihn ins Aufnahmestudio, wo die Bänder gemastert wurden. Er nahm ganze drei Minuten Applaus mit auf die Veröffentlichung. Die restlichen zwei Minuten hatte ihm irgendjemand ausgeredet.

Innerhalb von zwei Monaten nahm Charles Mingus Enterprises seine Geschäftstätigkeit auf – wir beide, plus Postfachadresse, einem Aufnahmestudio und einer Vielzahl von Cafés. Schon bald erwähnten Jazzkritiker unsere Adresse in ihren Besprechungen. Mingus selbst fertigte eine Anzeige mit einem Comicstrip an, die in der Presse erschien. »Wenn es aussieht wie ein Comic, lesen es die Leute«, verkündete er eines Nachmittags. Mit der Comicanzeige brachte er seine Prioritäten zum Ausdruck. Er wies die Öffentlichkeit ebenso aggressiv auf Raubkopien von betrügerischen Plattenfirmen, Bootlegs und Diebe hin, wie er auf die zum Verkauf stehenden Alben aufmerksam machte. Er schrieb die Liner Notes selbst und baute Ausschnitte aus seiner noch unveröffentlichten Autobiographie ein. Sein ältester Sohn, Charles der Dritte, ein Maler, der erst kürzlich nach New York gezogen war, entwarf die Hüllen.

Eines Nachmittags nach der Arbeit sonnten wir uns auf dem geteerten Dach eines Freundes in Greenwich Village, während er mit Worten über die Skyline von Manhattan improvisierte. Früher war eine Skyline einfach nur eine Skyline gewesen, Mingus aber erfand alles neu, was in sein Blickfeld geriet. Er holte eine Flasche Wein aus seiner unerschöpflichen Aktentasche, stellte zwei Pappbecher auf das Gesims und erzählte von seiner Autobiographie, *Beneath the Underdog*. »Ich habe einen großen Vorschuß dafür bekommen – fünfundzwanzigtausend Dollar von McGraw-Hill. Aber einer der Cheflektoren, ein zweimeterlanger Kerl, bezeichnete es als das dreckigste Buch, das er je gelesen habe, und weigerte sich, es zu verlegen. Das schlimmste war, daß ich die Wahrheit geschrieben habe über mächtige Leute und ihre Namen standen in dem Buch, als es in der ganzen Stadt die Runde machte. Es ging an den *Esquire* und überall hin. Als ich das gehört habe, bin ich fast verrückt geworden.« Er entkorkte die Flasche Wein, kostete und schenkte in den zweiten Becher ein. Dann fuhr er mit seiner Geschichte fort. Er glaubte, es gäbe Leute, die ihn umbringen wollten. Er sagte, er habe geträumt, daß er in einem Club niedergeschossen würde.

»Siehst du das?« rief er plötzlich, und verrenkte den Kopf Richtung stadtauswärts, als stünde sein Verfolger bereits hinter ihm auf dem geteerten Dach. Ich drehte mich schnell herum, aber da war niemand. Stattdessen starrte er auf das Empire State Building, dessen vertrauter Turm über die Fifth Avenue ragte.

»Worauf schaust du denn?« fragte ich nervös.

»Das ist kein Turm, kapierst du!« Er lachte. »Das ist eine subkutane Spritze, die den Himmel infiziert.« Er musterte das Empire State Building, als sei es gerade erst am Horizont aufgetaucht. Er erzählte, er habe eine Gospelmelodie für die Junkies der Welt geschrieben, darin würde er ihnen raten, ihrem Leben einen spirituellen Schuß zu verpassen, nicht ihren Armen. Das Stück habe er »Better Git Hit in Your Soul« genannt.

»Sieh mal!« schrie er wieder. Diesmal winkte er mit dem Arm einigen kleinen Vögeln zu, die in der Abflußrinne herumpickten. »Spatzen!« Er betrachtete die geschäftigen kleinen Kreaturen, die aus dem Dreck auf dem Dach fischten, was sie finden konnten. »Das sind Bastarde wie ich«, sagte er. »Ausgestoßene.« Er beobachtete sie voller Anerkennung. »Die wissen, was sie zu tun haben. Das sind die schlausten. Wenn die anderen Vögel verschwinden, bleiben sie da.«

Er legte den Arm um mich, während ich neben ihm saß und mir anhörte, was er zu berichten hatte. Er erzählte von einem Besuch in der Buchhaltung bei Columbia Records vor nicht allzu langer Zeit. Entschlossen, die Auszahlung seiner Tantiemen zu verlangen, war er mit einer Schußwaffe in den Aufzug gestiegen. Zu diesem Anlaß hatte er einen Safarianzug und einen Helm getragen, die er bei Abercrombie and Fitch in Auftrag gegeben hatte. Columbia brachte seine Tantiemen auf den neuesten Stand. Er erinnerte sich an einen anderen Termin bei Bethlehem Records, wo er einen Vertrag aushandeln sollte. Er hatte seinen Schlagzeuger Dannie Richmond mitgenommen, der ein Messer zog, den Firmenvertreter anstarrte und dann gelassen seine Fingernägel damit säuberte. Mingus nannte das, wie auch schon am ersten Abend im Park, kreative Wut. Man konnte Ergebnisse damit erzielen.

Obwohl er musikalische Porträts auf der Bühne malte – Melodien, die er »Self-Portrait«, »Portrait in Three Colors«, »Myself when I am Real« nannte –, schien sein eigenes Bild niemals vollendet. Vor langer Zeit hatte ich mich über den

Lake Michigan hinweg geträumt, mir auf tausendfach verschiedene Arten meine Zukunft ausgemalt. Keine davon kam der Wahrheit nahe. Selbst der Wahrsager-Astrologe, der eines Tages bei einem der formellen Mittagessen meiner Mutter auftauchte und mir einen zweiten Ehemann »im Licht der Öffentlichkeit« prophezeite, hatte keine Ahnung gehabt. Nicht einmal ein Fünf-Sterne-Hellseher hätte exakt vorhersehen können, daß jemand in mein Leben treten würde, der Kompositionen mit Titeln wie »Precognition«, »Extra-Sensory Perception« oder »Mind Readers' Convention in Milano« schrieb.

Ich habe mich oft gefragt, wie es gewesen wäre, wenn ich meine Eltern als Gleichaltrige in ihrer Jugend gekannt hätte, nicht als Vertreter der Macht oder Dulder von Kompromissen in fortgeschrittenem Lebensalter, sondern so wie sie waren, bevor es mich gab. Wäre solch Zauberei möglich, wieviel einfacher hätten Charles und ich es gehabt! Schließlich war das Zusammenkommen meiner Eltern ebenso unwahrscheinlich wie unser eigenes, ihre Welten lagen ebenso weit auseinander. Mit Sicherheit hatten sie mir etwas davon in meinen Genen mitgegeben. Ohne Anhaltspunkte aber, ohne Klarheit oder Offenbarung, fochten Charles und ich unsere Differenzen aus, als hätte es solche nie zuvor gegeben. Zum Schluß sollte ich das Leben meiner Eltern so unvermeidbar wiederholen, als wäre es mir mit meiner Geburt vorherbestimmt. Aber ihre Welt der Konventionen war nur eine vorübergehende Station. Sie beruhte auf der Annahme, daß das Schicksal umgelenkt und Charaktereigenschaften unterdrückt werden konnten – und daß wir alle zu Hause, meine Brüder und auch ich, nicht zwischen ihren Zeilen zu lesen vermochten.

An einem Wochenende in New York, ein Jahr nachdem sich meine römisch-katholische Mutter umgebracht hatte und ich mich im Abschlußjahr am Smith College befand, schüttete mir mein Vater bei einem unserer seltenen gemeinsamen Abendessen sein Herz aus und vertraute mir etwas an, das ich bereits wußte: er war Jude. Einer meiner Brüder hatte zu Beginn des Jahres Teile der Familiengeschichte entdeckt, ich aber war nun einundzwanzig und Neuigkeiten über die Familie berührten mich nicht mehr so sehr. Ich sagte meinem Vater, daß mein

Intelligenzquotient damit wahrscheinlich gerade um einige Stufen gestiegen sei. Ich sagte, daß ich trotz meines irisch-roten Haars und den verhaßten Sommersprossen vielleicht doch in der Sonne braun werden könnte, anstatt zu verbrennen. Im Kerzenlicht sah ich ihn lächeln, sein Gesichtsausdruck schien überrascht. Wir hatten zu Hause gelernt, unsere Gefühle nicht zu zeigen, aber seine Freude und Erleichterung anläßlich meiner beiläufigen Bemerkungen waren nach all der Last, die er ertragen hatte, nicht zu übersehen. Er sah mich schüchtern an und lachte. Es war ein außergewöhnlicher Moment in einer Beziehung, in der Intimität ansonsten nicht vorkam.

Ich erinnere mich aus noch einem weiteren Grund an dieses Abendessen – der seltene respektvolle und überraschte Blick, als ich einwarf, daß meine Mom eine gekünstelte Unschuld besessen habe – ein Augenblick, der in meiner Erinnerung so ungewöhnlich war, daß er noch immer nachhallt. Ich glaube, er hatte nicht damit gerechnet, daß ich eigene Vorstellungen hatte. Er glaubte nicht, daß ich überhaupt nachdachte. Jetzt, Jahre nach seinem Tod, versuche ich die Kluft zumindest in Träumen zu überbrücken. Träume, in denen mein Vater und ich ebenbürtig miteinander kommunizieren und in denen ich stolz bin auf sein gutes Aussehen, seine Intelligenz, seinen Snobismus und seine Vergangenheit.

Im Alter von elf Jahren war er aus England in New York eingetroffen, hatte mit vierzehn die Columbia University besucht, ein Jahr später bereits höhere Fachsemester in fortgeschrittener Mathematik unterrichtet und war ein isoliertes Wunderkind geblieben, von den Studentenverbindungen ignoriert und von den Frauen eingeschüchtert. Seine bemerkenswerte Begabung erreichte ihren Höhepunkt im Alter von zwanzig, hatte ich ihn einmal sagen hören, sein herausragender Verstand aber wurde in seinen Erfindungen greifbar, in den technischen Geräten, auf deren Perfektionierung und Herstellung er den Rest seines Lebens verwandte.

Wie bei vielen meiner Freunde und ihren Vätern befand auch ich mich außerhalb des Einflußbereichs meines Vaters. Ich war das jüngste Kind, ein Mädchen, und stand abseits seiner intellektuellen Interessen. Er lebte für seine Erfindungen und für meine Mutter. Er hatte keine echten Freunde, und machte sich auch nicht die Mühe, sich die Namen meiner Freundinnen zu merken: er nannte sie alle Mimi, obwohl es nur eine Mimi unter ihnen gab. Wahrscheinlich versuchte er so, sein mangelndes Interesse scherzend zu überspielen. Er interessierte sich auch nicht besonders für das, was Milwaukee zu bieten hatte, gewiß nicht für die gesellschaftlichen Anlässe, bei denen meine Mutter aufblühte. Er hatte wenig Geduld für Gesellschaften und amüsierte sich auf Cocktailparties, indem er einfach nur um der Auseinandersetzung willen eine gegenläufige Position vertrat. Meine Mutter konnte sich nie wirklich mit dieser Art Halsstarrigkeit abfinden. Ihre Begeisterung für Harmonie und ihr Bestreben, den Schattenseiten des Lebens auszuweichen, beherrschten unser Zuhause. »Nehmt die Dinge von ihrer heiteren Seite«, sagte sie uns immer wieder. Es klang wie eine Warnung.

Mein Vater und meine Mutter lernten sich auf einem Militärball kennen. Er war ein hübscher junger Major in einer Kavallerie-Einheit und entschlossen, eine militärische Laufbahn einzuschlagen. Sie war eine junge Harfenistin, frisch von der exklusiven Sacred-Heart-Klosterschule, wo sie zunächst dem Orden beitreten und Nonne werden wollte. Nun aber widmete sie sich der Sozialarbeit in Washington D.C. und war mit einem anderen Mann verlobt. Sie war feurig und entschlossen, tapfer und vollkommen naiv. Einmal wurde sie versehentlich mit einem wütenden Insassen in einem Irrenhaus, in dem sie arbeitete, in einen Raum gesperrt und hielt ihn mit ihren Geschichten und ihrer Wärme in Schach, bis die Wachen eintrafen. Als sie mit einem geschwollenen Bein das Bett hüten mußte, sah sie von ihrem Fenster aus einen Taschendieb, rannte drei Stockwerke die Treppen hinab und verfolgte ihn, laut »Haltet den Dieb!« schreiend, die Straße hinunter.

Familiengeschichten.

Mein Vater machte ihr mit Poesie und dunkler Schokolade den Hof und hatte nach einem Monat ihr Herz gewonnen. Sie hatte nicht die Absicht, ihr Leben der Armee anzuvertrauen, und so zogen sie nach New York, wo er seine Karriere als Erfinder-Techniker begann. Eine Katholikin und ein Jude, 1918. Als sie seiner Familie vorgestellt wurde, sagte ihre neue Schwiegermutter nur: »Bitte Gott, es kann ja noch alles gut werden!«

Ich hatte die Geschichte als Kind gehört. Ich war längst zwanzig, bis ich sie verstand. Hätte meine Mutter eine meiner beiden Ehen erlebt, hätte sie zweifellos dasselbe gesagt.

Über die Herkunft meiner Mutter wurde zu Hause stets in den höchsten Tönen gesprochen: ihr Vorfahr Thomas E. Stone war Unterzeichner der Unabhängigkeitserklärung; sein Neffe, Thomas E. Stone, der erste Gouverneur von Maryland; ihr Vater, desselben Namens, Privatsekretär der Präsidenten McKindley, Theodore Roosevelt, Taft. Wir hatten von ihren Ferientagen im Weißen Haus gehört, wo sie auf den Knien von Teddy Roosevelt im grünen Saal Klavier spielte. Wir hatten von ihrer Kindheit in der Sacred-Heart-Klosterschule gehört. Nie hatte sie vergessen, wie sie ihre Ferien alleine in den dunklen Fluren der Klosterschule verbrachte, während die anderen Kinder zu Hause Schlitten fuhren. Ihr Vater war mit einem der Präsidenten unterwegs, während ihre Mutter in einer psychiatrischen Anstalt in einsamer Abgeschiedenheit vor sich hin vegetierte. Wir hatten nicht gewußt, daß unsere Großmutter mütterlicherseits in das St. Elisabeths Hospital in Washington D.C. eingewiesen wurde, als Mom drei Jahre alt war. Ihre eigene Mutter war achtundzwanzig, als ihr Mann die Papiere unterschrieb, die ihre Existenz auslöschten. Sie sah ihre drei Kinder nie wieder. Ich habe alle Unterlagen durchsucht und kann ihren Mädchennamen nicht finden, nicht einmal auf der Geburtsurkunde meiner Mutter, auf der der entsprechende Platz freigelassen wurde. Jeder hat eine Mutter. Selbst bei der unbefleckten Empfängnis gab es eine Mom.

Die englisch-jüdische Herkunft meines Vaters, seine intellektuellen Fähigkeiten, seine persönlichen Lehrer zu Hause in England (er hatte nie eine normale Grundschule besucht), das Vermögen, das die Familie beim Tod des Großvaters verlor, ihre frühen Tage als Einwanderer um die Jahrhundertwende in Manhattans Hell's Kitchen, nichts davon kam zur Sprache – nur Bruchstücke sickerten durch. Nach seinem Tod fand ich einen Phi Beta Kappa-Schlüssel in einer Schublade und erfuhr, daß er Rhodes-Schüler war. Gemeinsam mit seinem Cousin Ben Graham hatte er ein Buch geschrieben. Ben war Wirtschaftstheoretiker, dessen Investitionsansatz die Grundlage für

Tweedy Brown, das größte Maklerbüro Londons, bildete. Sein Buch *Security Analyses* wird noch immer in Harvard gelehrt, er gilt als Vater der Wertinvestition und seine Vorstellungen wurden später von seinem Schüler Warren Buffett vertreten.

Die frühe Unschuld und Naivität meiner Eltern – als ewige Außenseiter – ließen mir Freiheiten und verstellten mir die konventionellen Wege, die sie vorgesehen hatten. Wenn es an Bewußtsein der realen Welt gegenüber mangelte, dann mangelte es auch an Propaganda. Im Alter von fünfzehn Jahren steckte ich voller Gewißheiten, kannte aber die Bedeutung von »Schitt« nicht. Sieben Jahre später trat ich mit zwei anderen Smith-Absolventen an den großen Schreibtisch im Redaktionsraum der *New York Herald Tribune* in Paris, wo wir alle arbeiteten, und ließ mir die Bedeutung vom Chefredakteur erklären. Niemand sprach von der Absurdität der Unschuld. Damals war Unschuld ein Plus.

Charles stand auf dem Dach und beobachtete die Spatzen. Ich hatte ihm gerade die Episode bei der *Herald Tribune* in Paris erzählt, als er sich an eine Verabredung erinnerte, die er mit einem Journalisten von der *New York Herald Tribune* im Earle Hotel ganz in der Nähe hatte. Er zog seine Armbanduhr zu Rate, schaute auf zwei weitere Uhren in seiner Jacke, ließ seine Aktentasche zuschnappen und verschloß sie mit einem Schlüssel. Bevor er über das Dach zur schmalen Treppe nach unten ging, goß er den übrig gebliebenen Wein »für die Vögel« in die Rinne.

Um es anders auszudrücken: Geschäfte mit Mingus waren eine Mischung aus theatralischen Wagnissen, regelmäßigen Pausen, Ausbrüchen genialer Phantasie und permanenter kreativer Wut. Es gab Anrufe bei der Post, weil Charles wissentlich gegen die Regeln verstoßen und zwei Firmen – »Charles Mingus Enterprises« und »Jazz Workshop, Inc.« – in ein Päckchen gepackt hatte. Er tat dann so, als wüßte er es nicht und als sei alles der Fehler der Post, seines Anwalts, seines Managers, von mir oder sonst jemandem, der gerade zum falschen Zeitpunkt ins Zimmer kam. Schon bald gab es überall auf der Welt Leute, die Platten zwar bezahlt, aber nie erhalten hatten, es gab überfälligen Presseversand, unbeantwortete Post und ein Unternehmen, dem das Geld ausging. Am schlimmsten war, daß wir gefangen waren in eisigen moralischen Auseinandersetzungen darüber, wie es weiter gehen sollte. Er beharrte darauf, daß sein Unternehmen nur auf Kosten anderer, die warten müßten, voran kommen könne. Wir sollten lieber nur zehn Prozent der Bestellungen erfüllen und den Rest auf später verschieben.

»Ich war immer ehrlich«, protestierte er. »Ich hab noch nie Menschen weh getan. Nur einmal, als ich acht Jahre alt war, hab ich mal jemandem das Mittagessen geklaut.«

»Ich würde nicht von dir verlangen, Musik zu schreiben, die zur Hälfte du selbst und zur anderen eine Kopie der Beatles wäre«, schrie ich. »Du kannst nicht von mir verlangen, daß ich mich über meine Prinzipien hinwegsetze und etwas unterstütze, daß ich nicht für richtig halte.«

»Du bist mein Feind«, schrie er zurück. »Du hilfst mir nicht, wenn ich dich brauche.«

Einen Moment lang ließ mich das erstarren. »Ja, vielleicht bin ich das.«

Die Antwort überraschte uns beide. Ich glaubte es nicht – ich hatte meinen moralischen Standpunkt und er hatte seinen. Meine widersprüchlichen Bedürfnisse kamen immer wieder hoch, ebenso drängend wie die von Charles, und ich dachte, wie leicht man falsch verstanden werden konnte. Ein Leben voller unschuldiger Mißverständnisse kam mir in den Sinn. Ich dachte zurück an das erste, an das ich mich erinnere: es war im Kunstraum der Schule und ich muß fünf oder sechs Jahre alt gewesen sein. Ich war sehr viele Treppen hoch gestiegen, um dort hinzukommen, sehr weit nach oben, und ich war nicht sicher, wohin ich mußte. Ich trug meine blau-weiße Uniform, geschützt von einem Kittel. Als ich den Saal gefunden hatte, setzte ich mich an einen Tisch. Die anderen sahen alle aus wie ich. Wir schwiegen zusammen, fürchteten uns vor der Lehrerin und unser gemeinsames Schweigen half uns in diesem merkwürdigen und aufregenden Raum – voneinander isolierte Zuschauer, die gleich eines gemeinsamen Feindes ansichtig werden sollten. Die Lehrerin trat mit einer Warnung ein: sie verbot uns »Ich kann nicht« zu sagen. Als sie an meinen Tisch kam und von mir verlangte, irgendetwas anders zu zeichnen, erwiderte ich: »Dazu bin ich nicht in der Lage.«

Sie verwies mich wegen meiner Unverschämtheit des Raums.

Ich dachte an andere Mißverständnisse, weniger unschuldige, an vorhersehbare Gemütsverfassungen. Charles hatte sie sein ganzes Leben lang überlebt. Das waren die gefährlichen. Aber auch bei mir gab es Verstörungen. Ich dachte an Mrs. Gutgenug, die Hausmutter in meinem Schlafsaal im College. Wir machten uns hinter ihrem Rücken über ihren Namen, über die dunklen Ringe unter ihren Augen, ihre Ungeduld angesichts unserer Streiche und ihre unweibliche Art lustig, doch dann saßen wir abwechselnd an ihrem runden Tisch im Speisesaal, so wie es von uns erwartet wurde. Ich mochte Mrs. G und saß deshalb öfter dort als meine Freundinnen. Ich erinnere mich, daß sie mich einmal traurig ansah und über das Leben spekulierte, das vor mir lag. Es war Mittagszeit, die Sonne drang durch die Fenster hinter ihrem Kopf und ich konnte kaum ihr Gesicht erkennen. Sie sah beinahe hübsch aus, die Tränensäcke unter ihren Augen waren fast nicht zu sehen, ein Lichtschein lag auf ihrem Haar. Mit merkwürdig trauriger Stimme sagte sie: »Ich glaube, du wirst eine Reihe gebrochener Herzen zurücklassen.« Es war überraschend, peinlich und sehr persönlich, so etwas zu sagen. Ich fragte mich, ob sie glaubte, daß ich jung sterben oder einfach nur Probleme haben würde, Mr. Right zu finden. Sie erklärte es mir nicht.

Auf einer Unterhaltungsveranstaltung sah mich eine Gedankenleserin einmal mit derselben Traurigkeit an und sagte, ich hätte in früheren Leben sehr gelitten, das könne sie meinem Gesicht ansehen. Mir fiel auf, daß mein Gesicht eine ganze Reihe von Signalen senden konnte, die sehr wenig mit dem zu tun hatten, was mir durch den Kopf ging oder wofür ich mich selbst hielt. Ich ähnelte meinen Zimmergenossinnen im College, verflossenen Liebhabern, tragischen Heldinnen (»die Frau, die dem Henker den abgetrennten Kopf ihres Geliebten entreißt und damit in ihrer Kutsche entschwindet«, war noch einer der schmeichelhafteren Vergleiche), jüngeren Schwestern, Katherine Hepburn, irgendjemandes Psychiater. Ich schien immer jemand anders zu sein. Mein Gesicht wurde auf so vielfältige Weise mißverstanden, daß ich das Gefühl bekam, es sei gar nicht meines. Ich dachte an Carson McCullers Taubstummen in »Das Herz ist ein einsamer Jäger«, dessen Schweigen den Bedürfnissen seiner Besucher entsprechend eingeschätzt und ausgelegt wurde. Ganz besonders Männer ließen ihrer Phantasie freien Lauf.

Ich machte Charles klar, daß es einfach nur eine seiner Fehleinschätzungen war, mich für seine Feindin zu halten. Als ich mich auf ihn einließ, begriff ich, daß er nicht deshalb ein Kämpfer war, weil ihm das Kämpfen Spaß machte, sondern weil er es gelernt hatte und es funktionierte. Nichtsdestotrotz war ich seinem Verteidigungstraining nicht gewachsen, ebensowenig wie seinem Angriffstraining, der Schnelligkeit, mit der er auf Probleme stieß. Ich konnte nicht mit ihm mithalten und so wie er immer das Schlimmste erwarten, aber ich war auch nicht begabt und sensibel in einem weißen Amerika aufgewachsen. Wut wurde schließlich zum Mittel: Einschüchterung hielt Leute auf Abstand. Im Aufnahmestudio hatte ich ihn Klavierspielen gesehen, einen Mann, der Gewalt und körperliches Risiko verabscheute, der seine Hände nicht verletzen wollte, einen Mann, der komponieren und in Ruhe gelassen werden wollte. Ein Mann mit einem riesigen Verlangen nach jedem Fitzelchen Leben.

»Sei so viel du kannst, Mann«, sagte er jedem, der ihn um Rat bat.

Ich kann mich nicht erinnern, was passierte, nachdem er mich seine Feindin genannt hatte. Er war oft theatralisch. Vielleicht öffnete ich den Kühlschrank und machte einen Salat.

Trotz unserer Zankereien brachten wir vier Alben heraus und verkauften sie durch Postversand. Neben »Mingus at Monterey« veröffentlichten wir Material von drei anderen Livekonzerten: »Town Hall Concert«, ein Sextett, das Mingus 1964 vor seiner Europatournee zusammengestellt hatte; »My Favorite Quintet«, aufgenommen im Tyrone Guthrie Theater in Minneapolis ein Jahr später, und mein persönliches Lieblingsalbum, das ganz typischerweise sperrige »Music Written for Monterey, Not Played, Performed at UCLA«, das eine erweiterte Gruppe von Musikern bei einer Mingusveranstaltung vorstellte, was nur von seinem eigenen Label aufgenommen und veröffentlicht werden konnte. Zu hören waren auch spontane Entlassungen und Wiedereinstellungen von Bandmitgliedern, seine Erläuterungen ihrer Fehler (»geistige Trägheit«), feurige Reden vor der Band, sowie das bekannte volle Spektrum großartiger Kompositionen, das Aufeinanderprallen von Persönlichkeiten, musikalische Brüche und schließlich Auflösung – alles auf Platte, alles zum öffentlichen Verkauf. Wenn man sich für die Prozesse und Zusammenhänge interessierte, die normalerweise auf dem Fußboden des Schneideraums landen, dann fand man sie hier, roh und unbearbeitet.

Eines Tages bei der Arbeit erzählte ich Mingus von der Harfe meiner Mutter. Es war eine goldene Harfe, die meine Kindheit über in der Ecke unseres Wohnzimmers gestanden hatte. Ein langer geheimnisvoller Riss zog sich durch das mit Gold-Intarsien verzierte Holz des Klangkörpers unterhalb der Saiten. Er barg ein Geheimnis, das ich niemals lüftete, obwohl ich glaube, daß meine Mutter die Harfe bei einem Streit mit meinem Vater hingeworfen hat. Ich kann mir diese Szene nur schwer vorstellen, denn meine Mutter war keine aufbrausende Frau.

Sie hatte meinen Vater mit neunzehn Jahren geheiratet, kurz nachdem sie die Klosterschule verlassen hatte. Sie gab damit eine mögliche Karriere als Harfinistin oder gar Pianistin auf – sie war an beiden Instrumenten talentiert. Einmal als Charles die Saiten seines Basses stimmte, erinnerte ich mich an einen Nachmittag vor langer Zeit, an dem ich als Teenager meine Mutter anbettelte, sie spielen hören zu dürfen. Ich erzählte Charles, wie Mom und ich zusammen in Erinnerungen schwelgten – sie mag sich an ihre Zeit in der Klosterschule erinnert haben, als Musik noch ein Drittel ihres Lebens ausmachte – und ich hatte es geschafft, sie zu überreden, es zu versuchen. So weit ich wußte, hatte sie ihre Harfe nicht mehr angefaßt, seitdem sie die Schule verlassen hatte. Sie setzte sich und begann mit der mühsamen Aufgabe, die Saiten zu stimmen, eine Anstrengung, die zunächst in Anbetracht all der Jahre ohne Übung hoffnungslos erschien – und natürlich war da auch noch der Riß im Klangkörper –, aber sie lehnte sich schließlich zurück, machte ihren Rücken gerade und ließ ihre

Hand graziös und sicher über die altvertrauten Saiten gleiten. Dann hörte sie auf. Sie hatte nur ein paar Sekunden gespielt, aber einen kurzen Moment lang an diesem Spätnachmittag war ihr die glanzvolle Rückkehr in eine andere Zeit beinahe gelungen. Angetrieben von meiner Begeisterung, hatte sie es probieren wollen. Und dann war es vorbei. Ich frage mich manchmal, welche Träume die Harfe barg, deren geisterhafte Gegenwart unser Wohnzimmer über so viele Jahre beherrschte und deren Silhouette am Fenster meine Kindheit geräuschlos prägte.

Unser Flügel, auf der anderen Seite des Raums, führte jedoch ein aktives Leben. Als Kind hatte ich Komposition gelernt und war beinahe zwölf Jahre lang bei klassischen Konzertabenden aufgetreten. Mom selbst spielte auch, meist als Begleitung meines Vaters, der bei festlichen Anlässen opernhafte Arien sang. Manchmal, wenn es intime Momente zwischen den beiden gab, sangen sie zusammen »Oh, the Days of the Kerry Dancing« oder »Pale Hands I loved Beside the Shalimar«, eine traurige Geschichte über einen Indianer und eine Engländerin, deren Liebe zum Scheitern verurteilt war, obwohl ich damals das Problem nicht verstand.

Aber nichts von all dem bereitete mich auf Charles vor – einen Künstler, für den Musik das Leben selbst war, bei dem alles, was er lebte, alles, was er war, in die Kompositionen einfloß. Die Musik, die er schrieb und für die Welt draußen spielte, war so persönlich wie seine Liebesbriefe, so drängend wie die Botschaften, die er an Wände malte, in seine Bücher und Bibeln kritzelte oder auf seinem Anrufbeantworter zu Hause hinterließ. Er erzählte einmal seinem Freund, dem Plattenproduzenten Nesuhi Ertegun, daß er versuchte die Wahrheit dessen zu spielen, was er war.

»Das ist schwierig«, sagte er, »weil ich mich ständig verändere.«

Als ich ihn kennenlernte, notierte er seine Musik nicht auf Papier. Er sagte, er mochte keine »Bleistiftkomponisten«. Er wollte, daß die Musik klang, als würden die Musiker sie beim Spielen erfinden. Er wollte, daß sie die Frische einer spontanen Komposition vermittelten. Damals lag ihm Überzeugung mehr am Herzen als Genauigkeit, obwohl er manchmal eigentlich keine Wahl hatte. Er änderte seine Kompositionstechniken mit den Musikern in seiner Band, paßte sich ihren Stärken beim Lesen oder Improvisieren an, schrieb komplexere Stücke für diejenigen, denen das Lesen leicht fiel und rief den anderen die Abfolge mündlich zu. Das wahre Leben umhüllte und durchzog die Musik ohne Anstrengung. Als Künstler hatte er alles im Griff. Im wirklichen Leben war das anders.

Eines Nachmittags, als wir zusammen in seinem Studio arbeiteten und uns noch immer gegenseitig auf die Bedürfnisse des anderen einstellten, bereiteten wir einen Versand für unseren Plattenclub vor. Er bestand darauf, daß ich neben ihm stand, während er die Posttarife nachsah. Er brauchte meine »volle Beteiligung«. Vielleicht wollte er mich einfach nur nahe bei sich haben, aber es klang wie ein Befehl und ich arbeitete selbst gerade an etwas. Wir begannen zu streiten. »Man steht nicht für andere Leute still«, warnte ich ihn, »ich bin kein Begleitmusiker, der deine Noten abliest.« Und dann kam mir eine Erinnerung in den Kopf – ich stand als erwachsene Frau neben meinem Vater, während er die Bedeutung einiger Wörter aus drei dicken Wörterbüchern vorlas. Ich hatte meinen Vater in Florida besucht, hatte neben ihm an seinem Frühstücksplatz am Golf von Mexiko gesessen und starrte auf einen Flußbarsch, der in einer Pfanne in Butter schwamm. Die englische Kindheit meines Vaters spiegelte sich noch immer in der Art, wie er seinen Tag begann – frischer Fisch, geräucherter Hering oder gebratene Lammkoteletts – und in dem britischen Umgang mit Messer und Gabel, trotz Moms lebenslangen Versuchen seine Handhaltung zu korrigieren. Die kleine Pfanne mit dem Fisch stand auf einem dreibeinigen eisernen Untersatz. Mein Vater hatte festgestellt, daß ich den Namen dafür nicht kannte.

»Weißt du's wirklich nicht?« Er starrte ungläubig auf das schwarze eiserne Ding vor uns, als könne er dessen Namen in mein Dasein zaubern, bevor es zu spät war. Ich schüttelte den Kopf. Ich spürte den Stachel meines mangelhaften, unzureichenden Wortschatzes.

»Das ist ein Dreifuß!« rief er aus.

Seine Stimme enthielt dasselbe Erstaunen, an das ich mich aus meiner Kindheit erinnerte, als er erfuhr, daß ich keine Ahnung hatte, was »Rhetorik« bedeutete, und noch schlimmer, daß man die Bedeutung in der privaten Mädchenschule, die ich besuchte, nicht lehrte.

Sprache war wichtig. Er konnte sich nie mit deren sorglosem Mißbrauch in seiner neuen Heimat abfinden. Er schob seinen Stuhl zurück und machte mir Zeichen ihm zu folgen.

»Wir schlagen es nach«, sagte er mit einem Anflug von Optimismus, ein Nachhall vergangener Zeiten, als Gleichgültigkeit gegenüber der Bedeutung eines Wortes einer Gleichgültigkeit gegenüber dem eigenen Leben entsprach. Obwohl er an einem Tumor in seiner Wirbelsäule litt und ihm das Laufen schwer fiel, schlurften wir langsam den langen Flur hinunter in die Bibliothek, vorbei an den Flügelfenstern mit Blick auf den Golf. Mein Vater blieb alle paar Sekunden gebeugt und leidend stehen, um seine Wirbelsäule von dem Druck zu entlasten. Mein ungenügender Wortschatz war ihm Grund genug, seinen Körper weiter voran zu treiben, dorthin, wo er die Dinge klarstellen konnte.

»Wir schlagen es nach, dann kannst du es dir merken«, sagte er, schnappte nach Luft und bewegte sich weiter vorwärts.

In der Bibliothek füllten die gesamten Bände des Oxford English Dictionary ein ganzes Regal neben der Tür. Daneben lagen drei große Wörterbücher geöffnet auf Leseständern. Wir suchten und fanden »Dreifuß« in allen dreien. Mal las mein Vater laut vor. Mal war es meine Aufgabe.

Bevor er sich in Florida zur Ruhe gesetzt hatte, hatte er Antriebswerke mit veränderlicher Drehzahl hergestellt, die das Tempo schwerer Maschinen regulierten. Wie Charles beschäftigte er sich mit Zeit. Als er nach Naples, Florida, zog, veröffentlichte er weiterhin ein kleines Monatsmagazin, *The Dial*, mit Artikeln über die Produkte, die er erfunden hatte. Sein liebstes Unterfangen aber war ihm eine Kolumne, die er »Mathematikerecke« nannte, in der er Probleme und Lösungen veröffentlichte, die Industrielle und Gelehrte aus der ganzen Welt einsandten. Jeden Monat prämierte er das eleganteste Problem und die reizvollste Lösung mit einem Preis von fünf Dollar.

Neben der Mathematik und meiner Mutter, die das Zentrum

seines Lebens bildete, war mein Vater geprägt durch seine Liebe zu Shakespeare, der Oper, wozu auch »Porgy and Bess« – die amerikanische Oper – zählte, und zum reinen Lied. Ich erinnere mich, wie ich mit ihm ein Marian-Anderson-Konzert besuchte und wir sie in der Garderobe aufsuchten. Er sang »Bess, You Is My Woman Now« oder »Old Man River« ebenso inbrünstig wie er »Bella figlia del amore« oder »Che gelida manina« sang. Er war ein Sänger der Chancengleichheit und damit seiner Zeit weit voraus, obwohl seine Offenheit in der Kunst die Konventionen, nach denen er sein Leben zu Hause ausrichtete, nicht lockerte.

Der ungehemmte Gesang meines Vaters stand so sehr im Widerspruch zu dem wortkargen, würdevollen, unkommunikativen Selbst, das er seinen Kindern normalerweise präsentierte, daß uns seine musikalischen Ausbrüche beunruhigten. Er hatte zum Beispiel die Angewohnheit, zum Abschluß eines Essens in einem schicken Restaurant ein Lied anzustimmen, den Kellner dabei fröhlich anzusehen, der seinerseits ermutigend zurücklächelte, während meine älteren Teenager-Brüder versuchten, von der Bildfläche zu verschwinden. Jahre später, als ich selbst ein Teenager war, fand ich seine Selbstvergessenheit in der Gegenwart anderer, wenn er singen wollte, beinahe liebenswert – vielleicht war es ein weiterer Ausblick auf das Leben, das vor mir lag.

Ich kann mir noch immer vorstellen, daß sich Charles und mein Vater gegenseitig bewundert hätten, daß sie sich in vielerlei Hinsicht verstanden hätten: zwei wütende Männer, Puristen, vielleicht Genies auf ihren jeweiligen Gebieten, die kein Blatt vor den Mund nahmen, Fehlern mit Ungeduld begegneten und sich durch Schönheit bestärken ließen.

Eines späten Abends wanderten Charles und ich durch die Stadt und landeten in einem kleinen Hotel. Es war meine Idee gewesen. Wir waren von einer Bar in einen Imbiß und dann in ein Café gegangen und wollten nicht loslassen. Trotz Charles' Befürchtungen hatten wir ein Zimmer bekommen. Ein karges Deckenlicht wies auf die Begrenztheit unserer kleinen Kammer ebenso deutlich hin, wie Charles' Unsicherheiten Licht auf die Zwangsvorstellungen und Eifersüchteleien in seinem Kopf warfen, auf die Bedürfnisse, die er, wie er wußte, nicht kontrollieren konnte. Er hatte es nicht eilig mit der Liebe. Sex war nicht das Thema: an Verführung war er nicht interessiert. Daß er dazu in der Lage war, eine Frau durch Leidenschaft zu gewinnen, war eine alte Geschichte. Er wollte Liebe, einen gemeinsamen Ort auf der Landkarte. Trotz unserer Umarmungen und des Wirrwarrs an Wörtern, war er sich sehr viel mehr als ich über die Probleme, die vor uns lagen, im Klaren. Wir zogen uns wortlos an. Dann kroch der Morgen durch das Fenster, löschte das Licht der kalten Glühbirne, die Schatten kamen aus dem Hof, vertrieben das Unbehagen und wir zogen unsere Kleider wieder aus, liebten uns wieder und verbannten alle Vorahnungen. Als im Verlauf der Wochen aus unseren Begegnungen eine leidenschaftliche Affäre wurde, beharrte er darauf, daß er keine Affäre wollte – er wollte ein gemeinsames Leben, mit Liebe und einer Adresse.

Ich war nicht bereit für eine Adresse. Sobald ich mir einige Sitzungen leisten konnte, ging ich zu einem Analytiker, den mir ein befreundeter Schriftsteller empfohlen hatte. Die Sitzungen waren teuer, ergebnislose Wortwechsel, in deren Verlauf der Analytiker die Frage aufwarf, ob ich verliebt sei, und ich protestierte, ich sei kampfbereit, durcheinander, berührt – aber verliebt? Es war zu früh, um das zu wissen. Ich kam gerade aus einer Ehe und ich brauchte Zeit. Ich wußte nur, daß ich mir die Antworten nicht leisten konnte – und auch nicht haben wollte –, sofern mein Analytiker sie denn gehabt hätte.

Nicht lange danach trafen Charles und ich eine Frau, die viele Antworten hatte. Wir aßen in einem Restaurant zu abend, wo, wie wir gehört hatten, eine berühmte Zahlenmystikerin residierte. Wir hatten früher am Abend auf ein paar Drinks bei Peggy Hitchcock in ihrer Wohnung in der Park Avenue hereingeschaut, und die Unterhaltung hatte sich um die Fähigkeiten der Zahlenmystikerin gedreht.

»Sie wirken nicht so, wie Sie sind«, sagte die berühmte Zahlenmystikerin zu Charles, als sie sich uns gegenüber setzte. Sie hatte gerade sein Geburtsdatum erfahren – 22.4.22 – und sah ihn forschend über den Tisch hinweg an. Charles war skeptisch. Ein Kellner näherte sich unserem Tisch.

»Was möchten Sie trinken, Sir?« fragte der Kellner.

Charles beäugte die Zahlenmystikerin. »Na, was will ich?« fragte er sie. Ich mußte laut lachen.

»Ich habe keine Ahnung, was Sie wollen«, gab sie überheblich zurück.

Charles bestellte einen Margarita. Er wurde in einem Glas ohne Salzrand serviert. Zusammen machten sie eine große Sache draus. Charles ließ ihn zurückgehen und verlangte Salz. Die Zahlenmystikerin pflichtete ihm bei und meinte, sie habe noch nie gesehen, daß ein Margarita ohne Salz serviert werde. Sie hatten sich verbündet.

Dann kam sie zum Geschäft. »Ich habe Ihnen gesagt, Sie wirken nicht, wie Sie sind. Was ich damit meinte, war, daß Sie, als ich Sie das erste Mal sah, sanft und passiv wirkten. Aber Sie sind ein großer Mann, Sie haben großes Gewicht. Ich meine damit nicht Ihren Umfang. Sie sind rechteckig, quadratisch, stammen aus der Erde, und Sie haben große Energie. Wenn Sie etwas tun, dann wird geklotzt und nicht gekleckert. Sie wollen die Kontrolle haben, Sie sind sehr dominant. Sie geben Leuten eine Menge und im Gegenzug erwarten Sie ebenfalls viel. Aber Sie sollten es sich leichter machen. Seien Sie gelassener gegenüber Leuten. Sie schaffen sich damit oft nur selbst Probleme. Konzentrieren Sie sich stattdessen auf sich selbst. Andere Leute werden versuchen, Sie aus Angst oder Neid niederzumachen. Schenken Sie ihnen keine Aufmerksamkeit. Große Männer haben immer Feinde, Leute sind nun mal eifersüchtig. Sie sollten sich in der Natur aufhalten, gehen Sie nach draußen, raus aufs Land, oder machen Sie die Fenster auf und atmen Sie tief durch. Alles wird gut gehen. Es ist eine sehr gute Zeit, vergeuden Sie sie nicht.«

Dann sah sie sich meine Zahlen an, die zusammen neun ergaben. Sie starrte mich an und schüttelte den Kopf. »Nun, Sie sind ein verwirrtes Kind, stimmt's?« sagte sie. »Sie besitzen eine duale Persönlichkeit, nicht wahr? Sie wollen Liebe und Anerkennung, Sie wollen dazugehören und behütet werden. Trotzdem sind Sie auch ehrgeizig. Aber Sie müssen Entscheidungen treffen. Es fällt Ihnen sehr schwer, Entscheidungen zu treffen, Sie fühlen sich hin- und hergerissen, zwischen zwei Leben, zwei Menschen, oder zwei Welten. Sie müssen das alte aufgeben und für das Neue und das Erhabene Platz schaffen.

Auch sind Sie sehr stark bei dem, was Sie tun. Sie könnten auf Ihrem Gebiet großen Erfolg haben, als Künstlerin, als Schauspielerin, als Autorin, egal was Sie machen. Sie erregen Aufmerksamkeit, Sie ziehen Menschen aus Ihrer Umgebung an. Auch die Liebhaber, die Don Juans – diese Leute kennen Ihre Daten.«

Versuchte sie mich abzufertigen? »Was das Zusammensein mit ihm betrifft«, fuhr sie fort, »so sind Sie beide sehr starke Persönlichkeiten. Sie könnten eine ganz außergewöhnliche Beziehung haben, wenn Sie richtig damit umgehen. Wenn nicht, kann es zerstörerisch werden. Sie sollten lernen, nicht gegen ihn anzukämpfen. Lassen Sie ihn sagen, was er fühlt, er wird es selbst herausfinden, wenn er sich täuscht. Seien Sie eine Frau. Und er muß lernen, nicht so dominant zu sein, die Dinge leichter zu nehmen. Sie brauchen eine Höhle für sich selbst, in die Sie sich zurückziehen und alleine sein können, und er muß das respektieren. Wenn Sie Ihr eigenes Aufgabengebiet hätten, Ihr eigenes Lager, würden Sie sich sehr viel besser verstehen. Was wollen Sie?« fragte sie mich.

»Ich will mich ganz fühlen«, sagte ich. Die Antwort verärgerte sie. Sie wollte etwas Ehrgeizigeres. Charles, zugedröhnt mit Margaritas, schob ihr einen großen Schein hin. Wir nahmen noch mehr Drinks an der Bar und warteten auf die Limousine, die er extravagant bestellt hatte, denn draußen goß es in Strömen. Als er seinen Drink an der Bar verschüttete und das Glas zerbrach, bestellte er den nächsten ausdrücklich »im Plastikbecher«.

ZWEI

Es war Frühlingsanfang 1966. Charles und ich waren auf dem Weg zum Anwesen der Hitchcocks im Bundesstaat New York. Charles war dort gelegentlich bei seiner guten Freundin Peggy und ihrem Bruder Bill zu Gast, der dem früheren Harvard-Professor Timothy Leary das Landhaus für seine Experimente mit LSD überlassen hatte. Den Medien zufolge war es Learys Jahrzehnt. Im ganzen Land klebten Jugendliche, darunter auch meine Nichten und Neffen in ihren sicheren Vorstädten, psychedelische Poster zu Hause über die Schlafzimmertapete, egal, ob sie Acid nahmen oder nicht, ob ihnen die wild durcheinander wirbelnden Bilder etwas bedeuteten oder nicht. An diesem Wochenende beschäftigte sich Leary mit der psychedelischen Wirkung von Licht. Spät abends setzte er unter flackerndem Scheinwerferlicht einen Eimer voller Frösche auf dem Grundstück vor dem Haupthaus aus. Es war ein Vorgeschmack auf die Lichtshows, die schon bald im ganzen Land zu sehen waren. Ich erinnere mich an die breite Veranda, die das Haus umgab und die schönen langhaarigen Jungen und Mädchen, die zusahen.

Mingus hatte die Frösche mit meinem neunjährigen Sohn Roberto in der Abenddämmerung in einem Sumpf in der Nähe gefangen – in der Annahme, die Frösche seien für das Abendessen bestimmt. Die vegetarische Gruppe aber hatte dafür plädiert, sie freizulassen, was Leary zum Anlaß nahm, eine Show daraus zu machen. Als die kleinen Wesen über die riesige Rasenfläche in die Freiheit sprangen, brach unter den auf der Veranda versammelten jungen Leuten Jubel aus. Die Frösche flohen in die Nacht, flackerten hell im Licht und wirkten wie eine Anzahl kleiner, blinkender, lebendiger Schnappschüsse, die unter dem Lichtkegel des Scheinwerfers, den einer der Assistenten des Professors im Dunkeln hielt, davonhüpften. Zum Schluß erreichten sie mit ihren merkwürdigen ruckartigen Vorwärtsbewegungen, mal hell erleuchtet, mal auf magische Art ausgelöscht, den Wald und verschwanden.

Charles und Roberto blieben angesichts der tanzenden Froschlichter und der Verknappung ihrer Mahlzeit gelassen – sie hatten sich vor der Show eine üppige Portion aus der Speisekammer geholt –, obwohl sie stundenlang zusammen durch den diesigen Sumpf gewatet und durch den Schlamm gepatscht waren. Charles hatte sich so kühn, engagiert und mutig gezeigt, als hätte er sein Leben lang glitschige Frösche in Händen gehalten. Er und Roberto hatten sich gegenseitig Anweisungen zugerufen, sich über die Fangtechnik gestritten, Größe und Anzahl ihrer Beute laut herausgeschrien, bis es so dunkel war, daß man kaum noch etwas sehen konnte, und sie sich so weit weg entfernt hatten, daß man sie kaum noch hörte. Als meine Tochter Susanna und ich am anderen Ende des Teichs schließlich feststellten, daß der Eimer voll war, riefen wir zum Aufbruch.

Etwas an diesem Abend stand fest. Als die Scheinwerfer erloschen und die Show vorbei war, nahm Charles einen imaginären Bleistift und skizzierte die Idee in Gedanken. Am Ende des Wochenendes war nach einer unserer üblichen Streitigkeiten auf dem Nachhauseweg offensichtlich, daß die Froschlichter noch eine ganze Zeit lang durch unser Leben flackern würden.

Am nächsten Morgen setzten wir uns ins Auto und machten uns auf den Nachhauseweg. Charles und ich stritten darüber, wie es mit unserer Beziehung weiter gehen sollte und weshalb wir nicht gemeinsam unter demselben Dach lebten. Auf dem Rücksitz zählten meine Kinder von ihren Fensterplätzen aus die auswärtigen Nummernschilder, während Charles den Highway in einem Auto entlang raste, das er hatte leihen müssen, weil sich sein neues erbsengrünes Corvette Sting Ray Sportcabrio mit dem fantastischen Einspritzmotor wie gewöhnlich in der Chevy-Werkstatt in der Fifty-Seventh Street befand. Er war gerade zu dem Schluß gekommen, daß ich »zu amerikanisch« sei und das wäre, wie er meinte, die Ursache unserer Probleme.

»Ich komme nicht an dich ran«, sagte er. »Wir sprechen verschiedene Sprachen ... Du bist so amerikanisch ... das bist du. Du bist die amerikanischste Person, die ich je kennengelernt habe! Ich werde niemals wieder versuchen, eine Amerikanerin zu lieben.« Obwohl er nicht rauchte, griff er nach einer Zigarette aus einer Packung auf dem Vordersitz und zündete sie an. Es sah völlig daneben aus, wie er versuchte, den Rauch auszublasen, als sei das ganz natürlich. Gleichzeitig beharrte er darauf, ich sei »dem wahren Leben entrückt«, hätte »Sehnsucht nach dem Alleinsein«, hätte »Einsiedlerin werden sollen« und müsse »eingefahren werden wie ein Auto«.

»So wie man einen Rolls-Royce einfährt«, fuhr er fort. »Bei einem Cadillac geht das nicht. Aber mit einem Rolls-Royce und einem Ferrari macht man das so, man fährt die Autos auf die Straße, fährt sie richtig ein und bringt sie dann wieder ins Autohaus. Man fährt erstmal ein paar tausend Kilometer, damit sie die ganze Scheiße mal mitgemacht haben, und wenn man wieder nach Hause fährt, weiß man, daß man ein richtiges Auto hat.« Wenn ein Mann einen nicht kontrollieren kann, wie es ihm gefällt, dann kommt es vor, daß er einem sagt, man müsse eingefahren werden wie ein Auto. Ich machte mir nicht die Mühe zu antworten oder darauf hinzuweisen, daß er zufällig selbst Amerikaner war. Als wir an der Abfahrt vom West Side Highway an der Ninety-Sixth Street in Manhattan ankamen, hatten wir uns gegenseitig mürbe gemacht und den Faden verloren, falls es überhaupt einen gegeben hatte. Einigermaßen aufgewühlt stiegen meine Kinder und ich am Straßenrand aus und fuhren den restlichen Weg im Taxi nach Hause.

Die ganze darauf folgende Woche schickte Charles doppeldeutige Geschenke per Kurier in meine Wohnung auf der West Eighty-Seventh Street. Manchmal hatte er verschiedene Botschaften darin versteckt (zum Beispiel einen wunderschönen antiken Spiegel mit einer Nachricht, in der er mir riet: »Wenn du Gesellschaft brauchst, sieh dich an, du kommst mit niemandem sonst klar«). Manchmal schickte er sie ohne Begleittext, wenn die Botschaft auf der Hand lag (eine einzelne Porzellantasse mit Untersetzer). Ich bedankte mich für keines. Bis zum Freitag Nachmittag hatte er es geschafft, eine möblierte

Wohnung direkt gegenüber zu mieten. Sie gehörte einer alten Freundin namens Jo, die er zufällig im Viertel getroffen hatte. Sie war dabei New York zu verlassen und er machte den Handel sofort perfekt.

Unmittelbar darauf zog er mit einigen unverzichtbaren Besitztümern in die neuen Räume ein (Aufnahmegerät, Notenpapier, ein ganzer Roquefortkäse von 30 Zentimetern Durchmesser, eine halbe Kiste Château Mouton-Rothschild); kaufte in einem Laden die Straße runter einige große Tüten voller elektrischer Gerätschaften, Kabel, Zeitschaltuhren und bunte Glühbirnen und machte sich an die Arbeit. Bis zum Einbruch der Dunkelheit programmierte er Einsätze und Verzögerungen, stellte Flackern und Blinken ein, so daß er Stunde um Stunde vom gegenüberliegenden Fenster aus seine eigene Lichtshow aufführen konnte, seine eigene großspurige Vorführung. Psychedelische Veranstaltungen sollten bald schon zum nächtlichen Markenzeichen von Bill Grahams Fillmore East werden. Riesige kaleidoskopartige Maschinen ließen surrend bunte Dias über die Decken der Bars und Clubs in Downtown New York flackern. Im hinteren Teil einer Bar, im Village Vanguard, wo Charles regelmäßig auftrat, projizierte bereits ein merkwürdiger Apparat unablässig wechselnde Muster an die Kellerwände. Aber nichts davon war vergleichbar mit der grell leuchtenden Show, die vor meinem Fenster nonstop durch die Upper West Side-Nacht flimmerte.

Wie seine Musik gingen Mingus' Lichter in ständig wechselnde Themen und Variationen über. Je nach dem wie es seiner Stimmung entsprach, brachen sie plötzlich auf oder wurden schwächer und verschwanden. Manchmal verbreiteten sie sich hell, wild und unablässig im Dunkeln, dann wieder staffelte er behutsam die Rhythmen seiner Birnen. Er erfand unverbrauchte Bilder, heilige und obszöne: leuchtende Kreuze, ejakulierende Phallusse. Und die ganze Zeit über, verborgen hinter der wilden Aktivität vor seinem Fenster, lag der Dirigent der Show in seinem Bunker versteckt unter dem Fensterbrett.

Im Laufe der Tage steckten ihm Leute aus der Nachbarschaft Briefe in den Briefkasten: »Lieber Mr. Lichtermann, ihre Show ist fabelhaft!«, »Magier, du bist der Hit!« Es gab keine Jalousien an meinen übergroßen Fenstern und es war unmöglich, das andauernde Flimmern von der anderen Straßenseite zu ignorieren, unmöglich ihn aus meinen Gedanken zu streichen. Die ganze Nacht lang warfen seine Lichter wüste Farben und eigenartige Bewegungen an meine Wände.

Tagsüber parkte er sein Cabrio unter meinem Fenster, sein Radio plärrte durch die Straßen, bis die Nachbarn die Polizei riefen. Eines Nachmittags lud er die Belegschaft der *New York Free Press*, der Gegenkulturzeitung, für die ich arbeitete, zu seiner »Hochzeit« eine Straßenecke weiter, im Marriage Museum auf dem Broadway ein. Es war ein düsteres Archiv der Romantik, an dem er Gefallen gefunden hatte. Seine mysteriöse zukünftige Braut, erklärte er Freunden, sollte bei einer Art spontanen Liebeslotterie unter drei oder vier »Kandidatinnen«, die der Zeremonie beiwohnten, ausgewählt werden. Danach sollte es ein aufwendiges Festessen in einem Restaurant direkt unter unseren Büroräumen geben. Die immer aufwendigeren Pläne für die Hochzeitszeremonie wurden mir in allen Einzelheiten zunächst täglich, dann stündlich durch Mitglieder der Belegschaft zugetragen. Als seine theatralische Phantasie schließlich aufgebraucht war, blies er die Veranstaltung im letzten Moment ab, ohne daß dies jemanden überrascht hätte.

Dann wieder war die Liebe leicht. Wir liefen uns zufällig auf der Straße über den Weg, vertrugen uns und fingen von vorne an. Unten in seinem Studio auf der East Fifth Street piekte er in einem Kochtopf nach Hummern und rief mich, damit ich sah, wie sie die Farbe wechselten. Er goß Wein in Kelche, schmolz Butter, schnitt Melonen, steckte mir ein Stück frischen Sellerie in den Mund und verschwand im Schlafzimmer, um einen Brief an General Motors wegen seines Wagens zu schreiben. Bald darauf kam er brüllend in die Küche zurück, nackt, abgesehen von einem mexikanischen Poncho, der locker über seinem Bauch baumelte. Er schrie, daß Pflanzen den Tod kennen, sich nachts verstecken und am Morgen aus der Erde heraus der Sonne entgegen kriechen. Er sagte, die Menschen hätten nicht genug gelernt, um nicht zu sterben oder um die Sonne über uns anzuhalten, obwohl Gott darauf wartet, daß sie es herausfinden, denn jeder habe die Kraft, der Sonne Einhalt zu gebieten.

Er ging zum Klavier, spielte einen Akkord und erzählte, als

er jung war und ein Mädchen namens Mary Ella liebte, habe ihm dieser Akkord die Gewißheit gegeben, daß die Liebe und das Leben ewig währten. Dieser Akkord, meinte er, enthielt alle Wahrheit, die die Menschen, die noch immer glaubten, nachts schlafen oder eines Tages sterben zu müssen, nicht sehen oder glauben wollten. Er schrieb General Motors einen Scheck aus und wurde wütend, als er daran dachte, welche Rolle Geld in seinem Leben spielte. Als wir später auf der Straße in der kalten Frühlingsluft auf ein Taxi warteten, gab er mir seinen Poncho und stellte sich hinter mich. Er schmiegte seinen Bauch an meinen Rücken, hielt mich fest, schüttelte sich und zitterte vor Kälte im Wind. Sein Bibbern verwandelte sich in einen Rhythmus und er sang davon, daß er mich im Schnee lieben und das Eis schmelzen wolle, bis wir im Gras lägen, es Sommer sein würde und uns heiß wäre. Das Taxi kam angefahren und wir sprangen hinein, uns war wieder warm.

Im Village Gate stürzte die Band explosionsartig auf die Bühne. Charles tigerte wie ein Besessener auf und ab, sah seinen Musikern auf die Finger, schrie schrill Anweisungen heraus, trieb seine Männer an, bis sie die Visionen, die er im Kopf hatte, nach außen trugen. Er schrie seinen Schlagzeuger an, beschimpfte seinen Pianisten, brüllte wie eine entgleiste Lokomotive – es war das laute, wütende Geschrei einer ursprünglichen Gegenstimme, die sich nicht aufhalten ließ. Er schnaubte über die Bühne, seine Kraft, Energie, Wut und Leidenschaft riß das Publikum aus den Sitzen.

Danach stritten wir in der Garderobe wegen seiner Sauferei.

»Ich bin nicht betrunken, Baby, ich mag's bloß nicht, wenn die Kellner in den Gängen rumstehen ... Ich hab die Stühle nicht umgeworfen, die sind umgefallen, weil ich ein großer kräftiger Mann bin.«

»Nur zu«, sagte ich. »Mach alles kaputt. Deinen Job. Den Auftritt der anderen auf der Bühne. Deine Musiker. Nur zu.«

»Ich weiß, was ich tue«, erwiderte er. »Ich kann auch noch im Vollrausch Baß spielen. Da oben auf der Bühne weiß ich genau, was ich tue. Ich mache überhaupt nichts kaputt. Ich hab nur was getrunken und ich bin betrunken, na und? Bestell mir noch einen Margarita.«

Es gab Zeiten, in denen ich mir wünschte, einfach mein Geld an der Tür hinzublättern, die außergewöhnliche Musik zu hören, das großartige Ereignis, das Charles darstellte, erleben zu dürfen und wieder als freie Frau auf die Straße zu gehen. Aber jetzt war ich Teil seines Kampfes, stand nicht mehr außerhalb, sondern saß in der Falle seiner Begierden und seiner Vorstellungskraft, seiner Sexualität, seiner wütenden Intelligenz, seiner Unvernunft und seines Schmerzes.

Sein Schlagzeuger Dannie Richmond kam in die Garderobe und stand nun plötzlich im Mittelpunkt der Aufmerksamkeit. Charles war in eigene Welten versunken. Plötzlich sprach er Dannie an und zeigte auf den Fußboden.

»Was siehst du da, Dannie?« fragte er.

»Ich sehe einen Baß auf dem Boden.«

»Wer hat den da hingelegt?«

»Keine Ahnung, Mingus.«

»Siehst du den Tisch, siehst du den Sprung da im Marmor, was steckt da im Marmor?«

»Da ist ein Trommelstock.«

»Wieso ist da ein Trommelstock, Dannie? Und wieso ist da nur ein Trommelstock?«

»Gestern waren es zwei, Mingus. Ich hab gesehen, daß es zwei waren.«

»Okay, ich zeig dir, was mit Tischen wie dem hier passiert, wenn jemand versucht, Spielchen mit mir zu spielen.«

Er hievte die Hälfte des zerbrochenen schweren Marmors hoch und ließ ihn fallen, rumms, so daß er in fünf oder sechs Stücke zerbarst, die Plastikbecher oben drauf hüpften in die Luft und verspritzten Wasser in alle Richtungen. Dannie wischte sich zimperlich über den makellosen Anzug. Er sah Mingus kalt an und erklärte, er schätze es nicht, wenn man seine Kleidung beschmutze.

»Ich hab niemanden naß gespritzt«, meinte Mingus.

»Doch, das hast du«, sagte ich ärgerlich, und wischte mir über die Strümpfe. »Du hast Dannie naß gespritzt und mich auch. Du hast uns beide naß gespritzt. Das war unnötig.«

Dannie drehte sich um und ging, ohne etwas zu sagen.

»Trink lieber einen schwarzen Kaffee«, sagte ich bissig.

»Wer, ich? Ich brauch keinen Kaffee, Baby. Ruf den Kellner und bestell noch einen Margarita.«

Das Set war wieder phantastisch. Mingus wanderte über die Bühne, beäugte Leute im Publikum, spielte sein »Fangen und Werfen«-Spiel mit sich selbst, oder mit irgendeinem anderen Selbst, das gerade anwesend war, beschimpfte seinen Posaunisten, schrie Dannie an, rief nach McPherson und fegte alle hinweg. Sie hatten es raus, jeder einzelne von ihnen, Mingus brüllte über die Bühne, peitschte seine Musiker voran und die bekannte Intensität und Raserei explodierten mit voller Wucht.

Am Ende des Sets jagte er seinen Pianisten von der Bühne und schrie ungläubig: »Was ist das für ein Arschloch? Ich hab die Musik geschrieben und er will mir erzählen, sie stimmt nicht!«

Wieder in der Garderobe, durchquerte er den Raum, torkelte zum Waschbecken, warf sich Wasser ins Gesicht, starrte sich im Spiegel an und schnitt ein paar Grimassen.

»Na gut, wenn sich das Blatt sowieso wendet, dann machen wir heute abend das Beste aus dem, was wir haben«, sagte er zum Spiegel. Dann kam er zu mir herüber.

»Komm zu mir, Baby. Dann siehst du, was du hättest haben können, was ich dir hätte geben können. Ich hör sowieso bald auf. Ich kenne eine ganze Menge Nutten ohne ›Höhlen‹.« (Er spielte auf die Behauptung der Zahlenmysterikerin an, ich bräuchte meine eigene Welt.) »Neulich Abend hat hier eine ne ganze Stunde lang an die Tür gehämmert. Ich lag genau da, platt auf dem Sofa. Ich hab niemanden reingelassen.«

Genau in diesem Moment klopfte ein Mädchen an die Tür. Er ließ sie rein. Sie sagte, sie sei die Frau eines Musikers, jemand, mit dem Mingus zusammengespielt habe und der am vergangenen Wochenende nach Paris abgereist sei. Er habe ihr gesagt, sie solle vorbeikommen und Hallo sagen.

»*Er* hat dir gesagt, du sollst vorbeikommen und *mich* besuchen?« fragte Charles mißtrauisch, voller Abscheu und Skepsis.

»Ja«, sagte sie mit hoher Stimme und lächelte. Sie wirkte so aufrichtig und naiv, daß ich ihr glaubte. Sie blieb eine Weile und erzählte von Erinnerungen, die ihr Mann an Mingus hatte. Schließlich setzte er sie vor die Tür. Dann wirbelte er herum.

»Ich will nicht, daß die Puppen von Musikern vorbeikommen und mit mir vögeln. Von der Sorte könnte ich eine Million haben. Ich will eine Frau, ich will ein Zuhause, jemand der mir gehört.« Er pinkelte in ein Glas, untersuchte den Inhalt, roch daran und warf es dann gegen einen Kalender an der Wand, von dem die Pisse langsam heruntertropfte.

»Das ist der Ozean«, sagte er und zeigte auf das Gemälde auf dem Kalender. »Jetzt ist meine Pisse drauf.«

Als die andere Band auf der Bühne zu spielen begann, legte er plötzlich einen kleinen Tanz hin, zog mich in seine Arme hoch und bewegte sich langsam zur Musik durch den Raum, starrte an die Decke, während er vor Entzücken vier oder fünf Mal so laut schrie wie er konnte, so als wäre er dem Himmel oder der Hölle entronnen. Dann tanzte er weiter, lachte und hörte zu.

»Die kriegen das besser hin als wir, die spielen wirklich zusammen, hör dir die Arschgeigen an.«

Er raste aus der Garderobe, marschierte den Gang hinunter, wagte einen weiteren kleinen Tanz und winkte den Kellnern:

»Ich bin auf LSD oder ESP oder son Zeug«, sagte er und tanzte in die Nacht hinaus.

»Du bist angetörnt von dir selbst«, sagte ich und winkte einem Taxi. Ich wollte nach Hause.

An seinem freien Abend kam Charles in meiner Wohnung vorbei. Er hatte auf der Beerdigung eines jungen Fans gespielt, der sich im Ausland umgebracht hatte und in einer Holzkiste nach Hause verschifft worden war. Die Eltern des Jungen hatten ihn gebeten, beim Gottesdienst an jenem Abend Baß zu spielen und obwohl er das bei unserer Begegnung kurz vorher kaum erwähnt hatte, war er noch immer von dem Ereignis gerührt. Offensichtlich hatte er in einer Bar auf dem Weg Halt gemacht und nun lief er im Wohnzimmer herum, schaute aus dem Fenster, redete mit sich selbst oder mit seinem anderen Selbst, das für mich noch immer unsichtbar blieb. Während er im Zimmer auf und ab lief, versuchte er seine Pfeife am Brennen zu halten.

Pfeiferauchen gehörte damals zu seinen Lieblingsbeschäftigungen, wobei das Rauchen an sich weniger ein Vergnügen für die Lungen, sondern eher eine Intensivierung des Lebens durch seinen rituellen Charakter darstellte. Es war ein weiteres Ventil für seine Kreativität und seine Kunst. In seinem Studio hatte ich eine Ansammlung verschiedener Tabaksorten entdeckt, die sich dort in Dosen stapelten: Borkum Riff, Three Nuns, Bond Street, Eurasian Black Shag »von Hand gemischt mit Old Virginia-Tabak« (ausgesucht wegen des Geschmacks und der versteckten Anzüglichkeit). Er kombinierte die Sorten zu eigenen Mischungen. »Personal and Revelation« kam zu seinem Vorrat hinzu, als ich ihm erzählte, das mein Vater die Mischung geraucht hatte. Er besaß eine Sammlung von Windsor-Tabakbeuteln, ein stattliches Regal voller Meerschaumpfeifen, ein paar bescheidene Maispfeifen und ein Dutzend Designer-Pfeifen geformt wie wilde Tiere oder bärtige Götter. Sie alle wetteiferten gleichermaßen um seine Aufmerksamkeit.

Nach einer Weile setzte er sich in meinen neuen Sessel am Fenster und starrte mehrere Minuten schweigend vor sich hin. Er war blau. Schließlich richtete er seine Aufmerksamkeit auf die alte amerikanische Patchworkdecke, die hinter mir, hinter der Couch, auf der ich saß, an der Wand hing.

»So würde ich einen Film über dich beginnen lassen«, sagte er schleppend. »Du sitzt da unter dem Ding, mit den ganzen Teilen.«

»Den ganzen Fragmenten«, lachte ich.

»Es gibt einen sehr weiblichen Teil, aber das sage ich dir noch nicht. Ich bezweifle, daß du das erkennen würdest.«

»Mir bedeutet die Decke eine Menge. Ich habe viel über die Frau nachgedacht, die sie gemacht hat. Ich beneide sie.«

»Das ist selbstvergessen«, behauptete er. »Sie hat den ganzen Winter selbstvergessen da dran gesessen.«

»Nein, ist es nicht«, sagte ich. »Sie hat gewußt, was sie wollte und hat Stiche erfunden. Vorzügliche Stiche. Sieh sie dir an! Sieh dir an, welche Liebe sie in jenem Winter gespürt haben muß.«

Charles saß groß und mächtig in seinem Sessel. Schweigend starrte er die Decke an und machte sich seine Gedanken. Leuchtende Seidenfäden tanzten über bunte Abschnitte aus

Baumwollstoff und Seide, die auf einen weichen kastanienbraunen Samtstoff genäht waren und ein unruhiges persönliches Muster ergaben.

»Bird war schon toll«, sagte er schließlich.

»Was?«

»Charlie Parker. Der war schon toll. Und niemand hat ihm auch nur zugehört. Weißt du, wieviele Leute ihm nicht mal zugehört haben?«

»Soll ich dir einen Kaffee machen?« fragte ich.

»Nat Hentoff hat ihm nie zugehört, oder Louis Armstrong. Joe Glazer hat ihm nie zugehört. Oder Milton Berle, Ornette Coleman stand in der Tür und hat nicht hingehört. Nicht mal Dizzy. Nur ganz wenige Leute haben das getan. Duke Jordan hat ihm zugehört, sein Pianist, aber der zählt nicht, weil er tot ist, oder so gut wie tot. Gerry Mulligan hat ihm zugehört, dieser reiche Junge, und er hat seine Heimatstadt verlassen, als er Bird gehört hat, und sein Saxophon genommen und ist ihm hinterhergefahren. Chet Baker hat ihm zugehört, noch ein weißer Junge, und Jimmy Knepper, die ganzen weißen Jungs. Aber sein Manager hat ihm nie zugehört. Sie haben nur was über ihn gehört, sie haben sich erzählen lassen, daß er gut ist und deshalb haben sie Geld mit ihm gemacht. Er war toll. Er hat alles gesagt. Wo geht man hin, wenn alles gesagt ist?« Er starrte leer vor sich ihn. Die Luft war raus.

Keiner von uns beiden sagte etwas.

»Wieso denkst du an Bird, wenn du die Decke betrachtest?« fragte ich schließlich.

»Menschen finden ihren Ausdruck…« Er gähnte.

»Ich gehe nach Hause«, sagte er nach einer Weile. »Ab heute kann ich nichts mehr tun. Ich kann dich nicht besser lieben. Ich werd's nicht mal versuchen. Da geht nichts drüber hinaus. Jetzt kann ich nur noch ins Kloster gehen.« Er nahm seine schwarze Aktentasche. »Du kennst mich nicht, du hörst nicht zu. Du weißt nicht mal, wer ich bin.«

Als er gegangen war, saß ich auf der Couch und dachte über seine Worte nach. Ich war ebenso überzeugt von dem, was ich wußte, wie er von dem überzeugt war, was ich nicht wußte. Wir wußten unterschiedliche Dinge, das hatte ich ihm in der Woche zuvor gesagt, oder wir wußten dieselben Dinge auf unterschiedliche Weise, bewegten uns auf unterschiedlichen Umlaufbahnen um dieselbe Sonne. Wenn er dachte, daß ich mich auf der Oberfläche seines Planeten bewegte, während er von dessen glühend heißem Kern aus zu mir sprach, nun, dann hatte ich meinen eigenen Planeten, wie ich ihm versicherte. Nichtsdestotrotz konnte ich seine Anziehungskraft spüren. Er zog mich fort von Privilegien, die ich jahrelang im feindlichen Lager genossen hatte. Es ließ sich nicht erklären, es sei denn ein undurchschaubares Muster aus eigenen Bedürfnissen war von Geburt an unseren Genen eingeschrieben – ein Muster, das aus einem anderen Leben stammte, so wie die Decke an meiner Wand –, und nun war Mingus in mein Muster eingenäht.

Ich glaubte, daß sich Teile von mir vor dem Beginn meiner Erinnerungsfähigkeit heraus gebildet hatten, zufällige Botschaften aus einem kraftvollen Leben, das sich einst durch das Universum bewegt und Spuren hinterlassen hatte. Andere Teile, das wußte ich mit Sicherheit, waren ganz und gar meine eigenen. Sehnsüchte, die sich festgesetzt hatten, als ich in meiner Kindheit an kalten Metallhaken im Park in der Nähe unseres Hauses in Milwaukee schaukelte, oder hoch oben im Himmel auf den höchsten Ästen einer dreißig Meter hohen Kiefer kauerte und auf die vertrauten winzigen Gestalten unten starrte, deren warnende Rufe und Befehle ich selig überhörte. Das waren frühe Sehnsüchte, die einen weit von zu Hause weg treiben konnten.

Tatsache: monatelang wachte ich regelmäßig mitten in der Nacht auf, hatte Hunger auf Salz und Angst vor dem Tod. Niemand nahm mich ernst. Meine Freunde taten es schulterzuckend ab. Mit neunundzwanzig fing es an, tagsüber quälten mich unangenehme oder verstörende Einzelheiten und nachts nackte Angst. Ich aß Anchovis oder Sardinen, schrieb Tagebuch oder saß auf dem Boden im Wohnzimmer und versuchte meine Gedanken loszuwerden. Ich hatte einen großen Vorrat an Oliven und salzigen Kräckern. Es war, als würde mich Salz am Leben erhalten, mich vor dem Verfall schützen.

Alberto, der Vater meiner Kinder, hatte mir einmal erzählt, daß ihm während des Krieges, als Gefangener der Briten in

Nordafrika, die Salzrationen zur Strafe für seine Unverschämtheit vorenthalten wurden. Damals war er ein Teenager, den man aus der Architekturschule in Rom herausgerissen und unter Rommels Kommando in ein italienisches Regiment in die Wüste verfrachtet hatte. Er blies den ganzen Tag lang »pernacchios« auf seinen Arm – laute, schnalzende, vulgäre Geräusche als Protest dagegen, daß man ihn aus seinem Leben gerissen hatte. Die Gefangenenaufseher verweigerten ihm deshalb das Salz. Als ich von der Geschichte erfuhr, schien es mir keine große Sache zu sein. Aber die Fadheit des Essens ohne Salz war nicht so entscheidend wie die Dehydrierung, unter der sein Körper litt, als er unter der sengenden Sonne schwitzte. Am dritten Tag, nachdem er mit seinen pernacchios aufgehört hatte, bekam er wieder Salz zugeteilt – gerade rechtzeitig, um für den Rest des Krieges in ein Gefangenenlager in Indien geschickt zu werden.

Nach dieser Geschichte hatte ich nicht viel über Salz nachgedacht. Nun wurde es zum Mittelpunkt meines Lebens.

Nachmittags beobachtete ich von meiner Wohnung aus eine alte Frau, die sich in einem knappen roten Badeanzug auf dem gegenüberliegenden Dach sonnte. Ich schämte mich für ihre Vitalität, ihre Beharrlichkeit, ihre Nacktheit. Ich fragte mich, für wen sie ihre Haut bräunte oder ob sie Besitz von der Sonne ergreifen wollte, solange sie über ihr stand. Ich saß am Fenster, hungerte mit einer Dringlichkeit, die sich wie ein Tumor in mir ausbreitete, nach dem Leben. Meine Sehnsüchte begannen mit einem Bedürfnis nach Salz und hielten auch in den darauf folgenden Monaten an.

Obwohl wir regelmäßig aneinander gerieten, schlingerte unsere Beziehung weiter voran. Charles' wechselnde Persönlichkeiten, seine Ansichten und seine Sprache blieben für mich so exotisch und verwirrend wie die beiläufigen Bemerkungen des Schriftstellers Ezra Pound für eine meiner College-Freundinnen, die Pound regelmäßig im St. Elizabeth's Krankenhaus in Washington D.C. besuchte. Der einzige Unterschied war, wie meine Freundin erklärte, daß Pounds Frau neben ihrem Ehemann saß und fortlaufend übersetzte – aus dem Sanskrit, dem

Italienischen, einer spontan erfundenen Sprechweise oder geheimnisvollen Texten – in eine Sprache, die meine Freundin verstand.

Es gab Zeiten, in denen mir die Aufgabe, Charles zu übersetzen, hoffnungslos erschien. Immer dann, wenn ich bereit war, voll und ganz zu akzeptieren wie er war und von irgendetwas, das er getan hatte, zutiefst gerührt war, verwandelte er sich vor meinen Augen in einen Fremden. Vor langer Zeit hatte ich ein Märchen über ein Mädchen gelesen, das die Hand eines verzauberten Prinzen halten mußte, während er sich nacheinander in eine Schlange, ein Raubtier und ein Monster verwandelte – eine beängstigende Abfolge von Metamorphosen, deren Bann sie nur brechen konnte, wenn sie seine Hand niemals losließ. Auch ich ließ nicht los, obwohl Freunde angesichts meiner Sturheit und Weigerung, etwas Neues zu beginnen, den Kopf schüttelten.

Unsere Liebesaffäre und unsere Auseinandersetzungen waren so leidenschaftlich wie seine Eifersucht, so ungewöhnlich wie die Tabus, die ich beinahe täglich brach. Wenn ich mich zum Beispiel aus Versehen dem Eingang zugewandt an einen Restauranttisch setzte, und er sich deshalb mit dem Rücken zur Tür mir gegenüber setzen mußte (und er »sich offensichtlich in Gefahr begab!«, was ich, wie er fand, einsehen müsse), wurde auch ich zur Feindin. Wenn ich an der Bar saß und ihr den Rücken zukehrte, um mit jemandem zu sprechen, erklärte er, nur Nutten wandten sich dem Raum zu. Neue und verblüffende Informationen prasselten täglich auf mich ein, einige davon waren erfunden, einige Teil einer Kultur, die nicht meine war. Andere wieder entstammten einer ungebremsten Phantasie, die im Verlauf unserer Affäre in schwindelerregende Sphären vordrang.

Ich war zwar nach Europa gegangen und kannte ein Leben außerhalb Milwaukees, Charles aber hatte entschieden mehr von der Welt gesehen. Ich war noch immer mit dem rassistischen Wahnsinn des weißen Amerika beschäftigt, wie er ihn mir beschrieb. Wenn man einen Job brauchte, konnte man Sportstar werden, bemerkte er trocken, obwohl Schwarzen auch nur bestimmte Sportarten offen standen. Man konnte als Musiker berühmt werden, wenn man die richtige Art von Musik machte. Man konnte Gangster, Politiker, Prediger oder Zuhälter werden.

Predigen hätte eine Berufung für Mingus sein können, denn es entsprach seinem Wesen ebenso wie das Musikmachen; die Vorstellung, Zuhälter zu werden, aber hatte ihn seit seiner Kindheit in Watts fasziniert, wo er beobachtete, wie die coolen Jungs die Straße eroberten. In seiner Autobiographie *Beneath the Underdog* hatte er dem Thema unzählige, wahrheitsgemäße sowie rein erfundene Seiten gewidmet, und so versucht, sich über die Widersprüche seiner Faszination klar zu werden – ein tiefsitzender Puritanismus kämpfte gegen das Verlangen nach Erfahrung an. Jetzt versuchte er es mit mir. Seine hoffnungslos miteinander konkurrierenden Bedürfnisse – in denen die Baptistenkirche seiner Kindheit, die spirituelle Moralität des Erwachsenen und die Anforderungen, die seine Kunst an ihn stellte, widerhallten – führten zu verschiedenen Untergangsszenarien, die er selbst heraufbeschwor, indem er moralische Prüfungen, Herausforderungen oder Hindernisse konstruierte, die entweder dämonisch oder pathetisch waren.

Einer seiner ältesten Grundsätze war, wie er mir eines Abends in einer Bar erklärte, die Lust einer Frau zu kontrollieren, wenn er sich auf ihre Treue nicht verlassen konnte. Er würde seine schlimmsten Alpträume inszenieren. Er würde mit ihrer Phantasie, ihrer Schwäche, ihrem naiven Glauben an seine eigene Unlogik spielen und währenddessen seine eigenen persönlichen Qualen und Phantasien ausleben. Er würde die Frau in die Arme eines anderen treiben. Dann gäbe es zumindest keine Überraschung: er hätte das Sagen. Die Wahrheit sei der Bodenlosigkeit seiner Vorstellungskraft vorzuziehen.

Ich lauschte seinen irren Ausführungen mit eisernem Willen. Ich hatte nicht die Absicht, mich herumschubsen zu lassen. Ich konnte das Prahlerische in seinen Worten hören und mochte die Szenen, die er beschrieb, eigentlich nicht glauben. Seine Proust'schen Höllen der sexuellen Eifersucht – die quälenden Dramen, die er geistig entstehen ließ, die Ausschweifungen seiner Phantasie und deren präzise Einzelheiten (die wahlweise auf Erfindung oder auf Tatsachen beruhten, es machte kaum einen Unterschied) – trieben ihn zu fieberhaften Erklärungen und ließen ihn ständig alle Möglichkeiten überprüfen, zumindest geistig. Man konnte nie sicher sein, wohin es führte.

Seine Ängste und Phantasien spitzten sich eines Abends in einer wilden mexikanischen Grenzstadt zu. Wir waren wegen eines Konzerts an die Küste geflogen, hatten ein Auto gemietet und waren nach Süden gefahren. Bevor wir aus San Francisco abreisten, besuchten wir eine berühmte rotierende Bar in unserem Hotel, wo Charles mir die Aussicht zeigen wollte. Es war außerhalb der Stoßzeiten und wir waren die einzigen Gäste. Mingus bestellte beim Barkeeper einen Ramos Fizz – ein Drink aus geschlagenem Eiweiß, Gin und Orangenblütenwasser –, der in New Orleans zu den Klassikern gehörte, aber überall sonst von Barkeepern als Strafe des Himmels betrachtet wurde. Der Mann, mit dem wir es zu tun hatten, hegte keinesfalls die Absicht, Mingus' Wunsch nachzukommen. Mit verschränkten Armen verkündete er, er könne nur größere Bestellungen mixen.

»Wie groß?« wollte Mingus wissen.

Der Barkeeper sah ihm ruhig in die Augen. »Nicht unter vierundzwanzig«, gab er zur Antwort.

Mingus bestellte fünfundzwanzig.

Während sich die Stadt unter der rotierenden Bar drehte, kippte er einen nach dem anderen herunter. Der Triumph über einen Gegenspieler, egal wie groß oder klein, war nichts Neues für ihn. In der Woche davor hatten wir es uns gerade an einem Vierertisch in einem gut besuchten, am Wasser gelegenen Jazzclub in Manhattan bequem gemacht, als der Chefkellner zu uns eilte, um uns an einen kleineren Tisch umzuplatzieren. Der Club könne an einem Samstagabend keine zwei leeren Plätze verschwenden, erklärte er.

»Ich bin ein großer, schwerer Mann«, gab Mingus zu Bedenken. »Ich brauche Platz.«

»Das ist ihr Problem«, fuhr ihn der Kellner an.

Ich stand auf und griff nach meinem Mantel. Mingus zögerte nur eine Sekunde lang.

»Bringen Sie noch zwei Gedecke«, sagte er. »Ich möchte viermal Steak mit Beilagen.«

Als ich zu meinem Stuhl zurückkehrte, deckte der Kellner

extra Besteck, Weinkelche und Servietten. Ich aß mein Steak. Mingus aß die restlichen drei. Er hatte sich an den Feind gewöhnt. Das hatte er seit seiner Kindheit geübt. Die Gegenseite, in welcher Form auch immer sie auftrat – selbstgerecht, gemein oder einfach nur mißverstanden –, gewann selten die Oberhand. Wie er zweifellos wußte, hatte er bisweilen gar keinen wirklichen Feind vor sich. Aber er hatte sich so sehr an die Herausforderung gewöhnt, an die daraus entstehende Wut, Ironie oder Komik, daß er sich nicht immer zu bremsen vermochte.

Am folgenden Tag reisten wir die Küste entlang von San Francisco nach L.A. und fuhren nach Watts, wo ich seine Stiefmutter kennenlernte – eine ruhige, freundliche Dame, die nicht so recht wußte, was sie davon halten sollte, daß Charles eine Frau mit nach Hause brachte. Wir spazierten durch das Viertel, in dem er aufgewachsen war, die Compton Street runter und an den mit Unkraut überwucherten Straßenbahnschienen entlang, denen er als Kind auf seinem Schulweg gefolgt war. Schließlich standen wir vor den Türmen von Watts. Er erzählte, wie er und andere Kinder Glasscherben gesammelt und sie dem exzentrischen Simon Rodia weiter unten an der Straße gebracht hatten. Es war Anfang der dreißiger Jahre und Rodia baute mitten im Schmutz seines kleinen dreieckigen Hofs, in dem wir nun standen, drei hoch aufragende Monumente aus Beton, Stahl und Glas. In den Augen von Kindern mögen sie ausgesehen haben wie verrückte schwankende Bauten, aber eines Tages sollten sie als die Watts-Towers in die Geschichte eingehen: rein und perfekt in ihrer Bauweise, architektonische Wunderwerke. Zu Rodias Lebzeiten blieben sie unverstanden und waren doch damals schon Symbole, die sich über den Entrechteten erhoben.

Charles präsentierte mir seine Vergangenheit, zeigte mir seine Familiengeschichte und seine Wurzeln, brachte mich in das ruhige Zentrum desjenigen, der er war, so daß mir das später Folgende – die tosenden Widersprüche, die er inszenierte, bei denen eine Seite seines Selbst Krieg gegen die andere führte und seine fixen Ideen mit gehissten Segeln durch den Wind brausten – umso trauriger und unwirklicher erschien. Wir fuhren von Watts nach Tijuana, wo wir spät abends in einem heruntergekommenen Club landeten. Es war die Sorte Club, die der Grenzstadt ihren Namen gab, eine jener knallharten Kneipen, die Charles vor zehn Jahren zuerst in einem Kapitel seiner Autobiographie, in der er behauptet, dort mit mindestens einem Dutzend Frauen geschlafen zu haben, und dann in einer Reihe von glühendheißen Melodien auf dem Album »Tijuana Moods« mit seinem Schlagzeuger verewigt hatte. Als Touristin wollte ich wie alle anderen auch das Geschehen beobachten. Charles rang mit seinen wie üblich gegensätzlichen Gefühlen: er stachelte mich an, bedauerte überhaupt, dorthin gefahren zu sein, ärgerte sich plötzlich über meine Neugier und saß moralisch zu Gericht. Mürrisch thronte er neben mir auf dem Barhocker und war Heiliger und Satan zugleich. Nach einer Weile wechselten wir an einen Tisch in der Nähe der Bühne. Zwei Frauen zogen sich aus, stiegen zum Publikum herunter und tanzten inmitten ihrer Kundschaft. Ein amerikanischer Collegestudent, der vorher versucht hatte, mit mir zu flirten und es unerwarteterweise mit Charles zu tun bekam, saß an einem angrenzenden Tisch und wurde nun von einem der Mädchen an seinem langen, schlaffen nackten Penis herumgeführt. Schließlich landete er auf der Bühne. Er tat mir leid – er hatte keine Erektion zustande gebracht und ich nahm an, daß er sich schämen müsse, weil er so trottelig an seinem reaktionslosen, schlaffen Schwanz gezogen wurde.

Ganz für sich alleine hatte Charles entschieden, daß ich den jungen Studenten von Anfang an begehrte, daß ihn jemand gezielt an den angrenzenden Tisch gesetzt hatte und daß der Abend eine abgekartete Sache war. Er wurde laut und vorwurfsvoll. Er stand auf und schrie. Innerhalb weniger Minuten befand er sich in einem Zustand blinden Zorns. Wir waren ungefähr bei unserem zehnten Tequila. Die zwei Frauen hatten sich vollkommen ausgezogen und rieben sich nun auf der Bühne tanzend aneinander. Sex und Nacktheit gehörten zur Alltäglichkeit, waren Teil der allgemeinen Atmosphäre. Alle feierten. Alle waren betrunken und amüsierten sich. Samba, Rumba, Mambo dröhnten.

Für einen Augenblick schien es, als würde ich mit auf die Bühne gespült, beinahe hätte ich mich ins Geschehen gestürzt. Ich stand vom Tisch auf. Charles schrie aus der Entfernung. Er klang sehr weit weg. Und dann brachte mich eine kleine Ablenkung – das Wegschnicken meiner Zigarettenasche, die Frage einer Kellnerin – abrupt wieder in die Wirklichkeit zurück, zurück zu dem Tisch, an dem ich stand, zurück zu der fleckigen Holzoberfläche unter meiner Hand, und der Augenblick verstrich. Ich erinnere mich, wie wenig Unterschied es machte, wie langweilig die Ausschreitungen auf der Bühne waren, wie alltäglich, allgegenwärtig und geheimnislos. Als ich mich wieder hinsetzte, hörte ich Charles durch den Club brüllen.

Die Gefahren seiner Phantasien und dessen, was ihn anspornte, die Konsequenzen, die er so achtlos umging, die Folgen dieser Wutausbrüche, die bei dem Gelage in der Grenzstadt so schmerzhaft zum Vorschein kamen, wirkten ernüchternder als der Mangel an Tequila auf der Heimfahrt. Die Freiheit und Integrität seiner Musik, deren grenzenlose Risiken und Erkundungen für seine Kunst wesentlich waren, hatten mit der Frau, die er liebte, wenig zu tun. So viel stand fest. Sexuelle Eifersucht und Kunst führten zwei getrennte Leben. Ob es mir paßte oder nicht, wir gingen nicht weiter auf das Thema ein.

Wieder in New York, nahm mich Charles mit zu seinem ehemaligen Psychiater, Dr. Edmund Pollack. Das Rendezvous mit seiner Vergangenheit, die er beschlossen hatte mit mir zu teilen, wurde mit dem Treffen fortgesetzt. Er warf Geliebte, Freundinnen, Ehefrauen und mich zusammen in einen Topf, ob ich wollte oder nicht. Er hatte das Bedürfnis, seine Fehler, seine Freundschaften, seine Geheimnisse, die nie lange Geheimnisse blieben, vor mir auszubreiten. Enthüllungen gehörten so wesentlich zu seinem Leben wie Sauerstoff in sein Blut.

Einige Jahre zuvor, in der Zeit, als er zu seinen Sitzungen bei Dr. Pollack ging, hatte er den Psychiater gebeten, Liner Notes für ein Album zu schreiben, das er damals gerade aufnahm. Es hatte den Titel »The Black Saint and the Sinner Lady«. Den eigenen Analytiker aufzufordern, etwas über die Musik seines Patienten zu schreiben, war eine außergewöhnliche Bitte. Es war typisch für Mingus, wie die Leute damals meinten. Er wollte, daß die Öffentlichkeit erfuhr, wie Pollack ihn sah.

(Natürlich gab es keine Garantie, daß er nicht schon einen Monat später jemand anders war.) Ungefähr zu dieser Zeit hatte er mehrere Tage im Bellevue-Krankenhaus verbracht. Eines Abends hatte er den Nachtwächter, trotz dessen ausführlicher Warnungen, daß es »drinnen« nicht gerade wie im Hotel zugehe, überredet, ihn hereinzulassen. Er erklärte dem Pfleger, er leide an Schlaflosigkeit, das New Yorker Leben habe ihn ausgelaugt und er benötige Schlaf. Tatsächlich glaubte er, er könne, indem er sich einige Zeit in einer psychiatrischen Anstalt aufhielt, den – wie er ihn nannte – »Idiotenschein« bekommen. Mit diesem Dokument wäre ein Vertrag außer Kraft gesetzt, den er auf Drängen eines Mafia-Veranstalters unterzeichnet hatte. Ein Anwalt hatte ihm das erzählt und er hatte ihm geglaubt.

Kaum war er jedoch im Bellevue, stellte er schnell fest, daß er auf der Krankenstation ein Gefangener war. Als man ihn bei Morgengrauen unsanft aus dem Bett warf und er nur mit knapper Not einer Leukotomie entkam, wurde er sich auf entsetzliche Weise seines Irrtums bewußt. Er schrieb ein kurzes Gedicht mit dem Titel »Hellview of Bellevue«, und nach ein paar Tagen gelang es ihm wundersamerweise, seinen Freund Nat Hentoff anzurufen, der seine Entlassung erwirkte. Später nahm er eine Komposition auf, die auf den Akkordfolgen der klassischen Melodie von »All Things You Are« beruhte und änderte den Titel in »All the Things You Could be by Now If Sigmund Freud's Wife was Your Other«. Mit schelmischem Lächeln wiederholte er die Titelansage mehrmals auf der Bühne. Langsam. Dann schnell. Dann langsam. Er ging auf Nummer sicher, daß das Publikum ihn richtig verstanden hatte.

Pollack war ernst und herzlich, als wir uns kennen lernten, aber genau so unsicher, was die Gründe unseres Zusammentreffens anging wie ich. Vielleicht schwebte Charles eine Art Eignungszertifikat vor. (Celia, eine seiner früheren Frauen, erzählte mir einmal, daß sich Charles niemals verrückt benommen hatte, bevor er mit seiner Analyse begann. Sie glaubte, er versuchte die Sitzungen zu rechtfertigen.)

Ich glaubte, er wollte Pollack als Bürgen für die Person, die er einmal war. Oder vielleicht für all das, was er sein wollte.

DREI

»Love is a Dangerous Necessity«
Komposition von Charles Mingus, 1972

Eines Abends, es war noch früh, fuhren wir zu Peggy Hitchcocks neuem Stadthaus in Manhattan, wo Peggys Freund Van Wolff seinen Polterabend feierte. Wir kamen an ihrem sandsteinfarbenen Haus in der East Sixty-Fourth Street an, ein paar Gäste hatten sich bereits in jedem Stockwerk eingefunden und warteten auf den Beginn der Abendunterhaltung: Lateinamerikanische Tänze, ein Jazz-Trio, afrikanische Trancemusik, Rock'n'Roll. Das Paar, das am nächsten Tag heiraten sollte, war noch nicht eingetroffen.

Im zweiten Stock waren ein Dutzend Tische für das Abendessen gedeckt. Eine Maschine summte in der Ecke und projizierte grellbunte Muster an die Wand. Als eine Rockband zu spielen begann, gingen Charles und ich nach oben, wanderten von Raum zu Raum, bis wir unserem Freund, dem Dichter Allen Ginsberg, über den Weg liefen, der auch ziellos herumgestreunt war. Mir wäre es nicht eingefallen, in jemandes Haus herumzuschnüffeln, aber Charles und Allen nahmen sich diese Freiheit ganz selbstverständlich heraus. Allen stand in der Bibliothek und durchstöberte die Regale, sah sich eine große limitierte Ausgabe von Joyces *Ulysses* mit nummerierten Drucken von Matisse genau an – mein Vater hatte eine ähnliche Ausgabe zu Hause. Andere Bücher stapelten sich neben ihm auf dem Boden.

»Verheirate uns!« sagte Charles in der Tür stehend.

Allen sah hoch. Wortlos legte er den Band, den er betrachtet hatte, nieder, blickte suchend durch den Raum, zog zwei antike Stühle mit geraden Lehnen näher heran und platzierte sich vor uns auf einen Hocker. Dann setzte er mit einem Sprechgesang ein und begleitete sich dazu auf zwei kleinen indianischen Becken, die er in Händen hielt. Er schlug die Becken rasch aneinander, schüttelte mit zunehmender Leidenschaft sein Haar und seinen Bart und nahm uns allmählich mit seiner Meditation gefangen. Wir saßen auf unseren klapprigen Stühlen vor ihm, sein Singsang war leise und eindringlich, erfüllte die Luft, ließ alles um uns herum verschwimmen und verschwinden, bis schließlich nur noch sein Gesang übrig blieb. Während wir starr vor ihm saßen, sang Allen »Hare Krishna, Hare Krishna, Hare Rama, Hare Rama«.

Lange Zeit später blickte er nach oben und lächelte. Die Zeremonie war vorüber.

Mingus war jedoch nicht zufrieden. Er starrte Allen an. »Mich hast du getraut, jetzt traue sie!« sagte er.

Allen wirkte überrascht, nahm aber seinen Sprechgesang sofort wieder auf. Diesmal starrte er mich direkt an, unsere Augen blickten fest ineinander, während er sang und die Becken aneinander schlug: dieser tapfere Mann/Poet, der jede Laune zelebrierte, der jedem Ruf freudig folgte. Zum Schluß, als er zu singen aufhörte, herrschte Stille. Langsam erwachten wir aus unserer Trance und stellten fest, daß wir von Hochzeitsgästen umringt waren. Ein Dutzend Gäste waren nach oben gekommen und hatten sich während der Zeremonie hinter uns versammelt. Sie hatten Gegenstände aus dem Haus zu Geschenken verpackt und öffneten nun eine Flasche Champagner.

Als die Gläser herumgereicht wurden und die Party auf Touren kam, sprachen Allen und Charles über andere Dinge. Allen hatte den Dichter Leroi Jones bei einer Veranstaltung am Vortag gesehen und berichtete, daß Leroi nach der Dichterlesung eine Reihe sehr kleiner Kinder auf die Bühne gebracht habe. Die Kinder hatten gemeinsam »Wir hassen Weiße« gesungen und ihre Arme zum Black-Power-Gruß erhoben.

»Was hältst du davon? Von seinem Einfluß?« fragte Allen.

»Er hat keine Armee«, antwortete Charles.

»Er hat eine Stimme«, sagte Allen.

»Nicht auf den Straßen von Harlem«, erwiderte Charles. »Er hat keine Knarren, Mann. Er läßt Dampf ab, er schreit, das ist alles.«

Einen Augenblick später fragte Charles, »Hast du schon mal jemand anders verheiratet?«

»Leroi und ich waren mal verheiratet«, sagte Allen.

»Wer hat euch getraut?«

»Ich.«

»Ich meine, wer war sonst noch dabei?«

»Oh, Peter war da. Er hat uns getraut. Ich meine, weißt du, er hat Lerois Hand auf seinen Schwanz gelegt und wir…« Allen grinste.

»Ich mag Frauen«, sagte Charles sofort. »Ich will's nicht schlecht machen. Bei dir geht das klar. Aber ich glaube an Türen und Türrahmen.«

Im Raum wurde es still. Allen zuckte mit den Schultern. Es gab einen Knall und ein Korken flog an unseren Köpfen vorbei: einer der Gäste hatte eine weitere Flasche Champagner geöffnet. Allen und Charles schienen verblüfft. Nach einem Moment umarmten sie sich. Alle sahen erleichtert aus. Die Partygäste reichten wieder Champagnergläser herum und tranken auf eine lange und unkomplizierte Zukunft.

Zehn Jahre später wurden wir von einem Friedensrichter getraut, doch es war die Hochzeit mit Allen – die schwieriger und intensiver, belastet und unvorhersehbar war und Mingus besser entsprach –, die den Weg für die kommenden Jahre bereitete.

Um zwei Uhr morgens verließen Charles und ich die kühle Eleganz von Peggys Sandsteinhaus, fuhren nach Harlem und aßen Maisgrütze mit Eiern.

Wieder zu Hause, klingelte das Telefon in meinen Schlaf hinein. Als ich schließlich abhob, befand sich Charles mitten in einem Gespräch über seine Stiefmutter. In Erwartung ihres bevorstehenden Todes hatte er bereits die ganze Woche von ihr gesprochen. Sie hatte ihn in Watts aufgezogen, bei Familienstreitereien Partei für ihn ergriffen, sich mit den Frauengeschichten seines Vaters abgefunden und ein Zuhause aufgebaut. In der Nacht hatte es geschneit, was für die Jahreszeit unüblich war und Charles schrieb diesen Umstand sich selbst zu. Er hatte nicht nur eine Verbindung zum Übernatürlichen, wie es schien, sondern auch zum Wetter. »Natürlich hat es geschneit«, meinte er. »Gestern abend hab ich mein Barometer auf Schnee eingestellt, um Mama zu verabschieden. Sie hat besondere Fähigkeiten, weißt du. Sie war eine ganze Zeit lang dabei. Und bevor sie geht, zeigt sie mir vielleicht noch ein paar Sachen. Ich wußte, daß sie sich aus dem Staub macht, ich wußte das, bevor ich angerufen hab. Sie war letzte Nacht bei mir im Zimmer. Wenn ich das Dr. Pollack erzähle, sagt der natürlich, ich soll mich untersuchen lassen, aber Mama hat ein paar Sachen gewußt ...« Bevor er auflegte, beschlossen wir, am Wochenende wieder nach Millbrook zu fahren.

Trotz des unerwarteten Schneefalls zu Beginn der Woche war das Wetter milde, als wir nach Norden fuhren. Charles saß am Steuer seines Sting Ray, der – ausnahmsweise – nicht in der Werkstatt war. Angetrieben von seinem hochfrisierten Motor, rasten wir mit 185 Stundenkilometern nach Millbrook, um Leary und sein Gefolge zu besuchen. Vielleicht hätten wir die New York State Police, deren Höchstgeschwindigkeit 150 Stundenkilometer betrug, abhängen können (wie uns der Polizeineuling, der uns den Strafzettel verpaßte, voller Bewunderung erklärte), doch wir hielten an, um aufzutanken. Der Bulle steckte den Kopf unter die Haube, während ihm Charles die Eigenschaften des Motors erläuterte und erfolglos versuchte, ihm das Auto für das Wochenende anzubieten. Nachdem wir den Tank wiederaufgefüllt hatten, fuhren wir mit einigermaßen reduzierter Geschwindigkeit weiter, winkten unserem neuen Freund zum Abschied, der seinen Wagen taktvoll wendete und in entgegengesetzter Richtung verschwand.

Zu Learys Anhängern in der luxuriösen Umgebung des Hitchcock-Anwesens zählten College-Professoren, Künstler, Dichter, Musiker, die Schönen, die Highen, die sehr Reichen. Obwohl Tim Charles einmal einlud, als ständiger Guru im Haus zu bleiben, hatte Charles das Angebot abgelehnt und niemals Acid genommen, auch wenn Tim darauf bestand, daß jeder geistig Tabula Rasa machen und von vorne beginnen sollte. »Du hast Harlem nichts zu bieten, Mann«, sagte er Tim bei einem unserer Spaziergänge. »Nicht den Arbeitern, den Leuten, die Jobs haben und um sechs aufstehen...«

An jenem Abend saßen wir wie gewöhnlich bei flackernden Kirchenkerzen an einer langen Festtafel im Speisesaal, wo ein

Musiker aus dem Egyptian Gardens, einem beliebten Bauchtanzclub in Manhattan, die Oud spielte. (Charles und ich gingen gelegentlich dorthin, angeblich wegen der Oud.)

»Auf Pott bin ich mal völlig durchgedreht«, konnte ich Charles im Gespräch mit Tim vernehmen, der in weiße indische Umhänge gekleidet auf der anderen Seite des Tisches saß und vergnügt zuhörte. »Also warum sollte ich LSD nehmen? Ich will nicht verrückt werden. Es macht mir keinen Spaß, die Realität zu kennen. Jemand hat mir mal Haschisch gegeben und eine andere Welt kam auf mich zu. Ich war drauf und dran zu sterben, mehr oder weniger, oder versuchte am Leben zu bleiben. Und das schlimmste war, daß die Sonne ins Meer fiel.« Tim nickte und lächelte.

Nach dem Essen, auf dem Weg in unser Gästezimmer, sagte Charles: »Weißt du, es ist noch mal passiert ohne Drogen oder Alkohol...«

»Was ist passiert?« fragte ich. Ich hatte seiner Schnellschuß-Unterhaltung mit Tim keine große Aufmerksamkeit geschenkt. Am anderen Ende des Tisches wurden komplizierte Absprachen wegen eines Kostümumzugs und einer Freiluftaufführung von »Steppenwolf« am folgenden Abend getroffen. Statt in unser Zimmer zu gehen, nahm Charles plötzlich meine Hand und wir machten einen Umweg über den Rasen. Ich stolperte in meinen hohen Absätzen neben ihm her und fragte mich, weshalb ich mich nicht umgezogen und Wanderstiefel und Jeans angezogen hatte. Als wir in den Wald liefen, blieb ich stehen und zog meine Schuhe aus.

»Dasselbe ist wieder passiert«, sagte er. »Ganz ohne Drogen. Eine andere Welt kam auf mich zu. Ich konnte meinen Herzschlag kontrollieren – ich konnte ihn beschleunigen und verlangsamen – und ich wußte, daß ich durch reine Willenskraft sterben konnte. Ich war bereit zu sterben. Und dann setzte sich ein gelber Vogel auf mein Fensterbrett. Ich wußte, es war Odel, mein Halbbruder, der von den Toten zurückgekommen war, um mich zu warnen. Also hörte ich auf. Aber ich wußte, daß ich diesen Zustand ganz alleine erreichen konnte.« Er hielt meinen Arm fest und lenkte mich einen schmalen Weg in den Wald hinein.

»Und deshalb glaube ich nicht an Chemikalien«, fuhr er fort.

»Nicht so wie Tim. Man muß jahrelang warten und den eigenen Weg auf natürliche Weise finden. Nachdem ich durch Pott so durcheinander gekommen war, habe ich erkannt, daß meine Realität im Baß-Spielen und Komponieren besteht. Ich habe erkannt, daß mir Drogen dabei nicht helfen. Also habe ich das in meiner Jugend ausgelassen. Und jetzt bin ich über vierzig und die erzählen mir, ich soll ›einen Trip werfen‹. Und das bei den ganzen Geschichten, wie einer splitternackt durch den Wald rennt und man diese schrecklichen Träume kriegen kann...«

Wir bahnten uns jetzt einen Weg durch den Wald, vorbei an meditierenden Körpern, an Leuten, die Acid schluckten, und an sich in der Nacht liebenden Körpern. Wir setzten uns an den Springbrunnen. Der Sommermond leuchtete hell wie eine Straßenlaterne. Charles' Gesicht im Schatten war ernst und hübsch, aber auch angespannt: ein Gesicht, das darauf wartete, daß etwas losging. Wie stets ähnelte etwas an ihm meinem Vater: die Wut und Intelligenz, die düstere Ungeduld des Außenseiters, die Kraft des Einzelgängers. Außerhalb seiner eigenen vier Wände war Dads Wut gedämpft, gegenwärtig nur in der Form seines Mundes oder seinem Schweigen. Auch Begehren war unterschwellig vorhanden, aber ebenso wie die Bettücher ordentlich zusammengefaltet. Wir waren eine förmliche und bescheidene Familie, nicht wie die meiner besten Freundin, deren Familienmitglieder ungezwungen und nur halb bekleidet durch das Haus liefen. Wir hatten einander nie ohne Kleidung gesehen. Die Verletzbarkeit unserer Körper wurde kaum zur Kenntnis genommen – wie Weichtiere in ihren Schutzhüllen. Ich erinnere mich an den Schock, als ich meinen Vater eines nachts um Mitternacht nackt und wütend oben an der Treppe stehen und zornig mit der Faust fuchteln sah. In der anderen Hand hielt er ein aufgeschlagenes Buch, daß sein Geschlechtsteil mehr schlecht als recht verbarg. Sein Körper war mit dichtem, dunklem, lockigem Haar bedeckt. Ich war fünfzehn und kam zu spät von einer Abendveranstaltung an der Schule zurück. Entsetzen erfüllte mich angesichts einer Wut, die zu solcher Schamlosigkeit führte.

Charles nahm meine Hand und ließ sie unter sein Hemd gleiten. »Wenn ich high war, wollte ich vor allen Dingen erstmal ficken«, sagte er. »Ich hab gefickt, damit ich nicht verrückt werde. Diese Leute auf LSD ficken die ganze Zeit. Einmal war ich hier und bin wie immer gleich ans Klavier gegangen und sie haben versucht, mich davon wegzukriegen, indem sie drei schöne Mädchen reingebracht haben. Sie konnten nicht verstehen, daß ich mein Klavier ficken wollte. Als ich also das nächste Mal hier war, haben sie drei oder vier Klaviere da aufgebaut. Sie haben die ganzen Saiten herausgenommen, die Beine abgeschraubt und es hochkant an die Wand gestellt. Ich weiß, daß Tim Leary das war und ich weiß, was er damit sagen wollte: ich durchlaufe mein eigenes Karma und betrachte ein Klavier als meinen Guru.«

Wir setzten uns in die Dunkelheit. Ich fragte ihn, weshalb er sich überhaupt darauf eingelassen hatte.

»Eines Tages war ich in Boston …«, erwiderte er. »Ich traf einen großen, gut aussehenden Typen mit grauen Haaren. Er stellte sich vor. Es war Tim Leary. Er sagte: ›Ich hab ein neues Ding, das die Welt ins Lot bringen wird. Ich möchte, daß du einer meiner Gefolgsleute wirst.‹ Ich sagte: ›Mann, ich weiß, daß ich nicht perfekt bin, aber ich will nicht anders Baß spielen. Ich will nicht anders Musik schreiben. Ich bin zufrieden mit dem, was rauskommt.‹ Er sagte: ›Bleib ein paar Wochen bei uns und dann sehen wir, wie du darüber denkst. Lern ein paar Leute kennen.‹ Also gaben sie mir ein Zimmer zum Wohnen und ich kam … Mein Glauben daran war aber nie besonders groß. Du kennst ja meinen Analytiker Dr. Pollock? Naja, eines Tages sagte er: ›Ich hab gehört, du kennst Tim. Ich würde ihm nicht allzusehr vertrauen, er war nicht gerade der beste Schüler damals auf der Schule.‹ Und weißt du, was er dann sagte? Er hat mit Tim auf einem Zimmer gewohnt!«

Er lachte und zog mich auf seinen Schoß. Seine Hände strichen mir mit ihrer vertrauten Rauhheit zärtlich über das Gesicht. Ich hatte mich inzwischen an sie gewöhnt. Die Hornhaut an seinen Fingerspitzen lag damals wie eine hart erarbeitete Rüstung auf seiner Haut. Sie war das Ergebnis eines Zupfstils, mit dem er die Töne glanzvoll bis in die höchsten Sphären eines Raumes steigen lassen konnte, lange bevor Verstärker dafür sorgten. Er hatte einmal erklärt, warum er die Hornhaut brauchte, wie sie sich beim Spielen an seinen Fingerspitzen bildete, sich verhärtete und den Schmerz linderte. Wenn er zwischendurch aufhörte Baß zu spielen, dauerte es Wochen, bis er seine Hände wieder so hinbekam. Natürlich spielte man damals, vor dem Einzug der Elektrizität, anders – körperlicher, man hob Töne aus den Tiefen der Darmsaiten und sandte sie gen Decke. Ich hatte zugehört, wie er vor Studenten, die ihn in seinem Studio besuchten, über seine Hornhaut sprach. Er sprach über Technik, über seine Musik und dann, mittendrin, sprach er über Liebe. Den Dreh zur Liebe bekam er immer hin.

»Das Klavier küsst nicht zurück«, warnte er einen jungen Musiker, der zu abgehoben über Kunst sprach. Er wollte klare Prioritäten. Es war wichtig zu verstehen, was ein Klavier nicht konnte. Und trotzdem komponierte er am Klavier, es war das Herzstück seines Daseins, auf den Tasten wartete seine Melodie. Wenn ihn die Welt enttäuschte, ging er ans Klavier. Dort fand er seinen Frieden.

Er biß mir in die Schulter und hielt mich mit dem Mund fest, während er meine Kleider aufknöpfte und mich ins Gras zog. In der Ferne, irgendwo unter dem gigantischen Mond, hörten wir, wie Tim seinen Namen rief.

Tagsüber schlenderte Tim in seinen weißen Tennisschuhen, der weißen indischen Hose und seiner weißen Jacke durch das Haus oder spazierte draußen in der Sonne herum. Er war umgeben von der Gewißheit, daß alles gut sei. Er glaubte, die Menschen könnten ihre alten neurotischen Prägungen abwerfen und neu beginnen. Mingus interessierte sich weniger dafür, seine alten Prägungen abzuwerfen, als die der Welt zu verändern. Seinen Ansichten und den daraus folgenden Seelenqualen machte er Abend für Abend vor Publikum Luft. Manchmal nahmen die Abende ein schlimmes Ende. Andere Male aber verwandelte sich seine Wut, sogar die Gewalt, in Gold.

Eines Samstags wieder in New York auf der Bühne des überfüllten Village Vanguard beugte sich Mingus zwischen zwei Stücken auf seinem Hocker nach vorne und nahm einen großen Schluck aus einer Flasche Wein der Christian Brothers, die auf dem Klavier stand. Als er die Flasche zurückstellte, betrachtete er das Etikett und dachte laut über die Mönche nach, die den Wein gemacht hatten. Dann hielt er einen weitschweifigen Vortrag über Religion in Amerika und beendete ihn mit einer Rangordnung der neuesten kommerziellen Kultfiguren, darunter Billy Graham, Oral Roberts und Robert Schaller. Einer der Zuhörer fühlte sich durch seinen Monolog auf den Schlips getreten.

»Zeigen Sie mehr Respekt«, beschwerte sich ein junger Mann hinten im Club.

Mingus hielt inne. Er starrte in die Menge. Er fing wieder an. Der junge Mann schrie einige beleidigende Bemerkungen, Mingus redete weiter.

»Und Ihre Frau ist eine Schlampe«, sagte der junge Mann.

Mingus hörte sofort auf. Er stellte den Wein auf dem Klavier ab, ging vorne an den Bühnenrand und starrte wütend gegen das Licht.

»Ihre Frau ist eine Schlampe«, schossen die unglaublichen Worte wieder von hinten nach vorne. Mingus verschwendete keine Zeit. Er schwang den Mikrofonständer wie eine Lanze und stürzte durch das dicht gedrängte Publikum nach hinten, gerade als der junge Mann von seinem Sitz aufsprang und durch den Club davon rannte. Zwischen den voll besetzten Tischen hin und her springend erreichte der junge Mann schließlich die Treppe nach oben zur Straße und rannte aus dem Club. Mingus, der noch immer den Mikrofonständer fest umklammert hielt, folgte ihm drei Stufen auf einmal nehmend. Der Autor Norman Mailer, der in der Menge gesessen hatte und der selbst erst kürzlich im Rahmen seiner Kandidatur für das Bürgermeisteramt in New York City eine in der Presse vielbeachtete Prügelei hinter sich hatte, raste hinter ihm her. Ich folgte als letzte in der Reihe.

Als wir den Bürgersteig oben an der Treppe erreichten, zog Mingus eine Papierserviette voll schwarzem Pfeffer aus seiner Hemdtasche – eine Verteidigungstaktik, die man ihm einmal spät nachts in einer Bar empfohlen hatte – und schleuderte sie hoch in die Luft. Der Wind kam aus Norden und der Pfeffer flog mir ins Gesicht. Mingus hob mich schreiend hoch und trug mich in ein Restaurant auf der anderen Straßenseite, wo mir der Hauskoch die Augen über der Spüle auswusch. Ich erholte mich auf einem Hocker. Mingus kehrte wieder zum Ort der Auseinandersetzung zurück. Als ich ihnen schließlich nach draußen folgte, standen er und der junge Mann Hände schüttelnd und sich umarmend auf der Straße vor dem Club. Als wir wieder hinunter gingen, verabredeten sich die beiden, ihre neu gefundene Freundschaft später in einer Bar zu begießen. Sie hatten das altbekannte Spektrum vom Feind zum Freund durchlaufen, ein Prozeß, den Mingus ständig mit seinen Gegenspielern durchexerzierte. Vielleicht brauchte er eine Auseinandersetzung, um die Luft zu reinigen – um den Weg zu ebnen und für die Liebe zu befestigen.

Eines Nachmittags, als ich in meiner Wohnung eine Schallplatte der Monologe von Molly und Leopold Bloom hörte und Charles einen Brief an eine Versicherungsgesellschaft schrieb, bat er mich, die Lautstärke runterzudrehen. Er müsse sich konzentrieren, meinte er. In allen Mingus-Einzelheiten beschrieb er seine Version eines Unfalls mit einem Stadtbus, wobei ich ganz und gar nicht sicher war, daß die Schuld ausschließlich beim Busfahrer lag. Ich hatte mit Mingus im Wagen gesessen und hatte meine eigene Meinung zu den Ereignissen. Trotzdem hatte ich mich entschieden, ihm nicht reinzureden. Als er fertig zu sein schien, drehte ich die Lautstärke wieder hoch. Er hörte ohne besonderes Interesse zu, bis er vernahm, wie Molly Bloom ihre Liebe zu Daedalus beschrieb und sagte, daß sie ihn »gerne in den Mund nehmen würde«. Er spitzte die Ohren.

»Spiel den Teil nochmal ab«, sagte er. Seine Interesse wuchs mit seiner Eifersucht und Verärgerung.

»Also daher hast du den Ausdruck«, sagte er vorwurfsvoll.

»Niemand besitzt ein Monopol auf Worte«, sagte ich. »Das ist mein Stil, so rede ich, ich hab das nicht von irgendwem. Du hast auch eine eigene Art zu sprechen, die nicht meine ist. Na und?«

»Mir wäre das peinlich, das in Gegenwart anderer zu hören. Das hat schon mal jemand versucht, mir vorzuspielen.«

»Das ist keine schmutzige Platte«, sagte ich. »Auf der Platte sind nur ein paar tausend Gedanken, die jemandem durch den Kopf gehen.«

»Ist sie eine Hure?« fragte er.

»Nein, ist sie nicht. Sie ist eine ganz normale Frau, die wartet, daß ihr Mann nach Hause kommt. Es ist spät und er ist möglicherweise mit einer anderen Frau unterwegs, sie weiß es nicht genau. Aber sie ist alleine und sie denkt nach, sie träumt und erinnert sich.«

»Sie träumt davon, jemandem den Schwanz zu lutschen. Richtig?«

»Ist das alles, was du gehört hast?«

»Das reicht. Der ist auch nur ein Schmutzfink wie die anderen Schriftsteller. Er klingt wie ein Homosexueller, der versucht sich vorzustellen, was Frauen denken.«

»Du kannst wirklich niemandem zuhören.«

»Er hat mir nichts zu sagen. Er ist weiß und er ist kein Amerikaner und er ist tot. Warum spielst du mir nicht einen schwarzen Autor vor, jemanden aus Watts?«

»Weil die Welt nicht nur aus Watts besteht. Außerdem hab ich das jetzt aufgelegt.«

»Naja, ich kann das jedenfalls nicht hören. Ich hör mir das erst an, wenn ich ihn kennen lerne, ihm die Hand schüttele und ihn frage, wie oft er seine Frau fickt, dann hör ich mir das an und verstehe es.«

»Wenn du es dir alleine anhörst oder es selbst liest, dann merkst du vielleicht, daß du ihn magst. Ihr habt eigentlich eine Menge gemeinsam.«

»Die Platte hören? Eine dreckige Platte anhören, die von Amerikanern rausgebracht wurde, die die Sexstellen aus einem ganzen langen Buch rausnehmen, damit sie es an Leute verkaufen können, die zusammen im Wohnzimmer sitzen und sich aufgeilen?«

»Ach, vergiß es. Weißt du, wer sie mir geschenkt hat? Meine Schwägerin. Die ist keine Hure.«

Er dachte darüber nach. »Naja, wer weiß, vielleicht ist deine Schwägerin eine deutsche Puffmutter, so wie ich gedacht hab, als ich sie das erste Mal sah.«

Ich starrte ihn sprachlos an. Einen Moment später sagte er: »Naja, wenn du vielleicht versuchst, es mir vorzuspielen, wenn ich nicht am arbeiten bin ...« Seine Stimme wurde weicher. »Wenn ich nicht gerade versuche, einen Brief an jemanden zu schreiben, damit ich Geld zusammenkriege und mein Auto reparieren lassen kann, bevor es abgeholt wird.« Er machte eine Pause. Er dachte noch einmal darüber nach. Dann bekam er wieder Auftrieb. Seine Stimme wurde lauter.

»Ich bin fast pleite. Ich hab die Raten fürs Auto nicht bezahlt und zu allem Überfluß versuche ich, mich auf einen Brief zu konzentrieren wegen eines Busfahrers, der mich gerammt hat!« Mit großem Wirbel und mehreren Fehlstarts sammelte er seine Papiere ein und ging wieder auf die andere Seite der Straße. Später an dem Tag schnitt er sich in seiner Wohnung den Fuß an einer Schere und fuhr in die Notaufnahme ins Krankenhaus. Bevor er fuhr, hinterließ er eine Nachricht in Druckbuchstaben auf dem Bürgersteig vor meinem Haus – ICH LIEBE DICH – hatte er mit seinem Blut geschrieben.

Obwohl er in diesem Monat im Five Spot auftrat, erklärte er sich bereit, im Village Gate ein paar Straßen weiter, ein Wohltätigkeitskonzert für eine Schule zu geben. Die Besitzer des Five Spot – die Termini-Brüder, Iggy und Joe – hatten ihm großzügig gestattet, eine lange Pause zu machen. Am Abend vor dem Wohltätigkeitskonzert hatte Mingus einen sehr lebendigen Traum, in dem sich schreckliche, böse Mächte gegen ihn verschworen hatten. Er konnte sie nicht identifizieren, aber er wußte ganz genau, daß die Gefahr real war, so real wie alles andere, das er außerhalb seiner Träume erlebte. Sie spiegelten tausende verschiedene Realitäten wieder, die ihm in den Knochen steckten. Der Traum ging ihm nicht aus dem Kopf.

Am Abend des Wohltätigkeitskonzerts ging ich vor ihm ins Village Gate und saß im dicht gedrängten Publikum. Der Respekt und die Liebe des Publikums war spürbar. Der Raum war erfüllt von den guten Schwingungen, die man damals überall zelebrierte. Als Charles schließlich auf die Bühne kam, konnte man fühlen, wie Vorfreude und Zustimmung stiegen. Das Publikum stand auf und applaudierte. Charles starrte von der Bühne herunter. In dem Meer von Gesichtern vor ihm, die er im trüben Licht alle einzeln betrachtete, sah er die Quälgeister seines Traums. Er erkannte sie wieder. Wütend starrte er eine kleine Ewigkeit lang in den überfüllten Raum. Dann wandte er sich seinem Schlagzeuger Dannie Richmond zu und brummte eine Anweisung. Dannie begann mit einem Solo.

Charles trampelte zornig von der Bühne. Dannie spielte zwanzig Minuten lang allein. Charles trat nicht auf, genauso wenig wie seine Mitmusiker. Er kam nur einmal wieder ans Mikrofon und schimpfte auf alle, die seine Musik nicht verstanden. Das Publikum bekam, was es verdient hatte. Er befand sich in einem wütenden trancehaften Zustand.

Wieder im Five Spot, schwor sich Iggy nach einer erzürnten und unnötigen Szene wieder einmal, wie er es schon bei so vielen anderen Gelegenheiten getan hatte, Mingus nie wieder zu engagieren. Am Abend darauf kam Charles zurück, als sei nichts passiert, die Musik war so durchdringend, konzentriert, leidenschaftlich und unvorhersehbar wie eh und je.

Gelegentlich begleitete er mich zum Port Authority, von wo aus ich einen Bus nach New Jersey nahm, um meinen Bruder Bob zu besuchen. Er stand in Leder gekleidet an der Haltestelle, seine Zehen krümmten sich am Ende seiner O-Beine, sein Gesicht schien angespannt und einsam unter seinem übergroßen mexikanischen Hut. Er lächelte und winkte mir durch das Busfenster zu, wo ich umgeben von blassen Pendlern aus New Jersey saß. Es war noch zu früh, dachte ich – vielleicht sollte es immer zu früh bleiben –, mich auf einen Mann wie Charles einzulassen: ein Mann, der so offen verwundbar war, so offen aggressiv, ein Künstler von solcher Unerbittlichkeit, der sein Lager weit weg von dem der anderen aufgeschlagen hatte. Über ihn gab es keinen normalen Small Talk, nichts Gewöhnliches, an das man sich halten oder mit dem man sich vergleichen konnte. Sein Leben ragte übermächtig und unvorhersehbar aus allem heraus.

An einem sonnigen Nachmittag brauste er mit offenem Verdeck die Park Avenue herunter und setzte mir seine Ansichten über Meditation auseinander. Mitten in einem wütenden Streit schrie er etwas über die Heiligkeit der Liebe. Er schrieb ein Buch, und die Grammatik, die Rechtschreibung und die Charaktere sprengten alle Regeln. Es brauchte Monate, Jahre, um die Wahrheit an einem Mann zu erkennen, dessen Verpackung so ungewöhnlich war. Seine Vorstellungskraft, die an einem schlechten Tag entweder unergründlich oder vollkommen außer Kontrolle zu sein schien, war die Quelle, aus der er seine Kunst und sein Leben schöpfte, und sie war nun auch Teil meines Lebens. Wenn man dieser Vorstellungskraft folgen könnte – den Tragödien, die sich im Innern abspielten und die gemessen an den Vorkommnissen, die sie in Gang setzten, so ungleich bedrohlich erschienen –, würde man erkennen, daß die Realität selbst nur einen Bruchteil der Show darstellte. Wie klein, wie begrenzt und unzusammenhängend die Wirklichkeit im Gegensatz zu den endlosen Ausschweifungen in seinem Kopf schien.

Ich erinnerte mich an eine Kurzgeschichte von Sartre über den Besuch eines Vaters in den Räumlichkeiten seiner Tochter, die mit jemandem verheiratet ist, der wahnsinnig wird. Er hofft seine Tochter aus dem dunklen Zimmer voller Ungeheuer herauszuholen, das sie mit ihrem Ehemann zusammen bewohnt, obwohl nur ihr Ehemann die Ungeheuer wahrnimmt. Als die Tochter in der Tür steht, ihren Vater im hellen Tageslicht anblinzelt, schaut sie plötzlich zurück und es gelingt ihr endlich, auch eines der Ungeheuer im Raum zu sehen. Es ist ein Augenblick des Triumphs. Ungeduldig verabschiedet sie sich von ihrem Vater und geht wieder hinein.

Ich begann allmählich die sich immer weiter ausbreitenden und so kompliziert miteinander verwobenen Szenarien zu verstehen, die Charles mit ihren verworrenen Netzen gefangen hielten – ein reales Ereignis führte zu einem anderen und wieder einem anderen, und dies setzte sich in seinem Kopf mit unverminderter Lebendigkeit fort. Zeiten, Vergangenheit oder Zukunft, waren untrennbar miteinander verschmolzen. Für ihn war der Konjunktiv ebenso lebenswichtig wie nackte Tatsachen.

Vor allem aber versuchte er ständig alles auf einmal auszudrücken. Er hatte derart große Sorge, daß es ihm nicht gelingen könnte, etwas, das er im Kopf hatte, zum Ausdruck zu bringen, daß er sich gezwungen fühlte, es sofort auszusprechen, zu untersuchen und eine Reaktion darauf zu fordern. Vielleicht hatte er Angst, die Last alleine tragen zu müssen, Angst, seine Gefühle für sich zu behalten, wo er doch nicht immer sicher war, was sie bedeuteten oder wohin sie ihn führten. Er mußte andere Leute einweihen, sie die Verantwortung oder den Schmerz mit ihm teilen lassen. Das war seine Art zu überleben, seine Art bei Verstand zu bleiben. Manchmal dachte ich, wenn es ihm nicht gelang, sich gegenüber der Welt um ihn herum mitzuteilen, würde er verrückt werden. Er schrieb, redete, spielte, liebte unermüdlich. Er mußte den Samen, die Klänge, die Worte aus seinem Haus, aus seinem eigenen Käfig nach draußen tragen. Es war ein ständiges Herauskatapultieren.

Und noch immer war ich fest mit seinem Leben verknüpft, seiner Musik, seiner Vorstellungskraft, seiner Leidenschaft und Aufmerksamkeit, seinen unglaublichen Geschichten, seiner Wut, seinen Lügen, seinen Liebkosungen, seiner Extravaganz, seiner mangelnden Vorsicht, seiner Zärtlichkeit, wenn er mich liebte und an mich glaubte. Ich hielt an dieser Intensität fest, ohne sie einzuschnüren und mit Namen und Adresse versehen irgendwohin fortzuschicken.

Jahrelang verzieh er mir nicht, daß ich mich weigerte, unserer Liebe eine Adresse zu geben. Es war der Aufhänger jeden Streits. Ich stammte weniger aus Italien oder der Boheme als aus meiner Heimatstadt. Ich konnte den Lake Michigan nicht abschütteln. Ich hatte mir Charles ausgesucht, weil er anders war. Jetzt konnte ich diesem Anderssein nicht gerecht werden. Ich stand vor dem antiken Spiegel und fragte mich, ob ich den Verstand verlor. War ich im Fegefeuer gelandet, weil ich die Widersprüche meines Lebens nicht miteinander versöhnen konnte? Oder weil Charles ein Glas Bier betrachtete und darin Farbe, Pisse, Gift oder Verschwörungen entdeckte?

Ich ging zu einem Analytiker, da ich mir Sorgen um meine Kinder machte. Der Analytiker erklärte, meinen Kindern gehe es gut: ich wäre diejenige, die Probleme hätte. Es erschien ihm durchaus vernünftig: meine Kinder besuchten eine Schule in Greenwich Village; ich war die Mitherausgeberin einer Gegenkulturzeitung, der *New York Free Press;* ich hatte mich von meinem Mann getrennt, der trotz unserer Differenzen mein engster Freund geblieben war. Die Kinder sahen ihn regelmäßig. Wie routiniert meinem Analytiker unser Familienleben zu Hause auch erscheinen mochte, gegenüber seiner Wohnung explodierten keine tausend Glühbirnen.

Eine liebenswertere Glühbirne war diejenige, die Charles während der Dreharbeiten zu Tom Reichmans »Mingus« im Winter 1966 in seinem Studio vor laufender Filmkamera in die

Hand nahm. Er hatte über Liebe geredet, hatte eine komplexe, Joyce'sche, poetische, kriegerische Mingus-Version präsentiert, als er eine Glühbirne auf einem Tisch in der Nähe liegen sah und danach griff.

»Sehen Sie diese Birne?« fragte er. »Alleine für sich ist sie nichts. Aber wenn sie ihren anderen Baustein findet ...« Er hielt die Glühbirne in der einen Hand, schraubte sie in eine Fassung, die er mit der anderen Hand aufhob, und sagte mit einem prachtvollen Lächeln in die Kamera: »... Kapierst du? Dann leuchtet sie!«

Nach zehn Ehejahren hatte mir mein Mann Alberto gesagt, mit mir könne sich ein Mann nicht sicher fühlen. Er konnte den Teil von mir, der ein Leben für sich allein beanspruchte, nicht zulassen, ebenso wenig wie Charles ihn zulassen konnte. Es war ein Bedürfnis, das ich selbst kaum verstand, etwas, das an der alten viktorianischen Lebensweise rüttelte, die mir zu Hause eingeimpft worden war. Alberto nahm es persönlich und nannte es willentliche Distanzierung, eine außer Kontrolle geratene Unschuld. Außerhalb seiner Kontrolle. Nur wenige Wochen, nachdem Alberto und ich geheiratet hatten, begannen die Probleme. Ich hatte ein Leben vor ihm gehabt, eine Affäre mit einem brasilianischen Journalisten in Paris, aber schlimmer noch, ich bedauerte nichts. Ich war mir keiner Vergehen bewußt. Am stärksten beunruhigte Alberto, daß ich unter meinen Sünden nicht litt, was er an meiner Stelle tat. Das sei meine Überheblichkeit, meinte er, ein Sicherheitsabstand von der Realität meiner Schuld oder meines Schmerzes, die er nicht ertragen konnte. Er litt unter seinen Sünden. Er litt schrecklich. Er konnte nicht akzeptieren, daß ich unter meinen nicht litt.

»Du durchläufst Sodom und Gomorrah und kommst unbeschadet heraus«, sagte er. In seinem Urteil mischten sich Ehrfurcht und Abscheu. Und dann entschied er eines Abends während der ersten Monate unserer Ehe, ich solle in das wirkliche Leben eingeweiht werden. Er konnte die Unvereinbarkeit zwischen der vornehmen Herkunft und Distanziertheit, die ich zu verkörpern schien, und der harten Welt da draußen, die ich, wie er fand, nicht zur Kenntnis nahm, nicht ertragen. Wir stiegen in seinen kleinen Fiat Topolino und fuhren in die Via Flaminia, wo spät abends die Huren standen. Er hatte mich herausgefordert. Ich hatte eingewilligt. Er war mein neuer Mann. Ich war dreiundzwanzig, er war sechsunddreißig. Ich war verängstigt, aber ich wollte ihn zwingen, Farbe zu bekennen. Wenn es für das Funktionieren unserer Ehe nötig war, dann war ich bereit. Wir fuhren die Straßen ab. Er kurbelte das Fenster herunter, während mich die Frauen eine nach der anderen ansahen und die Köpfe schüttelten. Eine Ehefrau? Schließlich kletterte eine ältere Frau um die Vierzig auf den Rücksitz des Wagens. Vielleicht waren sie befreundet, ich konnte es nicht beurteilen, mein Italienisch war noch immer sehr frisch und unzuverlässig. Wir fuhren herum, während sie über Geld und unser Vorhaben sprachen. Auch diese Frau betrachtete mich eindringlich, während ich, mehr oder weniger abwesend, neben Alberto auf dem Vordersitz saß. Dann schüttelte sie wie die anderen den Kopf. Vielleicht wollte sie mich schützen. Sie sagte ihm, es sei keine gute Idee. Sie lehnte die Nummer ab. Er lud sie stattdessen ein, in einer der Espressobars auf der Straße einen Kaffee mit uns zu trinken. Zu dritt tranken wir Cappuccinos und plauderten zusammen an einem runden Tisch auf dem Bürgersteig und das war's. Ich war unbeschadet heraus gekommen.

Obwohl ich versuchte, Milwaukee abzuschütteln und die Regeln abzuwerfen, fielen die Würfel meist doch auf den Lake Michigan. Sicher, ich war dem festen Griff der Kindermädchen entkommen. Aber irgendetwas in mir wehrte dramatische Veränderungen ab. Das war mein Verbrechen: konfrontiert mit der Vorstellung eines anderen im wirklichen Leben dennoch mein Selbst zu bewahren. Besonders da sich dieses Selbst im Widerstreit mit dem Mann befand, der mir seine Liebe anbot.

Mitternacht war bereits vorbei in Mingus' Wohnung, nach einem unserer üblichen ungelösten Konflikte: meine Weigerung, mit ihm im selben Haus zusammen zu wohnen; sein Beharren darauf, daß ich mich über die Rechte unserer Liebe hinwegsetzte, gepaart mit jedem möglichen Rassismusvorwurf, der ihm in den Sinn kam. Meine eigene Position bezüglich meiner persönlichen Freiheit war im Vergleich dazu armselig und kriecherisch, sie besaß nicht das Ausmaß und die Würde eines

Kreuzzugs. »Ich fahre jetzt wieder in die Werkstatt«, seufzte er, bevor wir auseinandergingen, eine Fortsetzung seiner Analogie über Frauen und Autos. »Ich gehe dahin zurück, wo ich angefangen habe. Ich habe eine lange Reise hinter mir und du auch. Wir sind eingefahren. Ich meine, ich weiß, daß etwas schief gehen kann, platte Reifen und kaputte Scheibenwischer und so was. Ölwechsel und Schmiere. Manche Dinge sind nicht immer perfekt.« Behutsam legte er einen anderen Gang ein. »Aber wenn eine Spannung zwischen uns liegt wie heute Abend ... Naja, dann fahre ich wieder in die Werkstatt. Ich werde abnehmen, das mache ich zuerst, ich muß diesen Bauch loswerden. Vielleicht mußt du an die frische Luft, du bist kein Mädchen aus der Stadt, und ich bin auch kein Stadtmensch. Geh nach draußen und spür die Luft, geh im Park spazieren und sei allein. Und wenn du das Gefühl hast, du wirst nicht geliebt, na, dann denk an mich.« Ich saß auf meinem Stuhl und ließ ihn reden. Ich hatte mich entschieden und das hatte er auch.

Seine Worte aber hallten nach wie seine Musik. Sie hatten die lästige Angewohnheit, sich in meinem Kopf festzusetzen.

»Ach, ich weiß, ich hab's heute versaut«, fuhr er fort, »aber ich wußte, es würde dich nicht verletzen. Ich wollte dich nur aus deinem eigenen Ding hochrütteln. Aber ich kann dich nicht kriegen – nicht mal so. Wir sprechen verschiedene Sprachen. Du bist so amerikanisch ... Ach, ich weiß, daß wir uns wunderschön geliebt haben, bestimmt haben wir das, es gab wunderschöne Szenen, aber du hast weiter geschaut, du warst draußen, du warst nicht wirklich da. Und jetzt, wie du da auf deinem Stuhl in der Küche sitzt, selbst da ist ein Spiegel an der Wand. Ich meine – nicht, daß du narzistisch bist, das meine ich nicht – aber du *willst* einsam sein. Wenn du dich nur von außen betrachten könntest, wie du da sitzt, wenn du sehen könntest, was du wirklich bist und verstehen könntest...« Es war immer dieselbe Geschichte, dachte ich: zu jemandem gehören und ein eigenes Leben behalten wollen. So sah ich das. Männer sahen das anders.

Nachdem er den Gutteil Wein aus einer Flasche Chianti heruntergekippt hatte, ging Charles über die Straße nach Hause. »Ich geh los und verdien ein bißchen Geld«, fuhr er fort. »Ich wurde nicht mit einem goldenen Löffel im Mund geboren, vielleicht ist das der größte Unterschied. Ich weiß, daß ich reich sein könnte. Aber ich hab niemals geglaubt, daß es darauf ankommt. Ich war einfach nur hier und hab dich geliebt. Jetzt fang ich wieder von vorne an.«

Zu Hause erledigte ich mit Mr. Connelley, unserem irischen Babysitter, der im selben Gebäude wohnte, die Abrechnungen und ging in das Zimmer meiner Kinder. Sie lagen nicht im Bett. Sie standen am Fenster und schauten auf Charles herunter, der, anstatt in seine Wohnung zu gehen, die Straße hoch und runter lief, Matratzen, Stühle und alles, was er fand, auf dem Bürgersteig auftürmte. Er machte einen Heidenlärm. Er hatte ein Paar Krücken an eine Tür gelehnt gefunden und schrie, daß irgendwo ein Krüppel herumlief. Bald darauf stellte er nachts Prophezeiungen an, schrie die Visionen in seinem Kopf heraus. Visionen, die so lebendig und real waren wie die Melodien, die Besitz von ihm ergriffen, wenn er sich ans Klavier setzte und komponierte.

»Ich kann ihn nicht ausstehen«, sagte Susanna aus dem Schatten heraus. Roberto war wieder ins Bett gegangen. Ich legte mich neben sie. »Immer kommt er her und spielt seine stinkigen alten Platten.«

»Er ist immer anders«, sagte ich. »Sehr gut und manchmal schlecht. Jetzt ist er sehr betrunken.« Mir fiel nichts Besseres ein. Charles zu rechtfertigen war selten einfach.

Am Morgen lehnten die Krücken im Flur an unserer Tür im vierten Stock. Meine Kinder waren nicht nachtragend. Ihre Vorstellung von Realität befand sich noch im Wandel. Nur die Frau von nebenan, die wir »Bird Lady« nannten und die meine Kinder öfter besuchten, um mit ihrem Papagei zu spielen, hatte sich verändert. Mein Sohn begriff, daß sie es nicht schätzte, wenn lärmende Angehörige von Minderheiten in Corvette Sting Ray Cabrios mit offenem Verdeck und aufgedrehtem Radio herumfuhren. Er erinnerte sich daran, wie jemand in die Wohnung der Bird Lady eingebrochen war und ihren Vogel gestohlen hatte. Sie erzählte jedem, es sei der Sohn des Hausverwalters aus San Juan gewesen. Meine Kinder waren in Italien geboren und begriffen allmählich, daß die Bird Lady eine merkwürdige Mischung war: man konnte ihre Pfennige zählen und ihren Vogel füttern, aber wie sie auf Menschen reagieren würde, war nicht vorhersehbar. Auch rief sie immer die Polizei, wenn es in der Nachbarschaft Lärm gab. Den meisten Lärm gab es in diesem Jahr im direkten Umkreis von Charles neuer Wohnung.

Schon nachmittags war wie gewöhnlich wieder alles vollkommen anders. Charles wirkte ruhig und schön, als er bei einem Fernsehinterview für Channel 13 sehr sachlich über heikle persönliche Themen wie Popmusik, Bob Dylan und Homosexualität sprach. Keiner von uns beiden hatte geschlafen. Ich war so müde, daß mein Widerstandswille verschwand. Seine Ruhe hing meist von seinem Sexualleben ab. Weniger von seinem Herz als von seinen Drüsen. Wir aßen ausgiebig zu Hause mit den Kindern zu Abend und er schlief auf der Couch ein, während seine Platten auf dem Plattenspieler weiter liefen.

Man kam ständig vom Regen in die Traufe, wie meine Mutter gesagt hätte. Wir waren einander zu nah, hatten uns zu oft und zu gut geliebt, um uns während unserer Streitereien anzusehen, ohne daran erinnert zu werden, was uns in den Knochen steckte. Manchmal war er von Kleinigkeiten derart gerührt, daß mir das sehr zu Herzen ging. Als Fritzie, unsere deutsche Schäferhündin, beispielsweise ihre Pfote auf seinen Knöchel legte und sie besitzergreifend dort liegen ließ, während sie schlief oder als ihn Susanna in ihr Zimmer rief – »Charles komm und guck!« – freute er sich sehr. Es war nach der schrecklichen Nacht, in der sie ihn auf der Straße beobachtet und gehört hatte, wie er zu den Fenstern hinauf schrie und gegen die Tür trat.

Er wollte zuviel erzwingen, drosch so sehr auf Leute ein. Er erwartete enorm viel von Leuten und war bereit, im Gegenzug ebensoviel zu geben. Es war, als könnte er nur lieben oder hassen, es gab nichts dazwischen. Gelegentlich war er sehr weise, ruhig und fair, ausgeglichen und tiefsinnig. Wenn er in seiner Fülle ein Gleichgewicht fand, dann war er besser als alle anderen. Er hatte mehr gelebt, mehr geschaffen, mehr gewagt als die meisten Menschen in ihrem ganzen Leben. Aber ich wollte ebensowenig seine Sklavin sein, wie er bereit war, als Sklave der Gesellschaft zu leben.

Die Stunden mit Alberto und den Kindern erschienen wie zivilisierte friedliche Oasen. An den Sonntagen in Sheepshead Bay erinnerte ich mich im kalten Sonnenlicht wieder daran, wie es war, rücksichtsvoll, großzügig und ruhig zu sein. Das Schlachtfeld war weit weg. An einem Samstag rannte Roberto die Eighty-Seventh Street hinunter, einem Wochenende mit seinem Vater entgegen. Sie wollten auf einen Jagdausflug gehen und Roberto träumte von Wildenten, nassen Stiefeln und Gewehrschüssen. Als wir auf die Auffahrt zugingen, kam plötzlich, ohne Vorwarnung, ein heftiger Sturm auf, der uns beide in die Knie zwang. Roberto kroch mit seinem Koffer gegen den Wind an und lachte, während sich ein alter Mann an einem Baum festhielt, wütend mit seinem Schirm fuchtelte und versuchte ein Taxi anzuhalten. Männer pressten die Rücken gegen ihre Lieferwagen. Wir waren so tapfer und fröhlich. Der Wind fegte alles hinweg außer der Sonne.

»Mommy, magst du das Leben?« fragte mich Roberto, als er von seinem Jagdausflug zurückkehrte. Er kam am Nachmittag in die Küche und stellte mir diese Frage, bevor er wieder an seine Zeichnungen von Explosionen, Raketen und großen Fischen, die kleinere verschlangen, ging – sehr viel rot gab es da jetzt, obwohl seine Lieblingsfarbe schwarz war. »Schwarz ist stark«, meinte er. Später erklärte er: »Ich weiß, daß Daddy glaubt, daß du jetzt Charles heiraten willst und es geht ihm schlecht dabei.« Er war sehr sachlich. Er wollte nicht Partei ergreifen. Wir beide wußten, daß ich dazu nichts sagen konnte. Es waren Dinge, die sich kaum aussprechen ließen. Charles drückte sich jeden Augenblick aus und erklärte, er ändere sich ständig und seine Musik spiegele dies wieder. Auch ich veränderte mich, aber worin spiegelte sich das wieder? Künstlern läßt man ihre Widersprüche und ihre Moralverstöße durchgehen, weil sie etwas hinterlassen. Vielleicht nicht ihren Kindern, aber der Welt. Wir anderen hinterlassen unsere Kinder, deren Urteil das unsere noch schwerer wiegen läßt.

Als eines von Charles' Kindern, sein dreiundzwanzigjähriger Sohn Charles der Dritte, der seinen Vater kaum gekannt hatte, in New York eintraf, brachte er eines seiner Gemälde als Geschenk mit: eine abstrakte Leinwand voller Farben. Mingus betrachtete es finster. Wenige Minuten später sah er hoch.

»Geh und mal einen Apfel«, sagte er ruppig.

»Es ist ein Geschenk«, protestierte ich. Selten verstand ich die Beziehung, die er zu seinen Kindern hatte.

»Es ist ein Gemälde«, korrigierte er mich. Dann wandte er sich an seinen Sohn. »Man kann nicht aus Nichts improvisieren«, sagte er. »Betrachte die Wirklichkeit genau, bevor du anfängst, sie zu verbessern.«

Ich wußte nur zu gut, daß, auch wenn er sich weigerte, die Wahrheit der Sentimentalität zu opfern, und seine Worte schmerzten, immer auch Humor und Ironie in seiner Härte mitschwangen, was die Leute oft überhörten. Ich hoffte, auch sein Sohn wußte das.

Eines Tages kam der große französische Autor Jean Genet in das Slug's, einen schmuddeligen Club auf der East Third Street, um Mingus' Auftritt zu sehen. (Genet war bei Charles dem Dritten und dessen Schweizer Freundin Marianne untergebracht, die Genet seit vielen Jahren kannte.) Danach eilte der Schriftsteller zu Charles und wollte sich vorstellen. Obwohl Genet ebenso zynisch sein konnte wie die gesamte Bevölkerung der Lower East Side Manhattan, hatte er als ehemaliges Waisenkind eigene Phantasievorstellungen von einer Vater-Sohn-Beziehung. Mit breitem Grinsen ging er auf Charles zu.

»Ich kenne Ihren Sohn«, verkündete er.

Mingus sah den glatzköpfigen Fremden ohne Lächeln an.

»Ich kenne ihn auch«, sagte er und ging weg.

Sehr viel später erzählte mir Charles der Dritte, sein Vater habe ihm einmal gesagt, als sie über seine Karriere als Maler sprachen: »Du mußt dich entscheiden, was du willst. Niemand hat dich darum gebeten, Kunst zu machen. Du bist selbst dafür verantwortlich, wenn du Kunst machst. So etwas tut man nicht für Lohn oder Lob.«

Dann fragte er noch schärfer: »Was willst du? Den Respekt deiner Freunde oder ihr Geld?«

Charles der Dritte lachte. »Dad war echt anders«, sagte er.

Ich war inzwischen Mitherausgeberin der *New York Free Press,* einer Gegenkulturzeitung beziehungsweise einem Underground-Magazin, wie man diese Zeitschriften in den Tagen der Studentendemonstrationen, Mordverschwörungen, Vietnamkriegsproteste und des *Screw Magazine* nannte. Als ich eines Morgens in unser Büro kam, war hinter den geschlossenen Türen des Büros der Chefredaktion ein Streit in vollem Gange. Im Hauptraum lief alles wie gewöhnlich: Jim Buckley beugte sich über eine Setzmaschine; Al Goldstein, später Buckleys Partner beim *Screw Magazine*, Pornoverleger und Erfinder des Peter-Meter-Klassifizierungssystems in der Filmkritik, durchwühlte seinen Schreibtisch. Der Grafiker Steve Heller (später Grafiker bei der *New York Times* und Schüler des großen Jean-Claude Suares, der gerne damit angab, daß er die Titelblätter des *New Yorker* und des *Screw Magazine* in ein und derselben Woche entworfen hatte) betrachtete einige Layouts. In den Büros des Geschäftsführers (mein alter Freund Sam Edwards) prallte etwas, das wie ein schwerer Tisch klang, gegen die Wand. Niemand rührte sich.

Als die Tür aufflog, sah man, wie der Geschäftsführer den Herausgeber an den Füßen zum Fenster hinaushängte, zwei Stockwerke über der Seventy-Second Street und dem Broadway. Einige Belegschaftsmitglieder rannten hin und wollten eingreifen. Andere zuckten mit den Schultern. Es war eine weitere ritualisierte Einlage, die ihren Verlauf nehmen würde, einer der regelmäßig stattfindenden Zusammenstöße der Machos – Machtkämpfe auf dem Boden, Armeverdrehen gegen die Wand –, auf ihnen basierte das verrückte Zugehörigkeitsgefühl, das uns unser Chef abverlangte.

Unter der Woche schrieb ich über Ereignisse, die stattfanden, und noch öfter über Ereignisse, die nicht stattfanden, sondern aus der Gerüchteküche der Lower East Side stammten, wo ich wohnte. Ich war mit meinen Kindern an den Tompkins Square gezogen, von wo aus sie die Downtown Community besuchten, eine Schule in der Nähe, in der der Folksänger Pete Seeger zehn Jahre zuvor Musikunterricht erteilt hatte. Im Moment waren meine Kinder im Ferienlager. Der Tompkins Square lag in einem Slawischen Viertel, das scheinbar über Nacht zum Zentrum des Geschehens der späten 60er Jahre geworden war. Konzerte dröhnten vor unseren Fenstern und Gruppen wie die Grateful Dead und die Fugs zogen die ganze Nacht Peace-and-Love-Kids an. Zu den Attraktionen am

Square zählte »Psychedelicatessen«, Ed Sanders' Zeitung *East Village Other*; eine Bar, Annex, in der Schwarze und Weiße verkehrten und die ein wichtiger Treffpunkt war; sowie Bunch's Soul-Food-Restaurant auf der anderen Straßenseite.

Inzwischen war es August 1968, der lange heiße Sommer nach der Ermordung von Martin Luther King Jr. und Bobby Kennedy. New York City war aufs äußerste angespannt. Nervöse Beamte glaubten, bestimmte Viertel, besonders unseres, stünden kurz davor zu explodieren. Eine Straße weiter unten wurde jemand angeklagt, die Freiheitsstatue in die Luft sprengen zu wollen. Plötzlich stellte man Kindern aus armen Familien Stadtbusse zur Verfügung, die sie an den Strand brachten. Kommunale Zentren wurden eröffnet. Eine »Universität der Straße«, die vorübergehend in einem baufälligen Gebäude auf der Avenue A untergebracht war, bot Sommerkurse für Arme an. Militante Vereinigungen entstanden und erhielten zu ihrer eigenen Überraschung Fördergelder zur Verwirklichung ihrer Träume.

In jenem August starb Alberto an einem Herzinfarkt. Das letzte Mal sah ich ihn im Fahrstuhl seines Wohnhauses. Ich stand in der Eingangshalle, er im Fahrstuhl und wir starrten einander an, während sich die Türen zwischen uns schlossen. Ich hatte ihm gerade gesagt, daß ich ihm seine Socken nicht waschen würde. Es war eine berechtigte Weigerung, nehme ich an – schließlich wohnten wir nicht mehr zusammen –, trotzdem schmerzte mich die Erinnerung. Befriedigende Wortwechsel am Ende eines Lebens sind wahrscheinlich selten, denke ich, selbst wenn das Ende absehbar ist. Bei mir liefen sie immer schief oder waren erfüllt von Bedauern.

Bald darauf sprach ich nicht mehr mit Charles. Ich ging eines Morgens durch die Straßen des Village, alleine unter einem kalten Himmel, und meine Schritte waren leicht, meine Füße berührten kaum den Boden. Das Leben löste sich in dünne Luft auf, ein Dunst so leer und bedeutungslos wie alle unsere eifersüchtigen Reibereien. Einen schrecklichen Moment lang fühlte ich mich frei und heiter, aller Verbindungen entledigt, reduziert und entrückt, so hell und körperlos wie das Glitzern der Sonnenstrahlen auf dem Asphalt unter meinen Füßen.

VIER

Nachdem ihr Vater auf der Treppe zu seinem Studio an einem Herzinfarkt gestorben war, zogen meine Kinder und ich weg vom Großstadtleben an einen kleinen See in New Jersey abseits einer schmalen Landstraße, dem Lake Shore Drive. Meine Kinder nannten sie nach ihren Initialen LSD. Es waren die 60er Jahre und ein Leben auf LSD war cool. Wenn mein Sohn die Wintermonate nicht mit Lesen in der Bibliothek zubrachte, zeichnete er Pfeile, suchte in der gefrorenen Erde nach Fossilien und angelte im Eis auf dem See. Wenn meine Tochter nicht an ihrer kleinen Nähmaschine saß und Kleider nähte, tanzte sie. Jedes Kind in unserem kleinen Dorf in New Jersey schien in diesem Jahr mit einer Musikausrüstung zu protzen, die sich auf dem neuesten Stand der Technik befand und die sich normale Eltern gerade noch so leisten konnten. Riesige Verstärker, ein Dickicht an Mikrophonen, ganze Soundsysteme und natürlich Instrumente – vor allem E-Gitarren und Schlagzeuge – wurden nach der Schule von Haus zu Haus geschleppt. Auch unser Haus bildete keine Ausnahme. Die Kinder waren gerade eben Teenager und machten den ganzen Nachmittag lang Musik und tanzten. Ihre Eltern wohnten in kleinen Häusern, fuhren lange Autos, wählten die Republikaner und hatten keine Ahnung davon, daß ihre Siebtklässler mit Drogen, Sex und New York City experimentierten. Für die meisten Eltern schien New York City, obwohl es nur 65 Kilometer entfernt lag, genauso exotisch und gefährlich wie Sowjetrußland.

Wir hatten einen alten Chevy Kombi mit einer schwarzen Tür, die die Fahrerseite entstellte – die ursprünglich rote Tür war von einem unachtsamen Fahrer an einer Tankstelle abgefahren worden und ein netter Angestellter hatte rasch einen schwarzen, billigen Ersatz organisiert, den er mit dicker Schnur festband. Wenn ich meine Kinder jetzt nach der Schule abholte, lenkte ich den Wagen geschickt auf die gegenüberliegende Straßenseite, so daß nur die gute Beifahrertür des Chevy zu sehen war. Meine Kinder fingen an, sich über gesellschaftliche Formen Gedanken zu machen.

Nachts wehte kalter Wind durch die Fensterritzen und ich saß in der Küche am Ofen, während die Kinder schliefen. Wir wohnten in einem großen Haus mit einem Obergeschoß, das wir nie benutzten. Wie Waisenkinder kauerten wir uns am Ende eines Flurs, der von der Küche abging, aneinander, lebten zu dritt in zwei Räumen, einem Schlafzimmer und einer Bibliothek, obwohl wir auch nach oben hätten gehen können. Ich stieg einmal auf den Dachboden und zündete unter den Dachbalken eine Kerze an und versuchte, mich an Alberto zu erinnern. An einem anderen Abend, als ein schwarzer Hund mit gelben Augen auftauchte und drei Tage blieb, hielten wir das für ein Zeichen. Als mein Vater starb, hatte ich auch einen schwarzen Hund gesehen. Er starrte mich ärgerlich mit den wachen Augen und dem wütenden Gesichtsausdruck meines Vaters aus dem Schaufenster einer Tierhandlung an, und ich fühlte mich ihm merkwürdig nahe – obwohl ich mich meinem Vater normalerweise nicht nahe gefühlt hatte. Jetzt begegnete er mir in meinen Träumen und es steht mir frei, Tatsachen aus der Vergangenheit zu beschönigen.

Im folgenden Jahr kehrten meine Kinder und ich aus unserem Mietshaus am See zurück und zogen in eine Wohnung, die der Photographin Diane Arbus gehörte. Sie lag an der Tenth Street gegenüber der St. Mark's in the Bowery Church, drei Straßen von unserer alten Wohnung entfernt. Wie einige andere Kirchen in Manhattan war St. Mark's zum Kulturzentrum für Dichterlesungen, Tanzveranstaltungen und Theaterproduktionen geworden, von denen einige von dem Bühnenautor Sam Shepard inszeniert wurden, der sich eine Wohnung mit Charles' Sohn, Charles dem Dritten oder auch Tertius, wie man ihn inzwischen nannte, teilte. Ich war noch immer Mitherausgeberin der *New York Free Press* und hatte außerdem eine kleine Anzeigenagentur mit dem Namen »Vulture« gegründet. Ich beschaffte Anzeigen für die New Yorker Untergrundpresse, darunter die *New York High School Free Press,* ein Ableger unserer eigenen Zeitung, die von Studenten herausgegeben wurde, die in einer Feuerwache abseits des Tompkins Square hausten.

Ich hatte meine Agentur »Vulture« genannt, weil ich es widerlich fand, mir eine Provision damit zu verdienen, daß ich ein paar große Tiere in der Plattenindustrie anrief, um Freunden zu helfen, die ihre Unternehmungen aus vollem Herzen betrieben. Wie ein großer abscheulicher Vogel verschlang ich einen Teil ihres Einkommens. Ich befand mich nun auf der dunklen Seite des Vogellebens, es ging nicht mehr um Gesang und Freiheit, sondern um Hacken und Krallen. Trotzdem, ein Lebensunterhalt war notwendig und »Vulture« attackierte. Steve Heller, unser blutjunger neuer Assistenzgrafiker bei der *Free Press,* entwarf einen elenden, niedergeschlagenen Geier für mein Logo, das ich auf alle Rechnungen und Briefe stempelte.

Im Frühjahr 1969 lief ich Charles bei einem Abendessen in der Wohnung seines Sohnes in New York wieder über den Weg. Ich kann mich nicht erinnern, wie das Abendessen zustande kam, welche Kombination von Ereignissen oder welche unglaublichen Geschichten inszeniert wurden, damit ich ihm in die Falle ging. Ich hatte nicht die Absicht, mich noch einmal auf Charles einzulassen. Innerhalb einer Woche waren wir wieder da, wo wir angefangen hatten.

In jenem Winter veranstaltete die *New York Free Press* ein Wohltätigkeitskonzert im Fillmore East, damit wir unsere Druckereirechnungen bezahlen konnten. Charles spielte zum ersten Mal seit drei Jahren Baß. Ampeg hatten ihm einen elektrischen Verstärker geschenkt, und obwohl er lautstark behauptete, daß »Elektrizität mit dir spielt« und nicht umgekehrt, benutzte er ihn widerwillig am Abend des Konzerts. Zu den weiteren Künstlern zählten der Autor Norman Mailer, Peter Yarrow von Peter, Paul and Mary und Ed Sanders von den berüchtigten Fugs, der nun am Tompkins Square einen Buchladen mit dem Namen »Hungry Eye« betrieb.

Rock'n'Roll hatte die Musikszene erobert. Das Publikum in

den Jazz-Clubs wurde spärlicher, die Leute unterhielten sich lauter als je zuvor und die leeren Registrierkassen klingelten umso aufdringlicher in die Musik hinein. Aus Protest gegen eine oberflächliche und respektlose Welt hatte sich Mingus vor langer Zeit schon ausgeklinkt. Er hatte aufgehört Musik zu machen und aufgehört zu komponieren. Er fuhr, mehrere Fotoapparate um den Hals baumelnd, auf seinem Sieben-Gang-Fahrrad durch das East Village und schoß Bogenpfeile auf eine Zielscheibe an der Wand seines gemieteten Studios auf der East Fifth Street. Seine Freundin Jo war in ihr Apartment auf der Eighty-Seventh Street zurückgekehrt und er hatte sich ganz und gar in seinem Studio Downtown niedergelassen. Das Viertel war so heruntergekommen, daß selbst der Elektrizitätsgesellschaft Con Ed auf der gegenüberliegenden Straßenseite zwei von fünf Buchstaben in ihrem rot blinkenden Firmenschild fehlten.

»Ich hätte nie von der Post weg und wieder in die Musik gehen sollen«, sagte Charles eines Mittags niedergeschlagen. »Damals bin ich klargekommen.«

»Du hast bei der Post gearbeitet?« fragte ich. Wir waren in seinem Studio, die Kinder waren in der Schule. »Damals, in den Fünfzigern«, sagte er. »Ich hatte einen Job als Packer, ich hab die Post auf ein Fließband gepackt. Charlie Parker hat mich dort angerufen. Er hat mich im Postamt angerufen und wollte, daß ich mit ihm nach Boston gehe.«

»Und du bist gegangen ...« Ich stapelte alte Plattenhüllen in eine Ecke, Überbleibsel unseres Plattenclubs, den es nicht mehr gab.

»Naja, er hat mich gefragt. ›Wieviel willst du?‹, und ich hab gesagt, ›Ich will eigentlich gar nicht mit, Bird. Ich verdiene hier mehr Geld als normalerweise in einem Jahr.‹ Er sagte, ›Woher willst du das wissen, du hast noch gar nicht nach Geld gefragt.‹ Ich sagte, ›Wieviel kannst du bezahlen?‹ Er sagte, ›Zwei-fünfzig.‹ Also sagte ich, ›Ich verdien hier hundertfünfundsiebzig, Bird. Und bald verdien ich zweihundert. Warum soll ich mitkommen?‹ Er sagte, ›Weil du Musiker bist, du Arschloch. Du kannst spielen. Dein Herz ist in der Musik. Du bist nicht dafür geschaffen, bei der Post zu arbeiten. Du bist dafür geschaffen mit Bird zu spielen.‹ Also hab ich gekündigt, wie ein Idiot. Er hatte Arthur Prysock dabei und ein paar Tänzer. Die dachten sich Sachen zu Birds Solos aus. Egal, als es ans Bezahlen ging, saß Bird auf einem Stuhl und man sah nur das Weiße in seinen Augen. Wenn man etwas sagte, kamen seine Augen hoch, dann wurden sie wieder weiß.« Er schwieg und dachte nach.

»Was ist dann passiert?« fragte ich. Während er erzählte, begann ich, mich an die Geschichte zu erinnern. Die Einzelheiten änderten sich bei einem Mingus-Ereignis immer, dehnten sich aus wie die Musik auch, nahmen zusätzliche, manchmal widersprüchliche Bedeutungen in sich auf, die Standpunkte wechselten, so daß neue unberücksichtigte oder dringendere Tatsachen Raum bekamen. »Die ganze Band war da«, fuhr er fort, »und Bird sagt, mit den Augen wieder oben, ›Sprich mit Teddy Reig, er ist mein Manager‹. Teddy sagt also, es ist nichts mehr da. Er hat es Bird gegeben und der hat es sich in die Venen gejagt. Da stand ich also, hatte meinen Job gekündigt, Geld für die Fahrt nach Boston ausgegeben und bekam nichts. Teddy gab mir das Geld für die Rückfahrt und das war's … Ich hab nie wieder mit Bird gearbeitet.«

»Naja, aber er hat dich wieder zur Musik gebracht«, sagte ich.

»Oh, ja«, antwortete er.

Charles kaufte japanische Matten und schlief auf dem Boden seines Studios. Er warf die Matten raus und baute sich ein marokkanisches Zelt aus Decken. Er nahm das Zelt auseinander und bestellte sich bei einem benachbarten Tischler ein Hochbett. Auf der Fifty-Seventh Street kaufte er sich einen Steinway-Flügel, den er sich sein Leben lang gewünscht hatte und der bald zu einem traurigen Gebrauchsgegenstand wurde, der in der Mitte seines Zimmers Staub fing. Der Kauf war zu verkrampft, sein Geist zu unruhig. Einen Abend lang hatte er eine Ausstellung als Fotograf in einem Theater zwei Straßen weiter. Er wurde verrückt. Nach nur einer Woche in der psychiatrischen Abteilung des Mount Sinai Hospital wurde er wieder entlassen, weil ein Pyromane, mit dem er sein Zimmer teilte, zweimal das Zimmer anzündete. »Draußen bin ich sicherer«, brummte er den Arzt an, als er seine Sachen packte. Er prügelte sich in Village Bars, vom Caseys auf der West Tenth

Street bis zu den kleinen ukrainischen Bars auf der East Fifth, wo er wohnte. Er beleidigte Freunde, andere Musiker, Fremde. Er installierte einen Anrufbeantworter in seinem Studio, dessen Ansage er stündlich änderte und der jede Nuance seines leidenden Bewußtseins reflektierte. »Es ist Weihnachtszeit«, sagte die Maschine eines Nachmittags Ende Dezember, »und ich gehe jetzt spazieren. Niemand interessiert sich einen Scheiß für mich. Die Kerzen an meinem Baum sind erloschen. Ihr Arschlöcher da draußen, die ihr mein Leben bedroht, ich kenne euch! Das könnt ihr als Warnung verstehen: Ich hab noch eine Überraschung für euch!«

Es sprach sich herum und Fremde riefen an, nur um das Band zu hören. Sie legten gleich wieder auf und steigerten damit nur sein Unbehagen. Er sagte, die Welt, in der zu leben er gezwungen war, zerstöre seinen Geist. Und keine Musik zu machen – egal was er darüber sagte – machte ihn krank. Dann klingelte eines Tages das Telefon und es kam ein Anruf, der die Auszeit beendete. Es ging um ein Konzert in Berkeley, ein Konzert zu Ehren von Duke Ellington – dem Mann, den er am meisten auf der Welt liebte. Das Konzert, auf dem Duke Charles' Komposition »The Clown« spielte, war der Beginn seiner Rückkehr in die Musik.

Ende der 60er Jahre wurde meine Tochter vierzehn. Die Mädchen ihres Alters nahmen Acid, eine ihrer Bekannten war bereits schwanger, und obwohl sie das Jahr nach dem Tod ihres Vaters in einer kleinen, von Freunden geleiteten Schule in den Schweizer Bergen – der École d'Humanité – verbrachte, konnte der Verlust den Fortgang der Ereignisse daheim nur verzögern.

Um diese Zeit ungefähr betrat ein nervöser Mann mittleren Alters mit einem abgewetzten schwarzen Koffer die Büroräume der *Free Press.* Er öffnete ihn in dem großen Raum, vor allen anderen. Darin lagen ganz sachlich und wie selbstverständlich, als wären es die Waren eines gewöhnlichen Straßenhändlers, Präservative und Verhütungsmittel. Es handelte sich um eine offene und schamlose Kampfansage, eine Forderung nach Selbstschutz, sexueller Freiheit und dem Willen, selbst Kontrolle zu übernehmen. Solche Botschaften waren damals ganz und gar nicht alltäglich. Meine Schwägerin hatte zwar zehn Jahre zuvor den Vorsitz der Gesellschaft für Familienplanung in Milwaukee übernommen (und war, nachdem sie ihr viertes Kind in vier Jahren bekommen hatte, freiwillig zurückgetreten), doch war das Ziel damals Bevölkerungskontrolle: Diaphragmen in den USA, Perlenzählen in Indien, was immer funktionierte. Es ging nicht um einen feministischen Aufruf, nicht darum, das Ruder selbst in die Hand zu nehmen (obwohl man von Charles Machogehabe hätte erwarten können, war er ganz selbstverständlich bereit, intelligente Veränderungen zu unterstützen. Das erste feministische Poster sah ich in seinem Studio – eine trotzige Hausfrau mit einem zerbrochenen Besen).

Ich sah zu Jack Banning, unserem Redakteur herüber, der dem zerknitterten Pionier der Straße die Hand schüttelte und Unterstützung versprach. Ich nehme an, er war ein Vorbote kommender Ereignisse. Wenig später explodierte die sexuelle Revolution im Verlagswesen genau in diesem Raum, angeführt vom *Screw Magazine.* Mitte 1967 florierten die Sexzeitungen, wobei die erste in der Abteilung der Setzer in unserem Büro mobil machte. Al Goldstein und Jim Buckley, vormals für die Maschinen verantwortlich, schufen *Screw*, das – nachdem sie die Gerichtsverhandlungen schließlich gewonnen hatten – das Verlagswesen veränderte. Obwohl Sam Edwards bald nachzog und die *New York Review of Sex* die *New York Free Press* ablöste, widmete sich die Belegschaft mit Geist und Seele dem politischen Wandel. Die *New York Review of Sex* schämte sich schon bald, trotz aller Entschlossenheit, jede nur denkbare sexuelle Freiheit zu verfechten, ihrer beschränkten Rolle. Auf mehreren turbulenten Belegschaftsversammlungen kam man überein, den Namen in das einfältige und umstrittene *New York Review of Sex and Politics* zu ändern.

Die sexuelle Revolution im Verlagswesen forderte ihren Tribut von der Untergrund-Presse. Zeitungen, die sich dem politischen und sozialen Wandel verschrieben hatten und lediglich über ein winziges Budget und eine eingegrenzte Leserschaft verfügten, hatten begriffen, daß mit Sex schnelles Geld zu machen war, womit letztendlich politische Vorhaben finanziert werden konnten. In rascher Abfolge wurde aus *Rat Kiss* und aus dem *East Village Other* wurde *Pleasure.* 1969 spaltete sich unsere Belegschaft in vier verschiedene, um nicht zu sagen zerstrittene Fraktionen. Es schien wie ein von einer launischen Komikergottheit erdachter Schachzug, als alle vier Gruppen wütend aus dem Büro in der Seventy-Second Street auszogen, nur um festzustellen, daß alle vier verschiedene Stockwerke desselben Gebäudes auf einem neuen Komplex auf der Fifth Avenue unterhalb der Fourteenth Street bezogen. Unvorhersehbare Begegnungen im Fahrstuhl stellten Geduld und Selbstbeherrschung täglich auf die Probe.

In der Zwischenzeit war der *Rolling Stone*, eine neue Rockzeitschrift an der West Coast, sehr erfolgreich geworden. Bevor wir unsere Büros verließen, wurde Jack Banning, der frühere Herausgeber der *Free Press*, von einem New Yorker Zeitungsvertrieb angesprochen. »Ich habe fünftausend Dollar. Wie lange brauchen Sie, um eine Rockzeitschrift zu machen?« Jack antwortete: »In einer Woche können Sie sie haben.« Dieser Wortwechsel war der Beginn von *Changes*. Ich flog an die Küste, um Anzeigen von den großen Plattenfirmen zu besorgen, die alle beflissen ihre Unterstützung zusicherten. Bald kamen wir ins Geschäft. Die nächsten sieben Jahre gaben wir zunächst eine Wochen-, dann eine Monatszeitschrift heraus, die sich allmählich von einem Rockmagazin in ein künstlerisches Gegenkulturmagazin verwandelte. Charles schrieb gelegentlich Beiträge. Es waren Aufsätze, in denen er kein Blatt vor den Mund nahm, wie zum Beispiel »Offener Brief an die Avantgarde« oder »Offener Brief an die *New York Times*«, der speziell an den Musikkritiker John S. Wilson gerichtet war, der sein Comebackkonzert in der Philharmonic Hall mit einer nicht ausschließlich positiven Besprechung bedacht hatte.

In jenen Jahren bekam Charles eine ganze Menge geregelt. Seine Autobiographie *Beneath the Underdog*, die McGraw-Hill zehn Jahre zuvor zu den Akten gelegt hatten, wurde schließlich im April 1971 bei Knopf veröffentlicht. Obwohl Freunde und Fans, darunter auch Norman Mailer, in den dazwischen liegenden Jahren regelmäßig Verleger darauf angesprochen hatten, war kein Vertrag zustande gekommen. Charles hatte sie alle abgelehnt, da er davon überzeugt war, daß jeder Lektor, den er kennenlernte, das Buch glätten wollte. Erst nach seiner ersten Begegnung mit Krankenhausdrogen – als er vorübergehend auf nur einem Zylinder lief und sich untypischerweise jedem anstehenden Projekt zugänglich zeigte – fand das Pulverfaß, zu dem sein Buch geworden war, eine Heimat und einen Lektor, den er akzeptierte. *Underdog* erschien auf ein Drittel seines ursprünglichen Umfangs gekürzt. Von seiner Stimme und seinem Gepolter blieb genug übrig, so daß Charles' Absichten noch immer deutlich waren. Auch die ursprüngliche Fassung war einseitig gewesen und hatte große Teile seines Musikerdaseins und seiner musikalischen Ansichten nicht berücksichtigt, die Charles später auf Band aufnehmen würde.

1971 erwies sich als hervorragendes Jahr. Charles arbeitete mit Alvin Ailey, Choreograf für das Robert-Joffrey-Ballett, an den einstündigen »Mingus Dances«. Er bekam sein erstes Guggenheim-Stipendium und war der Inhaber eines Lehrstuhls für Musik an der University of New York in Buffalo, wo er ein Seminar in Komposition unterrichtete und von New York aus hin- und herflog. Im März und April wurde Tom Reichmans Dokumentarfilm »Mingus«, den er 1966 gedreht hatte, landesweit im Fernsehen gezeigt. Ein Mingus-Album mit dem Titel »The Great Concert«, das bei seiner Europatournee 1964 live aufgenommen worden war, wurde in Frankreich veröffentlicht und dort mit dem Grand Prix der »Académie du Jazz« ausgezeichnet (obwohl es eine Raubpressung war und später Material meines ersten Revenge Records Albums wurde). Außerdem gründete er eine Big Band für einen neuen experimentellen Veranstaltungsort, das Mercer Arts Center, das in einem großen roten Gebäude auf der Mercer Street im Village untergebracht war, wo er auch Konzerträume und private Studios für sich selbst und andere Künstler wie die Schauspielerin Viveca Lindfors und den französischen Bühnenautor Arabal fand.

Charles' Sohn Tertius arbeitete damals mit Arabal zusammen und lud uns zu der Premiere eines Stücks mit dem Titel »They Handcuffed the Flowers« ein. Um das Publikum auf die Atmosphäre des Stücks einzustimmen und den Schrecken und die Freiheitsbeschneidungen in einer Tyrannei heraufzubeschwören, wurden wir durch einen dunklen improvisierten Tunnel in den Zuschauerraum geführt. Aus dem Nichts schossen Arme und Hände auf uns zu und schlugen auf uns ein, bis wir unsere Plätze erreichten. Charles verursachte einen solchen Aufruhr, indem er heftig zurückschlug und lautstark Drohungen herausschrie, daß Arabal diesen Teil des Stücks für die folgenden Aufführungen umschrieb. Schon nach ein paar Wochen waren die Veranstaltungen jedoch beendet, da das Gebäude hinter dem Mercer Arts Center einstürzte und das Mercer selbst abgerissen werden mußte.

Später im selben Jahr unterschrieb Charles einen Vertrag bei Columbia Records und nahm eines seiner zukunftsträchtigsten Alben auf, »Let My Children Hear Music«. Es wurde 1972 zeitgleich mit seinem Comeback-Konzert in der Philharmonic Hall, einer ausverkauften Vorstellung unter dem Titel »Mingus and Friends«, veröffentlicht. Columbia nahm den von Bill Cosby moderierten Auftritt mit mehreren Gastmusikern auf. Danach, als wir uns alle in einem Restaurant an einer langen Tafel versammelt hatten, um das Ereignis zu feiern, wurde Charles, der während des Essens geschwiegen hatte, nach seiner Meinung zu dem Konzert gefragt. Ohne seine Augen von seinem Dessert zu erheben, faßte er den Abend in drei kurzen Worten zusammen: »Zu viele Freunde.«

In Bezug auf die neuen elektrischen Verstärkungsmöglichkeiten in der Musik sagte er einem Interviewer: »Das ist so, als würde man seine Gefühle in eine Maschine stecken. Man kann ihre Dynamik nicht kontrollieren, die Maschine kontrolliert dich. Das ist für Leute, die nicht aufrichtig mit ihren Gefühlen umgehen. Wenn ich beim Spielen nicht aufrichtig bin, dann bin ich nicht am Leben. Wenn ich schreie, fühle ich das, ich tu nicht nur so. Ich habe festgestellt, wenn man mit ganzem Herzen dabei ist, dann gehen alle darauf ein. Ich wußte immer, wie es dem Publikum geht. Ich bin da sehr aufmerksam. Ich wußte immer, wie man es einem Publikum recht machen kann – aber ich habe es nicht gemacht.«

Die Einfachheit des Rock'n'Roll und seine Ausführung an den Instrumenten waren für jemanden, der sich sein Leben lang immer wieder musikalisch gefordert hatte, uninteressant. Noch mehr verstörte ihn, daß der Rock den Jazz aus Radio und

Fernsehen vertrieb und sein Publikum schrumpfen ließ. Jazz hatte eine ganze Generation potentieller Musiker verloren. Gute junge Musiker wuchsen nach und hätten sich früher vielleicht mit Jazz beschäftigt, betrachteten Rock oder Fusion nun aber als leichteren Weg zu Ruhm und Ehre. Musik mit Verstärkern verdarb die Musik, dachte Mingus. »Sie spielen so laut, daß es den Leuten die Ohren kaputtmacht.«

Eines Abends begleitete mich Charles ohne große Begeisterung zu einem von Miles Davis' frühen Fusion-Konzerten am Beacon-Theater auf dem Upper Broadway, wo regelmäßig auch Rockkonzerte stattfanden. In der Pause sprach Miles' Manager, Jack Wittemore, Charles in der Lobby an.

»Na, was halten Sie davon?« fragte Wittemore Charles.

»Wovon?« fragte Charles.

»Von dem Konzert. Was halten Sie von Miles?«

»Miles?« Charles sah ihn überrascht an. »Ich hab Miles nicht gehört.«

Wir gingen vor der zweiten Hälfte des Konzerts.

Obwohl Charles Ornette Colemans raffinierten Kompositionsstil zu schätzen wußte (wenn auch nicht seine Intonation auf dem Saxophon), war Ornettes Verzicht auf Akkordwechsel und konventionelle Strukturen mit Charles eigener musikalischer Vision unvereinbar. Er wollte ausgebildete Musiker, die die Regeln kannten und wußten, wie man sie brach. Er wollte Musiker, die beides beherrschten. Als ich ihn zu einem Konzert im Fillmore East mitnahm, bei dem Ornette selbstbewußt Musik aus einer Geige kratzte, war Charles' einziger Kommentar hinterher: »Seine Mama hat ihn bestimmt lieb gehabt.«

Er hielt Musiker, die vollkommen frei spielten wie Archie Shepp, Pharaoh Sanders, Albert Ayler und andere, für zumindest ungenügend. »Ihr macht *die ganze Zeit* nichts«, sagte er. Charles brachte regelmäßig Gruppenimprovisationen und freie Passagen in den breiteren Kontext seiner Kompositionen ein, aber nicht als etwas an sich. »Ich weiß nicht, ob die versuchen, Weiße zu verarschen oder sich selbst. Ich glaube, sie wollten Bird übertreffen. Sie wollten sagen, das ist eine neue Bewegung. Aber man nimmt kein minderwertiges Produkt und ersetzt damit Vaseline und behauptet es ist besser als Vaseline, weil alle wissen, daß es das nicht ist. Vielleicht meinen sie's ernst, aber mich hat ihre Ernsthaftigkeit noch nicht erreicht.«

»Musik braucht eine Form, sie muß aus einer historischen Form von Musik, die von einem Volk geschaffen wurde, hervorgehen. Es geht nicht, daß Typen einfach verschiedene Melodiebögen spielen. Wenn man Musik studiert hat, kann man alles mögliche machen, damit Abwechslung hinein kommt. Wenn jedes Stück einfach nur wie das letzte klingt, dann macht das keinen Spaß. Ich spiele gerne was, wo alle etwas gemeinsam erschaffen und wo ein Gesamteindruck entsteht. Ich will verschiedene Taktmaße benutzen, verschiedene Akkordwechsel, oder andere Musik ganz ohne Akkorde. Aber einfach nur frei zu spielen, ohne zu wissen, wo man damit hin will oder wo man herkommt ... Ich meine, wenn man mir den Blinddarm rausnimmt, will ich auch sicher sein, daß der Arzt die einzelnen Schritte rekonstruieren kann.«

Weil er sich über den Free Jazz ärgerte, hatte er angefangen, mit Musikern wie Dizzy Gillespie, Clark Terry und Thad Jones Witze darüber zu machen. Im Scherz schmiedeten sie Pläne, sich zusammenzutun und selbst ein »Avantgarde«-Konzert zu geben. Es ging ihnen darum zu zeigen, was passieren würde, wenn Musiker improvisieren und frei spielen, die die Akkordwechsel wirklich spielen und, ohne den Faden zu verlieren, den Rhythmus halten konnten.

Im Herbst 1972 zählte Charles zu einer Gruppe von Musikern, die von der Yale University den Ehrentitel »Duke Ellington Fellow« verliehen bekommen sollten. Wie in dem Einladungsschreiben erklärt wurde, war die Auszeichnung Teil eines neuen Programms, das dazu diente, die »vielen Dimensionen afro-amerikanischer Musiktradition zu erhalten«. Am Tag der Verleihung hatte Charles Gelegenheit, Duke beiseite zu ziehen und seine Idee mit ihm zu besprechen. In einem Artikel »Offener Brief an die Avantgarde«, den Charles später auch in der Zeitschrift *Changes* veröffentlichte, gab er die Unterhaltung folgendermaßen wieder:

»Duke, wieso tun wir beide uns nicht mit Dizzy, Clark Terry und Thad Jones zusammen und machen eine Avantgarde-Platte?« Duke's Antwort kam schnell: »Wieso sollten wir so weit zurückgehen? Wir sollten die Musik nicht so weit zurückfallen lassen, Mingus. Wieso machen wir nicht einfach eine moderne Platte.«

»Und das fand ich sehr lustig«, schrieb Charles, »weil Duke genau das gesagt hat, was ich dachte – was ich aber nicht zu sagen gewagt hatte. Es sollte ein Witz sein, ich wollte die Platte ›Avantgarde von Duke, Mingus, Dizzy etcetera.‹ nennen. Aber Duke hat nicht mitgemacht, weil er das, was sie heute Avantgarde nennen, für altmodisch hält. Und das stimmt. Es ist altmodisch, weil es von Anfängern gespielt wird.«

»Also erzähl mir nicht, Duke und Mingus können keine Avantgarde oder keine unverständliche Musik spielen, wenn sie wollen. Sie können total unverständlich sein ... Wir würden viel schlechter spielen als alle anderen. Duke würde am Klavier sitzen und eine Komposition spielen, die wie eine ›Symphony of Wrong‹ klingt ... Ich meine, was Duke über moderne Musik gesagt hat, war so lustig. Ein fast Achtzigjähriger, der sagt: ›Laß uns lieber nicht so weit zurückgehen, Charles.‹ Das ist lustig.«

Als ich eines Abends Charles' Studio verließ, winkte ich ihm zum Abschied vom Bürgersteig aus zu und holte mir ein Taxi nach Haus. Der Taxifahrer hatte ein Babygesicht, lange, struppige blonde Haare, trug ein Nietenhemd mit abgeschnittenen Ärmeln und eine Schirmmütze. »Nächste Woche fahre ich nach Paris«, erzählte er ärgerlich. »Schreibe meinen Roman fertig und produziere meinen Film.« Er machte eine Pause. »Und veröffentliche meine drei Stücke.« Ich antwortete nicht.

»Ich hab den ganzen Sommer an meinem Film gearbeitet«, fuhr er fort. »Ich bin der Hauptdarsteller, der Regisseur und auch der Produzent. Es ist ein phantastischer Film. Ich habe ›Scorpio Rising‹ geschrieben, aber Kenneth Anger hat ihn mir geklaut und das ganze Geld eingesackt. Ich war der Schauspieler und ich hab nur meinen Lohn gekriegt, keine Beteiligung am Film.«

»Tolles T-Shirt haben Sie da«, sagte ich.

»Ja, da steht SCORPIO RISING drauf«, antwortete er. Ich betrachtete die Nieten erneut und sah, daß es stimmte. »Ich werde mir beide Arme tätowieren lassen. Ein Totenschädel mit einer Blume und einem Herz auf der einen Seite und ...«

»Ich kann Tätowierungen nicht ausstehen«, sagte ich. »Nackte Arme sind interessanter.«

»Aber es sind Symbole«, erklärte er. »Sie sind wichtig, sie bedeuten etwas … Mein Film fängt damit an, wie ich im Bett liege. Sehen Sie das? Das ist eine Nazifahne. Hab ich gerade abgeholt.« Er hielt vorne etwas hoch. »Ich werde unter einer Nazifahne liegen und es wird aussehen, als wäre ich tot. Dazwischen sind Bilder vom Krieg geschnitten, Bombardierungen und so. Außerdem werde ich mit einem Schuh schlafen, dem Schuh von Aschenputtel, der liegt neben mir. Die Righteous Brothers werden ein Lied singen. Während der Hochzeitsszene spielt Musik von Bob Dylan. Ich zeig der Welt, wie es ist, Motorräder, Rock'n'Roll, Bomben. Man stellt mir Fragen über den Krieg in Vietnam. Ich sage, das ist wie mit jedem Krieg, beide Seiten verlieren. Verstehen Sie, was ich meine. Alles, was ich weiß, hab ich in den letzten zehn Jahren gelernt, ich hab's mir selbst beigebracht. Ich habe Dostojewski gelesen, Kierkegaard, die alle. Ich bin wie Kierkegaard, ich bin ein Existenzialist, jedenfalls irgendwie, aber ich glaube an Gott. Ich habe mich mit allen Religionen beschäftigt, den Theologien und Philosophien. Wenn ich aus Paris zurückkomme, fahr ich raus nach Big Sur, beschaffe mir ein kleines Haus und ne Frau mit was in der Birne und dann male ich und schreibe meine Gedichte…« Er redete weiter.

»Zum Glück fahren Sie nicht so, wie Sie reden«, sagte ich.

»Ach, heute abend bin ich entspannt, ich hab's nicht eilig.« Etwas später sagte er wieder: »Ich werde mir beide Arme tätowieren lassen.« Seine Worte blieben in der Luft hängen. Als wir zu Hause ankamen, gab ich ihm aus Versehen einen Dollar zuviel Trinkgeld. Er muß gedacht haben, es sei Absicht gewesen. Als ich aus dem Wagen stieg, drehte er sich um und sagte sanft: »Tut mir leid, daß ich so sauer geklungen habe.«

»Ist schon in Ordnung«, sagte ich. »Die meisten Leute, die ich kenne, klingen sauer.«

Zehn Minuten später tauchte Charles auf, obwohl es fast drei Uhr morgens war. Er sagte, er sei wegen des Taxifahrers gekommen. Erstens, weil er dachte, daß er mich vielleicht nicht nach Hause fahren würde – er hatte verdächtig gefunden, wie schnell der Fahrer losgeschossen war, so daß Charles seinen Namen nicht lesen konnte. Und zweitens, weil er dachte, ich könnte auf ihn stehen. »Ach, ich meine, ich hab nicht gedacht, daß du zu ihm nach vorne klettern würdest. Ich meine, hast du's gemacht?« fragte er nur halb im Scherz.

»Oh, Gott«, sagte ich.

»Deine Augen glänzen«, meinte er mißtrauisch. »Du siehst gut aus. Warum leuchten deine Augen? Was hast du gemacht?«

»Ich war fünf Stunden lang bei dir im Studio«, sagte ich. »Und außerdem bin ich wahnsinnig müde.«

»Ja, wahrscheinlich«, sagte er und nickte. Dann ging er nach Hause.

Eines Tages zeigte mir mein Sohn stolz ein Buch, in das er eine quadratische Aussparung geschnitten hatte, um ein Versteck für einen kleinen, fast aufgerauchten Joint zu bauen. Es war Anfang der 70er Jahre. Susanna, die jetzt eine Privatschule in Brooklyn besuchte, hatte kürzlich erzählt, sie habe einem Schulfreund Geld für ein Päckchen Kaugummi gegeben und er habe ihr, da er das Kaugummi vergessen hatte, stattdessen eine LSD-Tablette angeboten (jedenfalls war das ihre Geschichte). Sie meinte, die Kids würden um die Mittagszeit aus der Schule verschwinden und sich bei irgendjemandem zu Hause treffen und sich zudröhnen. Ihr Dealer sei der Sohn der Schulbibliothekarin. Ich marschierte in die Schule und stellte den Direktor zur Rede. Die Bibliothekarin oder ihren Sohn verpfiff ich nicht. Als der Direktor die Existenz eines Drogenproblems an der Schule leugnete – und meinen Vorschlag, einen ehemaligen Drogenabhängigen (bei mir in der Zeitung arbeitete ein perfekter junger Kandidat) mit den Kindern über seine Zeit in der Reha-Klinik reden zu lassen, zurückwies – nahm ich meine Tochter mitten in ihrem Abschlußjahr von der Schule. Sie machte ihren Schulabschluß im Rahmen eines experimentellen Schulprojekts namens »City as School«.

Im Sommer 1972 nahm ich sie mit nach Europa und wir begleiteten Charles auf seiner Tournee dort. Roberto war im Ferienlager. Charles und ich steckten mal wieder in einer ausweglosen Situation. Seine ständigen Eskapaden waren so überzogen, daß ich mitten in der Woche mit Susanna abreiste und ihm sagte, daß Schluß mit uns sei. Es war Susannas Anwesenheit, die mich schließlich – ich betrachtete den wachsenden und absurden Blödsinn mit ihren Augen – nach Hause fahren ließ.

Bevor er zu Ronnie Scott in dessen Club nach London fuhr, wo der letzte Auftritt der Tour stattfinden sollte, spielte Charles eine Woche lang in einem Club in Kopenhagen. Sein Aufenthalt dort gipfelte in der berühmten Überschrift einer dänischen Zeitung: MINGUS LÄUFT AMOK AUF STOGET. In dem Artikel wurde ein »Hemdenskandal« beschrieben, der sich auf der Stoget, einer eleganten Einkaufszeile, ereignete, wo Charles, wie das seine Art war, vierundzwanzig Hemden in einem der Läden erstand. Als er in sein Hotel zurückkehrte, erklärte ihm jemand, der Preis stimme nicht und man habe ihn »abgezockt«. Er eilte zu dem Laden zurück, wo ein Wort das andere gab und eine Reihe »blumiger Beschimpfungen« hin und her flogen, die Polizei gerufen und Mingus vorübergehend verhaftet wurde. Die britischen Zeitungen bekamen Wind von der Geschichte und bastelten ihre eigenen Überschriften. Das Ergebnis war, daß Mingus ein Auftritt durch die Lappen ging, den er sich sein Leben lang gewünscht hatte. Mingus' englischer Agent hatte für ihn nach seinem Engagement bei Ronnie Scott Auftritte auf einem Ozeandampfer zurück in die Staaten gebucht. Die Manager des Kreuzfahrtschiffs wollten nicht das Risiko eingehen, auf der Fahrt Überraschungen zu erleben.

Seine Stimmung war düster. Emotional hatten sich die Dinge während der Tour nur verschlimmert und jetzt wurde auch noch der Kreuzschiffauftritt sabotiert. Er verbrachte einige aufgeregte Tage in dem Londoner Club, zankte sich und nahm, dank Columbia Records und deren mobilem Aufnahmewagen, die aufregendste Musik der Tour auf. Obwohl ich mich in Italien von ihm getrennt hatte und jetzt wieder in den Staaten war, meldete ich mich schließlich auf einen seiner vielen Anrufe aus dem Club zurück. Ronnie Scott selbst ging ans Telefon.

»Ich kann nicht reden!« schrie er. »Mingus hat gerade den Tenorsaxophonisten von der Bühne geworfen und ich glaube, er hat ihm das Bein gebrochen!« Er legte auf. Als ich eine Stunde später noch mal anrief, ging wieder Ronnie dran. »Die Musik ist unglaublich!« sagte er. »Das ist absolut phantastisch! So was hab ich in meinem Leben noch nicht gehört!«

»Wie geht's Bobby Jones?« fragte ich. »Hat er sich verletzt?«

»Die Musik ist unglaublich!« fuhr er fort.

»Der Saxophonist«, fragte ich wieder. »Geht's ihm gut?«

»Bobby? Ach ja, Bobby geht's gut. Er ist wieder auf der Bühne. Die sind alle hin und weg! Das ist überirdisch!« Er legte auf. Einer der Musiker erzählte mir später, Bobby habe zu viel getrunken, sei auf dem Weg in die Garderobe gestolpert und habe dann die Geschichte erfunden, die später in der Presse stand.

Nach seiner Rückkehr erlitt Charles im Central Park einen Nervenzusammenbruch. Er warf seine Kleidung ab und streute Hundertdollarscheine in den Wind. Der Druck hatte sich lange aufgebaut. Der Balanceakt zwischen seiner künstlerischen Empfindsamkeit, der weißen Welt um ihn herum, den Persönlichkeiten auf der Bühne und seinen eigenen hartnäckigen Dämonen war schließlich gescheitert. Die Polizei brachte ihn um die Ecke ins Mount Sinai Hospital. In der folgenden Woche rief ein Psychiater aus dem Krankenhaus an und berichtete, Charles mache sich Sorgen wegen einer Papiertüte.

»Was für eine Papiertüte?« fragte ich.

»Eine Papiertüte, die er bei einem Barmixer am Abend vor dem … dem Vorfall im Park hinterlegt hat«, stammelte der Arzt. Er erklärte, Charles habe ihm erzählt, er hätte in einer kleinen Bar auf der MacDougal Street in Greenwich Village mit dem Namen Kettle of Fish getrunken. Ich erinnerte mich an die Bar, es war eine Folkbar, in der früher Bob Dylan gesungen hatte. Ich sagte, daß ich mich von Charles getrennt hätte, versprach aber, mich um die Papiertüte zu kümmern.

Als ich am folgenden Nachmittag im Kettle of Fish eintraf, war der Barmixer nicht anwesend, aber ich erreichte ihn von der Bar aus über ein Münztelefon. Er erinnerte sich an die Papertüte. Er meinte, er hätte sie vielleicht auf den Garderobenständer neben der Tür gelegt. Ich legte auf und durchwühlte einige alte Zeitungen auf der Ablage, bis ich zwischen den Metallstäben eine schmutzige und zerknitterte Tüte fand. Selbst kurz vor einem Zusammenbruch hatte sich Charles noch eine perfekte Tarnung ausgedacht. In der zerknitterten Tüte befanden sich zehntausend Dollar in bar, der Erlös der Tour. Sie hatten über eine Woche unbemerkt auf der Garderoben-Ablage direkt an der offenen Tür einer Bar gelegen.

Mit der Zeit fingen Charles und ich wieder an, uns anzunähern, und die Kluft zwischen unser beider Leben zu schließen. Er war gerade gegen eine Backsteinmauer gefahren, hatte überlebt und in den Monaten darauf ein gewisses Maß an Ruhe gefunden – zumindest vorübergehend. 1973 zog ich mit meinen Kindern von Diane Arbus' Wohnung in eine größere, ein paar Straßen weiter westlich, und Charles zog mit uns um. Zum ersten Mal bekam unsere Liebe eine Adresse.

Von dem Moment an, in dem er einzog, war das Leben so friedlich und produktiv wie ich es mir kaum hätte vorstellen können. Unsere Auseinandersetzungen waren vorbei, einfach so. Es hatte acht Jahre voller Mißverständnisse gebraucht, bis wir soweit aneinander gewachsen waren, daß es funktionieren konnte. Charles gehörte nun zu unserem Haushalt. Wenn er nicht auf Tour war, verbrachte er seine Tage mit Komponieren am Klavier in New York, oder an den Wochenenden in Woodstock. Zu Hause gaben wir große gemeinschaftliche Abendessen, oft mit einem halben Dutzend Belegschaftsmitgliedern von *Changes* mit am Tisch.

Zwei Telefonanrufe aus dieser Zeit haben sich mir ins Gedächtnis geprägt. Einer davon kam, nachdem Charles' Album »Let My Children Hear Music« bei Columbia veröffentlicht worden war. Das Album barst vor neuer Musik und selten gehörten, zehn Jahre alten Kompositionen. Es wurde von einem großen Ensemble eingespielt, zu dem auch sechs der besten Bassisten New Yorks zählten. Charles war außerordentlich zufrieden mit dem Ergebnis. Er hatte eine Abhandlung für das Album geschrieben – einen Begleittext, in dem er nicht nur die Musik beschrieb, sondern auch darüber sprach, was es bedeutete, Jazz-Komponist zu sein. Unter anderem hatte er über eine verblüffende »spontane Komposition«, wie er es nannte, geschrieben, die den für Mingus typischen ausdrucksstarken Titel »Myself when I am Real« trug. Alvin Ailey gab ihr für seine Tanzaufführung den Namen »Adagio Ma Non Troppo« und so hieß sie auch auf dem Album. Als das Telefon an jenem Morgen klingelte, machte ich gerade Frühstück, und die Sonne schien durch das Küchenfenster. Charles wartete ungeduldig auf der Couch im Wohnzimmer. Ich nahm ab und hörte die aufgeregte Stimme eines Mitarbeiters der Plattenfirma: Charles war für seinen Begleittext auf »Let My Children Hear Music« für den Grammy nominiert worden. Ich gab die gute Nachricht sofort an Charles weiter, der ungläubig von seinem Sofa hoch sah. Als er schließlich in der Lage war, sich zu äußern, explodierten in seinen Worten Schmerz und Entrüstung, die sich ein ganzes Leben lang aufgestaut hatten.

»Mein Begleittext?« schoß es aus ihm heraus. Es war die einzige Grammy-Nominierung, die er in beinahe vierzig Jahren erhalten hatte, und sie galt nicht seiner Musik.

Zwanzig Jahre nach seinem Tod wurde er mit dem Grammy für sein Lebenswerk ausgezeichnet. Ich denke, hätte er noch gelebt, hätte er ihn abgelehnt. Auszeichnungen von Zeitschriften wie dem *Playboy*, die er bekam, wenn er deren Hitlisten anführte, schickte er grundsätzlich zusammen mit einem Brief zurück, der ungefähr folgendermaßen lautete: »Hitlisten sind Wettkämpfe für Nigger. Für klassische Musiker gibt es keine Hitlisten, man fragt nicht, wer der beste Violinist ist – Yehudi Menuhin oder Isaac Stern oder Salvatore Acccardo – man will nicht wissen, wer der beste Dirigent ist. Wenn man eine Hitliste anführt, kann es danach nur noch bergab gehen, und wenn man auf dem dritten Platz landet, verlieren die Veranstalter das Interesse. Ich kenne fünfzig Bassisten, die genauso gut sind wie ich. Durch dieses System wird ein einzelner Nigger auf den Spitzenplatz gesetzt und alle anderen dürfen sich weiter abstrampeln.«

Der andere Telefonanruf kam von einer Reporterin einer Fluglinienzeitschrift, die einen Artikel über Kreativität schrieb. Sie wollte vor allem eine Definition dessen, was Kreativität ist. Charles antwortete sofort: »Jeder kann komisches Zeug spielen, das ist einfach. Schwierig wird es, wenn man versucht, etwas so einfach hinzukriegen wie Bach. Jeder kann das Einfache verkomplizieren. Das Komplizierte zu vereinfachen – erschreckend einfach zu machen – das ist Kreativität.« Diese spontan geäußerten Worte sollten über Jahre hinweg immer wieder zitiert werden, nicht nur in der Zeitschrift der Fluglinie, sondern auch bei der Verleihung der IBM Science Awards, in der Jahresansprache von Apple Computer, in *Sports Illustrated*, *Reader's Digest* und unzähligen anderen Veröffentlichungen – überall dort, denke ich, wo man Kreativität zu würdigen weiß.

Im Frühjahr 1973 strich der Präsident von Columbia, Clive Davis, im Zuge einer skandalösen und überraschenden Aufräumaktion die Namen aller Jazzer von der Gehaltsliste, von denen als einziger Miles Davis übrig blieb. Kurze Zeit später begleitete mich Charles zu einer von Clives ausgiebigen Plattenparties für eine neue Rockgruppe, ein Routineereignis wie so viele, die ich in meiner Eigenschaft als Pressemitarbeiterin regelmäßig besuchte – Zusammentreffen, die für Charles nur insofern von Interesse waren, als das Buffet vielleicht einen phantasievollen Brotaufstrich zu bieten hatte. Clive Davis verzieh Charles nie, daß er sich an jenem Abend einen Stuhl an das Buffet heranzog, einen übervollen Teller vor sich stellte und seine Mahlzeit zwischen den Servierplatten verzehrte, als seien diese sein ganz persönliches Tischgedeck.

Das Gute an Charles' Rauswurf bei Columbia Records war, daß er zu dem von ihm innig geliebten Neshui Ertegun bei Atlantic zurückkehren konnte. Ein weiteres Plus bestand darin, daß ihm Columbia die außergewöhnlichen Bänder aushändigte, die sie mit ihrem Aufnahmewagen in Ronnie Scotts Club in London von Charles' Auftritten dort im vorangegangenen Herbst mitgeschnitten hatten.

Neshui Ertegun war einer der kultiviertesten, gebildetsten und großzügigsten Menschen in dem Gewerbe. Die Wärme und Freundschaft, die er Mingus entgegenbrachte, hielten ein Leben lang. Er hatte Mingus von Anfang an verstanden und unterstützt und bot ihm nun ein weiteres Mal nicht nur eine Heimat bei seinem Label, sondern vollkommene künstlerische Freiheit. Neshui stand stets bedingungslos als Retter in der Not zur Verfügung, wenn Charles einen Freund brauchte – er bezahlte die Kaution, wenn Charles in der Klemme steckte und zahlte immer einen Vorschuß, wenn Charles darum bat. Einmal, nach einem unserer Streits, als ich die Straße runter in die

Wohnung meines Bruders in Greenwich Village gerannt war und Charles draußen herumschrie, daß er mich liebe und Bob vom Dach eines parkenden Autos aus (um näher an das Fenster heranzukommen) anflehte, die Tür zu öffnen – hatte der wütende Autobesitzer die Polizei gerufen. Charles wurde in Handschellen abgeführt und ins Gefängnis verfrachtet. Am Morgen des folgenden Tages sprach Neshui in aller Frühe im Revier vor und sorgte für Charles' Freilassung.

Charles hatte sich, was die sozialen und politischen Veränderungen der sechziger und frühen siebziger Jahre anging, immer wieder ein eigenes politisches Forum geschaffen. In der Regel war das die Bühne, von der aus er seine Standpunkte zu den Bürgerrechten, Vietnam, dem Sprachgebrauch, künstlerischer Freiheit und den Ungerechtigkeiten der Musikindustrie deutlich machte. Die Lower East Side, wo er von 1966 bis 1973 gewohnt hatte, war Schauplatz eines geschäftigen Treibens, zu dem auch Bookers »New Breed«-Mode, die Militanz der Black Panther, Peace-and-Love-Konzerte und die verschiedenen Unternehmungen der Untergrund-Presse gehörten. Charles kannte alle und schloß sich niemandem an. Seine Musik stand nicht zum Verkauf. Obwohl er mit Tim Leary befreundet war, lehnte Charles auf dem Höhepunkt von Tims Popularität das Angebot ab, an einer Platte mitzuwirken. Er lehnte Allen Ginsbergs Einladung ab, William Blakes »Song of Innocence and Experience« aufzunehmen. Der Pressesprecher der Black Panther war ein Fan von ihm und kam regelmäßig ins Village Gate, um ihn zu hören, aber Charles hatte keine Zeit für Parteiprogramme. Obwohl er seinen Kompositionen Titel verpaßte wie »Remember Rockefeller at Attica« oder »Remember Cell Block F, T'is Nazi USA«, die sich auf bestimmte Ereignisse bezogen, und obwohl er eine Handvoll Gesangsstücke schrieb wie »Don't Let it Happen Here«, »Fables of Faubus«, und »Oh Lord, Don't Let them Drop That Atomic Bomb on Me«, stand seine Musik selbst nicht im Dienst seiner politischen Überzeugungen. Dafür war er zu sehr Künstler. Ich habe es nie erlebt, daß er in seiner Laufbahn auch nur bei einer einzigen Note einen Kompromiß eingegangen wäre.

Die frühen siebziger Jahre waren aber auch eine Zeit der inneren Veränderungen. Seine unbändige Phantasie drohte bisweilen überzukochen, verstrickte sich erneut in alten mafiosen Verschwörungstheorien und er sah sich von rivalisierenden Liebhabern umstellt. Seine alten Wutausbrüche kamen wieder und ich dachte darüber nach, das Nest mit fliehenden Fahnen zu verlassen, fragte mich, ob ich den Mann, den ich zu lieben glaubte, nicht vielleicht erfunden hätte. Aber dann tauchte wieder der andere Charles auf, vibrierte vor Leben und Liebe, der Charles, der aufgeregt zum Klavier rannte, um mir wie ein Schuljunge irgendeinen Aspekt zu veranschaulichen, voll purer Freude.

Oft kamen Mitglieder der *Changes*-Belegschaft zum Abendessen zu uns. Es waren große, familiäre Essen zu Hause, bei denen es sich eigentlich um erweiterte Redaktionssitzungen handelte. Charles saß am Kopfende des Tisches und konzentrierte sich auf sein Essen. Die Kinder entschuldigten sich und machten ihre Hausaufgaben, während Autoren und Redakteure am anderen Ende des Tisches Ideen für die neueste Ausgabe besprachen. An einem Wochenende flogen einige *Changes*-Mitarbeiter zusammen mit Charles nach Paris zu einer Ausstellung politischer Zeichnungen im Louvre. Die Ausstellung mit dem Titel »Art of the *Times*« war von Jean-Claude Suares, dem damaligen Chefgrafiker von *Changes* zusammengetragen worden, der während seiner Zeit bei der *New York Times* ein gleichnamiges Buch herausgegeben hatte. Darin waren Zeichnungen von Künstlern versammelt, die er aufgefordert hatte, Beiträge anzufertigen – damals eine aufregende und innovative Idee – Illustrationen von lebenden Künstlern statt alter Drucke.

Als Künstler wußte J.C. Suares, ebenso wie Charles, Erfindungsreichtum und Verschönerungen zu schätzen. Ein gängiger Witz damals lautete, wenn J.C. ein Thunfischsandwich zu Mittag aß, würde er schon aus Prinzip behaupten, es sei Schinken mit Käse gewesen. Die Ausstellung in Paris war laut J.C. die erste Ausstellung von Zeitungskunst in diesem Jahrhundert im Louvre, die erste seit Daumier. Wir wohnten alle im Hotel Élysée Star auf den Champs-Élysées, das Charles immer das

Elsie Star nannte – eine seiner Wortverdrehungen, die er regelmäßig erfand. Ich erinnerte mich daran, wie Whitney Balliett Charles vor Jahren einmal für ein Porträt des *New Yorker* in einer Bar auf der Second Avenue interviewte. Charles bestellte eine Flasche Pouilly-Fuissé nach der anderen und nannte das Getränk Polly Foose (War das etwa die Stiefschwester von Elsie Star?). Der Name Polly Foose tauchte mehr als einmal in Whitneys getreuem Tatsachenbericht auf. In der Woche, in der der Artikel im *New Yorker* erschien, schickte Bill Cosby eine Kiste Pouilly-Fuissé für Charles in den Club, in dem er damals auftrat. Als wir in die Eingangshalle des Louvre kamen, eilte uns J.C. entgegen, und er und Charles stießen als Zeichen ihrer familiären Zuneigung zur Begrüßung mit den Bäuchen aneinander. Es wurde seither zu ihrem Begrüßungsritual. Ihre Verbindung war naheliegend. Beide mochten ausgiebige Feste, hatten Bäuche, die ihnen über die Gürtel hingen und begegneten der ständigen Komödie des Lebens mit ähnlicher Häme. Charles Humor und seine Ironie blieben den meisten Leuten verborgen – stets zu seiner Enttäuschung und Überraschung. Er war erstaunt, daß ihn die Leute so ernst nahmen. Er erwartete, daß sie lachten, doch sie fühlten sich zu sehr eingeschüchtert. Als sich Charles und J.C. das erste Mal im langen Flur unserer Wohnung bei einer Party begegneten, konfrontierte Charles J.C. lautstark mit irgendeinem Thema, das ihn gerade beschäftigte. J.C. sah ihm in die Augen und lachte laut los. Eine neue Freundschaft war geboren. Es war J.C., der Charles auf den Geschmack von Zigarren brachte. Zusammen wurden sie Kenner, beschafften sich kubanische Zigarren von einem der feinsten Händler in der Schweiz. Schon bald sah man Charles, ob er nun Baß spielte oder sich zu Hause entspannte, selten ohne Zigarre im Mund, wie die Photos aus dieser Zeit belegen. Schließlich fertigte er sogar besondere Behälter und falsche Zigarrenmanschetten an, um seine kostbaren Kubanischen auf Tour durch den Zoll zu schmuggeln.

1974 begleitete ich Charles auf einer Konzerttournee durch Südamerika. Das politische Klima in Brasilien, Uruguay und Argentinien war so verbrecherisch, die Regierungen derart diktatorisch (in Brasilien waren sogar improvisierte Kindertheateraufführungen verboten), Polizei und Zollbehörden so bedrohlich, daß wir, trotz der Mängel, ganz erpicht darauf waren, nach Hause in das Land Richard Nixons zurückzukehren. In Brasilia, einer merkwürdigen, weltentrückten Hauptstadt, die dem dichten Dschungel, der sie umgab, abgerungen worden war und die meilenweit vom umtriebigen Leben gewöhnlicher Städte entfernt lag – stellten Regierungsbeamte den Großteil der Bevölkerung. Sie lebten freudlos im Exilzustand und warteten nur darauf, wieder nach Hause geschickt zu werden. Diese kalte und leere Stadt mit ihren abstrakten Gebäuden und riesigen Betonplätzen war, trotz der unmittelbaren Nähe des Dschungels, merkwürdig frei von Grün oder Lebendigkeit. Sie hätte auch aus einem anderen Universum eines Nachts auf die Erde gefallen sein können. Ich fühlte mich an die Buck-Rogers-Comic-Strips mit ihren frühen Weltraumphantasien erinnert.

Von dem Flügelfenster unseres Hotelzimmers aus überblickten wir einen unbelebten, schwach beleuchteten Platz, der sich wie ein Betonmeer vor uns erstreckte. Am ersten Abend nach Charles' schlecht besuchtem Konzert träumte ich, wie ich an dem Flügelfenster stand und hinaus auf eine blasse junge Frau mit langem, dunklem, tropfnassem Haar starrte, die dem Meer unter ihr entstiegen war. Sie sang ein Klagelied von solch außergewöhnlicher Schönheit und Perfektion, daß ich wie versteinert am Fenster stehen blieb. Sie sang ihr Lied für mich, eine traurige Geschichte darüber, wie sie sich aus Liebe ertränkt hatte und nun voller Bedauern war, da sie sich leidenschaftlich nach dem Leben sehnte. Sie schwebte über dem Wasser und ihre Augen flehten mich an, blickten unglücklich hinaus aufs Meer.

Plötzlich wurde mir bewußt, daß Charles meinen Namen rief, mich im Bett schüttelte und versuchte mich zu wecken. Ich schlug die Augen auf und sah sein verstörtes Gesicht. »Da hat eine Frau neben dem Bett gestanden«, sagte er eindringlich. Er blickte suchend über die Bettdecke hinweg. »Sie hatte lange schwarze Haare.«

1975 schmiedeten wir Hochzeitspläne. Die Zeremonie sollte bei mir in Woodstock, draußen unter den dichten Weinreben stattfinden, die niemals Trauben getragen hatten. (Roberto rief mich eines Tages raus auf die Veranda und zeigte auf einen Klumpen tiefroter Trauben, die von dem Gitter der Laube, das wir optimistisch angebracht hatten, herunterhingen. Nachdem ich vor Aufregung gequietscht hatte, gestand er mir, daß er sie mit etwas Schnur dort angebunden hatte.)

Wir wollten einen Bus mieten, der Freunde, Musiker und die gesamte Belegschaft von *Changes* zu uns aufs Land transportierte. Meine Kinder und die von Charles überlegten, wie sie sich für unsere Hochzeit schick machen würden. Das Hochzeitsessen war ein ständiges Gesprächsthema. Doch in der Woche, in der die Feier stattfinden sollte, kam Charles mit einem verletzten Rücken von einer Tour zurück und mußte sofort ins Krankenhaus. Wochen später fuhr er wieder auf Tour und ich brachte ihn zum Flughafen, um mich dort von ihm zu verabschieden. Auf dem Weg fuhren wir, einer spontanen Eingebung folgend, zum Rathaus. Unsere Papiere hatten wir bereits. Statt Allen Ginsbergs Sprechgesang und klingenden Schellen zu lauschen, stellten wir uns nun in den Fluren des Stadtverwaltungsgebäudes in eine Schlange von fünfzig Heiratswilligen und warteten auf eine Zeremonie, die ungefähr so einnehmend war wie das Warten an einer Bushaltestelle. Als es so weit war, trug ich noch immer wie eine Berufspendlerin eine Zeitung unter dem Arm, gab aber nach, als der Standesbeamte mich von seinem Podium herab anwies, meine *New York Times* auf einem Stuhl abzulegen. »Madam«, sagte er vorwurfsvoll, »Sie heiraten!«

Ich nehme an, wir fühlten uns schon sehr lange verheiratet.

Wir wohnten fünf glückliche Jahre als echtes Paar in der East Tenth Street 39. Charles fuhr regelmäßig auf Tournee: Japan, Europa, Südamerika, die Vereinigten Staaten. Ich hatte seine Mitmusiker auf Tour beobachtet, einige davon waren verheiratet, einige ungebunden und ich hatte das eine oder andere gelernt. »Unterwegs kannst du machen, was du willst«, hatte ich ihm gelassen gesagt. »Aber paß auf, daß ich es nicht rauskriege.« Dinge passieren. So ist das Leben. Ich hasse Geständnisse. Ich kann mich erinnern, wie ich einmal in seinem Zimmer in Kanada anrief und mir der Hotelangestellte sagte, ich hätte meine Handschuhe an der Rezeption liegen lassen. Als ich ihn später danach fragte, erzählte mir Charles von einem interessanten Interview, das er einem Mädchen vom, ich glaube, *Toronto Star* gegeben hatte. Oder es könnte auch die Frau von Atlantic Records gewesen sein, die ihm den neuesten Tourplan in seinem Zimmer vorgelegt hatte. Ich denke, vielleicht stimmte es. Aber egal. Falls er mir Unsinn erzählt hatte, dann berührte es das, was wir miteinander hatten, nicht. Unser Pantheon sprühte vor Lebensfreude.

Um die Ecke unserer Wohnung lag das Bradley's, ein einzigartiger Treffpunkt für Jazzliebhaber, eine etwas durchgeknallte Anlaufstätte für den späten Abend, wo man sich wie in einem Wohnzimmer fühlte. Es trug den Stempel von Bradley Cunningham, dem aristokratischen Clubeigentümer aus Neu-England. Cunningham liebte das Jazz-Klavier so inniglich, daß er, da seine Begabung für eine eigene Laufbahn als Musiker nicht gereicht hatte, das nächstbeste tat: er schuf einen Ort, an dem man an jedem Tag des Jahres die besten Jazzpianisten der Stadt zu hören bekam. Der große George Shearing, der, wann immer er auftauchte, einen eigenen besonderen Tisch bekam, hatte es uns eines Abends so erklärt. Normalerweise spielten ein Bassist und ein Pianist, und spät abends – sehr spät –, normalerweise um vier Uhr morgens herum, schloß Bradley die Türen ab und die wahre Seele des Ortes konnte sich frei und intensiv entfalten. Irgendwann schließlich landete Bradley selbst am Klavier, gebeugt, leidenschaftlich und bereit, mit jedem der zahlreichen Musiker Akkordfolgen auszutauschen, die sich dort nach ihren eigenen Auftritten trafen oder einfach nur so vorbeikamen, um die Atmosphäre und die Musik zu genießen. An wie vielen Abenden Bradley und Charles dort zusammen am Klavier saßen, vermag ich beim besten Willen nicht zu sagen.

Ich erinnere mich, wie wir morgens um sechs Uhr von Bradley's nach Hause gingen, drei oder vier Stunden bevor das *Changes*-Büro aufmachte. Charles und ich gingen Arm in Arm, die Vögel zwitscherten und wir dachten über das Ende des Tages nach, der für andere gerade begann. Die Sonne schien durch das Licht der noch immer erleuchteten Straßenlaternen, die Hitze des frühen Morgens lag bereits in der Luft und ich wünschte, ich hätte an den Strand gehen können, statt vor dem Beginn meines Arbeitstages noch schnell zwei Stunden zu schlafen. Charles sprach über einen Hund, der von einem Portier ausgeführt wurde, der Hund eines reichen Mannes, meinte er, dessen Besitzer nicht um sechs Uhr aufstehen mußte. Ich sagte, er sähe nicht aus wie der Hund eines reichen Mannes. Charles hatte dem nichts hinzuzufügen, da er seinen Standpunkt, was die sozialen Unterschiede anging, bereits klar gemacht hatte. Anders als ich, begegnete er der Morgendämmerung nicht ausschließlich euphorisch.

Während jener Jahre erschienen seine Alben »Changes One« und »Changes Two« bei Atlantic Records. Zu »Changes One« gehörte auch »Sue's Changes«, das er in unserem Hochzeitsjahr geschrieben hatte und das ursprünglich den Titel »Sue's Moods« trug. Es war ein langes Stück voller großartiger Melodien, tanzbarer Rhythmen und geballter, wilder Geräusche. Chaos und Klimax, meinte er. Natürlich gehört es zu meinen Lieblingsstücken.

Er hatte gehofft, Sarah Vaughn würde den Text auf »Duke Ellington's Sound of Love« auf derselben Platte singen, und obwohl seine Band eine Instrumentalversion als Begleitung zu ihrem Gesang aufgenommen hatte, stellte sich heraus, daß sie in der falschen Tonart eingespielt war und Atlantic wollte nicht noch mal ins Studio zurück. Als Charles und ich Sarah nach einem Auftritt in New York in ihrem Hotelzimmer besuchten, schlug sie vor, mit ihrem eigenen Trio auf Charles' Album zu erscheinen, aber es wurde nichts draus. »Ich hab noch nie so eine Stimme gehört, Mann«, erzählte Charles lange Zeit später einem Interviewer, dem er auch beschrieb, wie er sie zum ersten Mal singen gehört hatte. »Billie Holiday und Sarah. Sarah ist eine Sängerin, sie vokalisiert. Billie war menschlicher. Fast war es, als würde sie ihre Texte sprechen – sie war ein sprechender armer Mann. Sie hat eigentlich nicht gesungen, sondern ihre Texte erzählt. Sie hat sie gelebt. Sarah macht das gleiche, aber singend. Sie ist die größte Sängerin zur Zeit.«

Sein nächstes Album war »Three or Four Shades of Blues«, dessen Titelmelodie er bei Auftritten in Clubs und Konzertsälen ausführliche Erklärungen voranschickte, die ihn so sehr amüsierten und erfreuten, daß sie bei jedem Auftritt länger wurden. Komprimiert hörte sich das etwa so an:

»Das nächste Stück heißt ›Three or Four Shades of Blue‹ oder ›Three or Four Shades of Blues‹, wenn Sie wollen. Aber es gibt eher sechs oder sieben. Den ersten Teil nenne ich ›Super Bebop Blues‹, vielleicht würde Bird sowas spielen, wenn er noch leben würde ... Danach kommt eine schwarze, puertoricanische, afro-kubanische Bluesstruktur mit ostindischen Obertönen...« (Pause, um festzustellen, ob das Publikum aufpaßte). »Dann kommt ein ›Count Basie Blues‹, gefolgt von einem Duke Ellington Bluesarrangement mit zwei Akkorden, gefolgt von einem Mingus Blues...« (noch eine Pause) »Am Ende schließen wir mit einem kaukasischen weißen Blues, wie ich ihn nenne – das heißt amerikanisch weiß – von europäischen Weißen verstehe ich nichts...« An dieser Stelle fiel sein Pianist in ein kleines irisches Gutenachtlied ein, so steif wie ein Menuett, das er mit Mendelssohns »Hochzeitsmarsch« einleitete. So oder so, es war alles Blues. Blues lag im Zentrum seiner Seele.

Ungefähr um diese Zeit herum nahm der britische Rockstar Jeff Beck »Goodbye Pork Pie Hat« auf, vielleicht der berühmteste Blues, den Charles geschrieben hatte. Columbia Records schickten ein Album, das ich ihm noch am selben Nachmittag vorspielte. Ich fragte ihn, wie er es fand. Er antwortete ohne zu zögern: »Klingt nach Geld.« Er hatte recht. In einem Monat verdiente er mehr an den Tantiemen für ein Stück, das jemand anders aufgenommen hatte, als mit irgendeiner seiner eigenen Aufnahmen.

An einem Wochenende im Spätsommer fuhren wir in die Hamptons. Zu unserer kleinen Gruppe gehörten Charles, Roberto, unsere Freundin, die Autorin und Katzenliebhaberin Myra, ich, und unsere beiden deutschen Schäferhunde, Muttley und Brunhilda. Aus einer Laune heraus, die zweifellos etwas mit Charles' Verlangen nach frischem Hummer zu tun hatte – ähnlich war es gewesen, als wir uns einmal mit unserer Familie zu einem spontanen Nachtflug in die Karibik entschlossen – hatten wir für drei Tage ein kleines Landhaus am

Wasser gemietet, direkt neben dem Haus eines berühmten griechischen Architekten.

Als wir Freitagabend bei Sonnenuntergang in Amagansett ankamen, war die Tür unseres Hauses abgesperrt und die Ferienhausverwaltung geschlossen. Während wir Zeit damit verschwendeten, die verbliebenen Möglichkeiten zu diskutieren, warf Charles die Fensterscheibe der Vordertür mit einem Stein ein und öffnete die Tür. In den wenigen Minuten, die das in Anspruch nahm, war Brunhilda über die Veranda des Nachbarhauses gewandert und hatte eine Siamkatze tot gebissen.

Nebenan war niemand zu Hause und auf der Veranda saß eine weitere Siamkatze, die noch am Leben war. Charles schlug vor, wir sollten die tote Katze mitten auf die Straße legen. »Sie hätte ja von einem Auto überfahren worden sein können«, sagte er. Als wir uns gegen seine Idee verwahrten, schlug er vor, eine neue Katze zu kaufen und sie auf die Veranda zu setzen. Stattdessen hob Roberto die tote Katze auf und versuchte sie unter einem Strom kalten Wassers in unserer Küchenspüle wieder zu beleben. Draußen war es unglaublich heiß und die Katze erwachte nicht wieder zum Leben. Charles schlug vor, sie im Gemüsefach unseres Kühlschranks aufzubewahren, damit sie nicht verweste, bevor die Besitzer zurückkämen, wie er meinte. Myra fing schon an zu jammern, weil sie die Milch für ihren Frühstückskaffee nicht an den Überresten einer toten Katze vorbei aus dem Kühlschrank angeln wollte.

Um zehn Uhr bog ein Wagen in die Einfahrt des Nachbarhauses ein. Schon bald konnten wir auf dem Rasen gedämpft Leute reden hören. Ich ging nach draußen, marschierte die Straße hoch und verkündete allen Anwesenden im Dunkeln, daß wir ihre Katze umgebracht hätten. Ich stand alleine am Tor, als der griechische Architekt, der sehr groß und wahnsinnig wütend zu sein schien, im Umkreis seiner schluchzenden Familienmitglieder aller Altersstufen, die Faust gegen mich erhob.

»Wo ist unsere Katze?« brüllte er. Seine gesamte Gefolgschaft wehklagte im Dunkeln.

»Bei uns im Haus«, sagte ich, versuchte mich los zu machen und hoffte, vorauseilen zu können, um die Katze zu holen, bevor er kam. Aber er eilte mit großen Schritten direkt hinter mir her, und zerrte auf Robertos Fingerzeig hin die durchweichte Katze selbst aus dem Gemüsefach des Kühlschranks. Als er wieder in der Nacht verschwand, kündigte er an, er wolle sein Gewehr holen und unsere Hunde erschießen. Spät nachts, nachdem ich noch eine Reihe von Tierheimen angerufen und schließlich eines gefunden hatte, das geöffnet war, packte ich die Hunde heimlich ins Auto. Sie verbrachten den Rest des Wochenendes hinter Gittern. Nachts konnten wir die Nachbarn durch die Fenster unseres Landhauses weinen hören.

Meistens ignorierte Charles das offenbar grundlegende menschliche Bedürfnis nach Definitionen, Begriffen, Zeitrahmen, Jahrestagen und Erinnerungen. Die normalen Wegweiser, nach denen wir uns richten, der zwanzigste dieses oder der zehnte das, interessierten ihn kaum. Zeit war ein andauernder Strom und er stieg alleine ein und aus. Was Urlaube anging, so dachte er sich das ganze Jahr über Überraschungen und Anlässe aus, ein unerwartetes Geschenk, ein überraschendes Festessen. Weihnachten allerdings war ein Tag wie jeder andere zum schlafen oder zum feiern, es bedeutete kaum etwas.

Einmal schenkte er mir zu Weihnachten nichts. Wir hatten uns in Woodstock mit Freunden und Verwandten zusammengefunden. Unter dem Baum lagen blutige, tropfende rohe Rinderknochen eingewickelt in Alufolie und mit roten Schleifen verziert. Meine Kinder bekamen wie üblich von Charles Geld, das an den Zweigen hing (Hundertdollar-Scheine, ein Fünfziger, welche Beträge Charles' Laune auch immer diktierte). Die einzige Person, die er übersehen hatte, war ich. Worte waren überflüssig, als ich hinaus in die Schneenacht lief.

Drei Tage später wurde ich vor Morgengrauen von einem Kreis strahlender, hellwacher Gesichter geweckt, die mich in den langen Flur führten, wo ich, während meine Tochter Fotos machte, eine völlig veränderte Küche auf dem neuesten Stand der Technik entdeckte: einen nagelneuen Herd, eine Spülmaschine, eine Waschmaschine, ein Trockner und ein riesiger Kühlschrank. Charles hatte in seiner gewohnten Art den Leuten im Haushaltsgeräteladen und deren Lieferfirma erklärt, er würde nur kaufen, wenn es eine Überraschung vor Morgengrauen sein würde. Meine Kinder hatten die Arbeiter in der

Dunkelheit durch den Wald geführt und diese hatten fieberhaft vor Morgengrauen in der Küche an der Installation der Geräte gearbeitet. Obwohl ich mich auch einfach über ein Buch gefreut hätte, waren alle ganz verzückt, stolz auf Charles und begeistert von den Feiertagen.

Charles versuchte es immer wieder mit einer Diät. Für kurze Zeit besuchte er die Pauling Health Manor (Roberto nannte es die »Appalling Health Manor«), eine Diätklinik zwischen Woodstock und New York City in der Nähe des Roosevelt-Anwesens in Hyde Park. Zwei Wochen lang trank er eine Menge Wasser, aß Salat und hantierte mit Mantrakarten, auf denen stand: »Ich entwickele eine Abneigung gegen Lebensmittel, von denen ich weiß, daß sie ungesund und meiner Diät nicht zuträglich sind« oder »Es fällt mir immer leichter meine Diät einzuhalten«. Gleichzeitig orderte er, wie wir später herausfanden, Pizza von einem Münztelefon im Flur aus und bestellte Taxis, die für ihn die Reste aus der »Cordon bleu«-Kochschule um die Ecke abholten.

Ein weiterer Versuch war ein zweiwöchiger Besuch bei dem Komiker Dick Gregory zu Hause, der 800 Quadratkilometer in Plymouth, Massachusetts auf dem Liggett-Meyers-Grundstück gemietet hatte. Dick, seine Frau und seine zehn Kinder wohnten im Haupthaus auf dem Hügel. Unsere Unterkunft lag im Bootshaus unten, wo Dick in der Regel Pressekonferenzen und Versammlungen über Ernährung, Diäten und Wege zur Bekämpfung des Welthungers abhielt. Acht Tage lang fastete Charles mit Wasser.

Als wir wieder zu Hause waren, schilderte Charles seinem Freund Booker seinen Niedergang wie folgt: »Ich hab nur Wasser zu mir genommen und eine Menge Gewicht verloren«, sagte er. »Aber dann hatte Dick da einen Koch, einen Typen, der den ganzen Tag und die ganze Nacht im Bootshaus gekocht hat und der kam schließlich zu mir. Ein großer Typ mit Bart. Er kochte alles, was du dir vorstellen kannst, gegrilltes Hühnchen, Baby-Back-Rippchen – der war unglaublich. Dick hat es fertig gebracht, da rumzulaufen und nichts anzurühren. Er nannte es Dreck.«

Bei unserer Abreise gab mir Dick Gregory einige komplizierte Diätrezepte für Charles mit: Nüsse sollten gemahlen, getrocknete Früchte püriert und Suppen geköchelt werden. Ich bereitete alles gewissenhaft zu. Und dann eines Abends, nachdem Charles eine seiner üblichen Diätmahlzeiten zu Hause verspeist hatte, fuhr ich zu ihm ins Village Gate. Ich fragte einen Angestellten an der Essensausgabe in der Lobby, ob er Charles nach seinem Auftritt gesehen habe. Er erwiderte ja, er habe ihn gesehen, aber Charles sei, nachdem er zwei randvolle Portionen Roastbeef vertilgt hatte, um die Ecke in ein chinesisches Restaurant gegangen. Dort fand ich ihn.

In diesem letzten Jahr in Gesundheit, 1977, gaben wir an Charles fünfundfünfzigstem Geburtstag eine denkwürdige Party und an Weihnachten eine Eierflipfeier für Mitglieder der Jazzgemeinde, Beat-Autoren, Künstler und Veranstalter, die für ein Zeitalter standen, das beinahe schon vorbei war.

Unser Freund Daniele Senatore, der italienische Filmproduzent, arbeitete an zwei Filmen, einen mit dem Regisseur Elio Petri mit dem Titel »Todo Modo«, über einen Wochenendausflug in das Umland von Rom, bei dem Angehörige des Klerus und der Christlich-Demokratischen Partei einer nach dem anderen ermordet werden – die Grundidee ähnelte Agatha Christies »Zehn kleine Negerlein«. Der andere Film beschäftigte sich mit der Drogenkultur in Kolumbien und ihrem Gegenstück in New York City. Charles schrieb die Musik für beide Filme. Das folgende Album bei Atlantic enthielt ein langes Stück auf jeder Seite: »Todo Modo« und das neue Stück »Cumbia and Jazz Fusion«, das auf authentischen Rhythmen beruhte, die ein Freund von Senatore im kolumbianischen Dschungel aufgenommen hatte. Insgesamt ergab sich daraus eine Mischung verschiedener Stile und Kulturen, Latinorhythmen und Jazz – ein echter hervorragender Mingus. Schon bald spielte es Charles bei seinen Auftritten in Europa, Nordafrika und im amerikanischen Südwesten.

Dann plötzlich, ohne Vorwarnung, war alles vorbei.

FÜNF

»Ich glaube, ich bin gar nicht krank. Ich glaube, ich leide an einer schweren paranoiden Sinnestäuschung…« Mingus

»Verstehst du, wenn sie gespielt haben, haben sie dabei gesprochen. Sie haben Geschichten über ihr Leben erzählt. Und genau das machen wir auch. Wir repräsentieren eine lange Reihe von Tatsachen.«
Mingus im Gespräch mit Nat Hentoff über Fats Navarro und Bud Powell

Früher hatte er immer damit angegeben, daß er nicht fallen könne. Selbst als ich ihn noch kaum kannte, wiederholte er diesen Satz von Zeit zu Zeit mit größter Eindringlichkeit. »Weißt du, ich kann nicht fallen«, sagte er völlig unvermittelt, während er die Straße hinunter oder in den Umkleideraum hinter der Bühne ging. Er gab nicht mit seiner Musik oder seinem Talent am Baß an. Er hatte vielmehr etwas sehr Drängendes und Dunkles im Kopf, wenn er davon sprach, nicht fallen zu können. Einmal las er mir ein Gedicht über einen Affen vor, der die Bedeutung von Dingen pantomimisch darstellte, die entweder zu einfach oder zu prekär waren, um sie geradeheraus zu sagen. Der Affe benutzte Codes, um Gefahrenzonen zu umschiffen. Manchmal ging es um Intimes, manchmal einfach nur das, was gerade angesagt war. Meist aber waren es Versuche, die weiße Gesellschaft auszuschalten – Poesie für Insider. Mußte man nachfragen, war das ein Zeichen dafür, daß man sie nicht verstand, wie Dizzy vor langer Zeit einmal erklärt hatte.

Aber Charles hatte noch andere, sehr eigene Formen, sich verständlich zu machen. Visionen, die den dunkleren Bereichen der Seele entstammten und die nicht weg erklärt werden konnten. Einige flossen produktiv in seine Kunst ein, andere steckten voller Angst, aber alle transportierten Bedeutungen, die sich wie glänzende Aale um gewöhnliche Worte legten und sie in neue Formen und Absichten pressten, wodurch es mir schwer fiel, zwischen Vision und Code oder meiner eigenen plötzlich wiederhergestellten Sprache genau zu unterscheiden.

Damals, als er nicht fallen konnte, flitzte er einem Taxi hinterher oder jagte einen Musiker die Straße hoch – »so geschwind wie die Arpeggios von Art Tatum«, behauptete einmal jemand. Es waren Marathonsprints, von denen Teddy Curson, der junge Trompeter in Mingus' Band im alten Show Place Club, aus eigener Erfahrung zu berichten wußte – legendäre Abende, an denen Charles Teddy in der Pause die West Fourth Street hochjagte. Charles sprang federnd die Eingangsstufen des Clubs hinunter auf den Bürgersteig und rannte um den Häuserblock. Beide schrien dabei etwas über die Musik, etwas darüber, was im Verlauf der Show schief gegangen war.

Mingus tanzte nur sehr selten und wir beobachteten alle von unseren Plätzen in einem Harlemer Tanzsaal aus, wie er plötzlich loslegte – geschwind wie eine fliegende Radkappe sprang er auf, seine Füße bewegten sich schneller als Blicke folgen konnten. Er wirbelte über die gesamte Tanzfläche. Das war 1975, wir feierten mit dem Schlagzeuger Olatungi und einigen afrikanischen Musikern. Mingus war guter Stimmung. Wenn es ums Tanzen ging, legte er normalerweise eine für ihn untypische Reserviertheit an den Tag – das einzige Zugeständnis, das er seinem Körperumfang machte –, aber an diesem Abend waren seine Füße die schnellsten im ganzen Haus. Sie waren so schnell wie seine Finger am Baß. Seine Füße hätten an jenem Abend seine Finger übertroffen.

Und dann, an einem Nachmittag im Frühjahr 1977, holte ich ihn in Gallagher's Steak House ab, dort, wo wir das erste Mal zusammen gegessen hatten. Wir waren auf dem Weg aus der Stadt heraus, wollten nach Woodstock, wo er ein Aufnahmestudio einrichten und wir ganz hinziehen wollten. Als ich eintraf, stand der Geschäftsführer des Restaurants mit mehreren Augenzeugen an der Tür. Sie sagten mir, er sei gefallen. Sie sagten, er habe einen Kellner und zwei vollgeladene Tabletts im Fallen mit sich gezogen. Sie sagten, er habe eine schreckliche Szene gemacht und dem Kellner vorgeworfen, er hätte ihm im Weg gestanden.

Nachdem wir das Restaurant verlassen hatten, warf er die zerknüllte Rechnung auf den Vordersitz des Wagens. Die Rechnung bestand aus einer Auflistung ungeheurer Mengen an Spezialitäten des Hauses, Rind und importierten Weinen, alles, was er an jenem Nachmittag verzehrt hatte, plus dessen, was sich auf den Tabletts befunden hatte. Dann schrie er seine Beine an, in den Wagen einzusteigen. »Füße! Bewegt euch! Füße! Was fällt euch eigentlich ein?« Er zwängte sein schweres rechtes Bein in den Wagen, bellte Befehle und Bitten, während uns die Leute neugierig beobachteten. »Füße!« sagte er ein letztes Mal.

Als wir den New York Thruway entlang fuhren, stritten wir über seine Gesundheit. Er suchte nach Gründen, nach etwas, das Klarheit in die Krise bringen könnte, die aus den Tiefen einer frühen Vorahnung heraus zu treten schien. Er erinnerte sich, daß ihm Norman Mailer einmal einen Arzt empfohlen hatte, den er nie angerufen hatte. Er machte mir deshalb Vorwürfe. Er fragte sich, weshalb ich nicht schon vor langer Zeit einen Verlag für seine Musik gegründet hätte. Er beschwerte sich, daß es im Auto nichts zu essen gab.

Ich erinnerte ihn daran, daß ich seit sieben Jahren *Changes,* eine sehr zeitaufwendige eigene Zeitung, herausgab. Ich sagte ihm, auf dem Rücksitz lägen Äpfel. Ich versuchte ihm zu erklären, daß Mailers Arzt nach Florida gezogen war. Ich trat aufs Gaspedal. Als wir durch die Nacht segelten, schrie er plötzlich »Da!« und deutete auf ein großes weißes Schild, das auf der rechten Straßenseite aus der Dunkelheit herausblitzte. In großen schwarzen Buchstaben schoß das Wort Chiropraktiker an uns vorbei. »Würde ich dir was bedeuten, würdest du mich zu dem Arzt bringen. So!«

Ich wendete mitten auf dem Highway und holperte über das Gras. Wortlos marschierte ich vor ihm über den Rasen zu der erleuchteten Veranda eines alten schindelgedeckten Hauses und klopfte an die Tür. Nach einer Weile erschien ein weißhaariger Mann, der durch das Fliegengitter mit uns sprach.

»Es ist spät«, sagte der Mann ruhig und begutachtete uns mit einem freundlichen Nicken. »Es ist nach zehn. Ich bin gerade aus dem Süden zurück.« Ich starrte durch die Tür auf ein paar signierte Photographien, offensichtlich Aufnahmen seiner Patienten, die gerahmt an den Wänden im Flur hingen.

»Aber wenn Sie morgen wieder kommen, dann will ich Sie gerne untersuchen.« Er war nett aber bestimmt. Hinter seinem Kopf waren einige Lieblingsphotos zu einem besonderen Schrein versammelt. Und dann entdeckten ihn Charles und ich gleichzeitig.

In der Mitte hing das Gesicht von Norman Mailer.

Charles legte den Arm um mich. Wir sagten dem Arzt gute Nacht, standen eine Weile draußen vor der Tür und betrachteten den Mond. Es schien uns einigermaßen natürlich, daß der empfohlene Arzt plötzlich Wirklichkeit geworden war – eine weitere Kollision der Eventualitäten. Eine zufällige Begegnung, die wie immer die anregenden oder gefürchteten Ereignisse in seinem Kopf wiederzuspiegeln schien, die kleinen prophetischen Fenster, die sein Leben durchzogen wie ein Traum. Oder in Form eines hellen weißen Schilds in der Dunkelheit aufblitzten.

Ich erinnerte mich, wie er Jahre zuvor nervös in meinem Wohnzimmer in der Upper West Side von Manhattan gestanden und wütend auf einen weißen Rollkorbstuhl mit Pflanzen darin gestarrt hatte.

»Warum verhöhnst du mich mit dem Stuhl?« wollte er wissen.

»Meinem Pflanzenständer?« fragte ich überrascht. Ich kannte ihn erst ein paar Monate und gewöhnte mich noch an die persönliche und überraschende Art, mit der er alles interpretierte. Der schöne altmodische Rollstuhl, über den er sprach, war ein Requisit aus dem Monty-Woolley-Film »The Man who Came to Dinner«. Nun quoll er über vor Avokadopflanzen und üppigen Farnen.

»Da, wo ich herkomme, nennt man das Rollstuhl, Baby«, sagte er mit angespannter Stimme.

»Das ist ein Filmrequisit«, lachte ich. »Ein Freund von mir hat ihn bei einer Hollywoodversteigerung gekauft.« Um genau zu sein, hatte er dem jungen Produzenten von Robert Franks Film gehört, bei dem ich mitgewirkt hatte. Als er nach Kalifornien zurückkehrte, verschenkte er den Großteil seiner Habseligkeiten und ich hatte das Glück, den Stuhl zu ergattern.

»Rollstühle sind für Krüppel!« sagte Charles und hob die Stimme. »Das ist ein Omen. Ich kenne mich aus. Ich bin ein Hexenmeister. Schaff ihn mir aus dem Blickfeld!«

Ich dachte an die Krücken, die in demselben Jahr an seiner Wohnungstür lehnten. Ich konnte seine lautstarken Prophezeiungen die Straße hoch und runter hören, er schrie im Mondlicht wie Kassandra, daß irgendwo ein Krüppel herumlief. Am nächsten Tag sagte er mir, die Krücken wären vielleicht eine Drohung oder eine Warnung.

Es gab nicht viele einfache Antworten, wenn man gezwungen war, sich gegen die fremde Welt um einen herum zu wappnen; wenn der eigene Kopf in verschiedene Phantasien gespalten war; wenn man mit einem hellseherischen Wesen gestraft war, aber die Botschaften selten eindeutig waren.

Vom folgenden Tag an und die nächsten sechs Monate lang unterwarf er sich einem Ernährungsprogramm, das Dr. Jack Soltanoff, der zu der Zeit zwischen Florida und Woodstock hin und her pendelte, für ihn entworfen hatte. Alle seine Beschwerden verschwanden – sein Übergewicht, seine Verdauungsstörungen, seine Schlaflosigkeit. Alles außer der merkwürdigen Schwäche, die medizinische Experten auf drei Kontinenten über ein Jahr lang nicht erfolgreich diagnostizieren konnten. Der Virus, über den wir noch immer nichts wissen, saß tief in ihm und fraß seine Nervenbahnen.

Ende des Jahres wußte er, daß er gebucht war.

Als er merkte, daß etwas nicht stimmte, ging er sofort ins Bett. Der Mann mit der ständigen Schlaflosigkeit, der eine unvergeßliche Ballade mit dem Titel »The Man who never Sleeps« geschrieben hatte, lag nun den ganzen Tag in einem dunklen Raum hinten in unserer Wohnung und pflegte seine Gesundheit. Eines Abends, als ihm ein befreundeter Clubbesitzer Kokain gab, kam wieder etwas Leben in seinen Körper. Oder zumindest glaubte er das. Also schnupfte er den Rest des Jahres Kokain, wie ein ertrinkender Mann nach Luft schnappt. Er übertrieb es damit, so wie er es mit allem übertrieb. In Woodstock, wo er komponierte, konnte ich ihn im Badezimmer am Ende des Flurs schniefen hören.

»Nimmst du Koks?« fragte ich.

»Nee«, antwortete er, »hab ich aufgegeben.«

In der folgenden Woche behauptete ein Dealer, der bei uns zu Hause vorbeikam, daß man high sein müsse, um komponieren zu können.

»Bullshit«, erwiderte Charles sofort. »Wenn ich zum Komponieren Koks bräuchte, wäre ich kein Komponist.« Als ihn ein Schulmediziner schließlich warnte, daß Kokain seinen Zustand gefährden könnte, hörte er einen Tag später auf. »Drogen finden im Kopf statt«, meinte er und betrachtete das Thema als erledigt.

Das letzte Mal, als wir den Dealer sahen, ging er die Straße entlang. Er blieb einen Moment stehen, um Hallo zu sagen. »Wenn man ausnüchtert, braucht man einen Plan«, meinte der Dealer schulterzuckend. »Ich habe keinen Plan.«

Ein paar Wochen später merkten wir, daß wir auch keinen hatten.

Einen Tag vor Thanksgiving 1977 teilte mir Dr. Greenspan, ein für den Chefneurologen im Columbia Presbyterian Hospital in New York eingesprungener Psychiater mit, Charles leide an Amyotropher Lateralsklerose (ALS) – auch bekannt als Lou-Gehrig-Syndrom, so genannt nach dem Spieler bei den Yankees. Charles habe noch drei bis sechs Monate zu leben.

Dr. Greenspan hielt einen Zeigestock in der rechten Hand, mit dem er über eine grüne, hoch oben an der Wand angebrachte Karte des Körpers fuhr und, als handele es sich um militärische Ziele in einem Krieg, die Nervenpunkte markierte, die bald zerstört sein würden. Nur einen Monat zuvor hatten wir auf Charles' letzter Tour in Arizona in der Lobby unseres Hotels auf einen Fernseher gestarrt und zugesehen, wie Reggie Jackson vier Home Runs für Lou Gehrigs Team gewonnen hatte. Neben uns hing eine grüne Karte von Arizona mit einem »Mingus Mountain« im Norden, von dem man sagte, es wimmele dort nur so vor Gespenstern und Schauplätzen früherer Massaker an Indianern – und wir beschlossen, ihn am nächsten Tag zu erkunden.

Stattdessen erhielt er, als er an jenem Abend langsam über die Bühne des State University Theater in Phoenix, Arizona, schritt, stehende Ovationen für das letzte Konzert seines Lebens, wie sich herausstellen sollte. Arizona war der Staat, in dem er geboren war. Im Süden, fünfundfünzig Jahre zuvor, auf einem Armeestützpunkt in Nogales – damals ein staubiger Außenposten an der Peripherie und auch jetzt kaum mehr als eine Barackenstadt – hatte ihn seine kränkliche Mutter geboren: 4-22-22. Hexen und Mystiker nahmen das Datum sein Leben lang begeistert auf, wie auch die Zahlenmystikerin, der wir zehn Jahre zuvor in einem schicken New Yorker Restaurant begegnet waren.

Wir sagten die Tour ab und flogen nach Hause nach New York. Mit Hilfe von Freunden wurde Charles in dem prestigeträchtigen Neurologischen Zentrum am Columbia-Presbyterian-Krankenhaus aufgenommen. Ich teilte ihm mit, daß der Chefneurologe der Arzt sei, den man gerufen hatte, als Bobby Kennedy erschossen wurde.

»Bobby Kennedy ist doch gestorben, oder nicht?« war alles, was er dazu sagte.

Als der Bassist Red Mitchell das Krankenhaus ein paar Tage später besuchte, bat ihn Charles, auf einem Baß zu spielen, der gerade aus Kalifornien eingetroffen war. Er lehnte unangetastet an der Wand und war eines seiner Lieblingsinstrumente – French Lady nannte er ihn. Red stimmte ihn in Quinten wie ein Cello, so wie Charles es auch tat und spielte »Body and Soul«. Am folgenden Morgen versuchte Charles es selbst, stand ohne Gehhilfe auf. Ich schloß die Augen und betete. Er zupfte ein paar Töne. Dann ließ er die Hand von den Saiten sinken und gab der Schwester das Instrument zurück. Er faßte ihn nie wieder an.

Die ganze Woche über fuhr ich von unserer Wohnung im East Village aus mit dem A-Train ins Krankenhaus. Ich weinte gegen die dunklen reflektierenden Fenster in der legendären U-Bahn nach Harlem, die Duke Ellington und Billy Strayhorn in einer Hymne der Jazzwelt verewigt hatten. »Take the A-Train« hatte Charles zu seiner Kennmelodie gemacht; in dem Sommer, in dem wir uns kennenlernten, hatte er damit seine Sets im Five Spot beendet. Jetzt, da mich der A-Train jeden Nachmittag nach Norden trug, dachte ich an die Jahre des Kampfes, an die Übermacht von Charles. Jetzt endlich hatten wir es geschafft, unser beider Leben zusammenzubringen, und plötzlich tauchte der Tod in seiner Übermacht auf und keine Logik, keine Umarmung und kein Streit mit Geschrei konnte etwas daran ändern. Ich wandte mich vom Fenster ab, fragte mich, ob die Frau, die mich anstarrte, auch traurig war und starrte sie trotz meiner Tränen ebenfalls an. Ich dachte an Charles und versuchte mir vorzustellen, wie ich einem Kämpfer sagen sollte, daß er keine Chance hatte.

Ich rief Sonny Rollins an, den Tenorsaxophonisten, mit dem wir befreundet waren. Er meinte, die Ärzte kennen Mingus nicht. Sie kennen seinen Geist nicht. Mein religiöser Bruder bezog sich auf höhere Mächte; er meinte, Ärzte könnten sich irren. Als ich Celia anrief, eine von Charles' früheren Frauen, antwortete sie ohne zu zögern: »Der Mingus, den ich gekannt habe, hat für die Wahrheit gekämpft.« Trotzdem, ich konnte es ihm nicht sagen. Ich brauchte über einen Monat, bis ich es aussprechen konnte.

Im Dezember 1977 flogen wir in eine moderne, schicke Klinik in der Schweiz, wo prominente Persönlichkeiten, darunter Charles de Gaulle, Winston Churchill und Charlie Chaplin, aus den Organen ungeborener Lämmer gewonnene Zellinjektionen erhalten hatten. Ein New Yorker Arzt hatte uns den Besuch empfohlen: die Injektionen würden ALS nicht heilen, aber sie könnten Charles Nervensystem stärken.

Uns war bewußt, daß Prominente ebenso wie alle anderen Fehler machen, aber wir waren verzweifelt und die Idee klang wie ein über Jahrhunderte gereiftes Volksheilmittel: ein erkranktes Organ mit einem gesunden behandeln. Es essen. Injizieren. Was auch immer funktioniert. Der Arzt meinte, Charles' Herz und seine Lungen könnten dadurch besser arbeiten. Das reichte uns, zumindest für den Augenblick, um aktiv zu werden. Der Kreislauf der Hilfe für Todkranke setzte ein: die ernsthaften neuen Experimente und die Betrügereien.

Am dritten Abend in der Clinique de la Prairie in Montreux erhielt Charles ein Dutzend Injektionen aus den Organen eines ungeborenen Lamms. Lammleberzellen. Lammherzzellen. Lammnierenzellen. Lammbauchspeicheldrüse. Wir teilten ein Zimmer mit getrennten Betten. Charles war zunehmend gelähmt. Die Schwestern kamen regelmäßig und drehten ihn mit Hilfe eines Lakens im Bett.

Am Morgen nach seiner Operation wachte ich früh auf. Die Sonne war noch nicht über der imposanten Gebirgskette draußen vor unserem Fenster aufgegangen. Im Halbdunkel beobachtete ich ihn, wie er im Bett lag. Er wirkte wie gekreuzigt. Er konnte seinen Körper kaum bewegen. Er war am Abend zuvor über einen Zeitraum von drei Stunden mit Spritzen voller Lammzellen durchlöchert worden. Ich merkte, daß er die Augen geöffnet hatte und auch er mich beobachtete. Plötzlich zitterte sein Mund und er stieß ein langes und leises Geräusch aus: »B-a-a-a-a-a-a-a-a-a-…« sagte er.

In der Woche vor Weihnachten kehrten wir nach New York zurück, gerade rechtzeitig, um in unsere neue Behausung, ein staatlich gefördertes Luxushochhaus mit dreitausend Schauspielern und Musikern, zu ziehen. Hunderte von hochgelegenen Wohnungen, die unserer ähnelten, boten einen überwältigenden Blick über die Stadt. Von unserer aus sahen wir auf der einen Seite über den Hudson River und auf der anderen, dem roten Lichterpfeil der Tenth Avenue folgend, direkt hoch zur George Washington Bridge.

Einen Ort zum Sterben in New York zu suchen, unterschied sich nicht von der normalen Wohnungssuche, außer daß das Vorhandensein eines Fahrstuhls für Charles' Rollstuhl und mit etwas Glück auch eine hübsche Aussicht wichtig waren. Von unseren neuen Fenstern im 42. Stock überblickten wir eine beinahe bankrotte Stadt – eine Stadt, deren gescheiterter Versuch, ein Kulturzentrum in der Nähe zu errichten, die Planer des Luxusgebäudes gezwungen hatte, einen staatlichen Vertrag auszuhandeln. Das Gute daran war, daß die schmuddelige Gemeinde darstellender Künstler und Musiker unerwartet davon profitierte. Statt eines aufgedrehten Feuerhydranten, der in der Augusthitze die Straßen New Yorks naß spritzte, hatten wir ein Schwimmbecken von olympischen Ausmaßen, und fünf

Tennisplätze nur eine Fahrstuhlfahrt entfernt. Zwei ehemalige Bandkollegen von Charles hatten sich dort bereits eingerichtet, und der Saxophonist Dexter Gordon zog zwei Stockwerke tiefer mit uns ein.

Als Charles von seinem »Himmelsstuhl«, wie Joni Mitchell seinen Rollstuhlplatz schon bald nannte, nach unten sah, konnte er die Proberäume und kleinen Theater sehen, die überall im Viertel neben schicken Künstlerimbißstuben und Stehcafés aus dem Boden schossen. Eine neue Kultur verdrängte die Drogenszene, die Süßwarenläden, in denen man sich auch spät nachts noch eine Zuckerdosis verschaffen konnte, die einsfünfundachtziggroßen Transvestiten, die die Ninth Avenue entlang stöckelten, und das geschäftige Vergnügungsgewerbe.

Unser Zuhause war jetzt die Tenth Avenue und die West Forty-Third Street, von der *New York Times* aus die Straße runter. Ich mußte daran denken, daß mein englischer Großvater, der zu Beginn des Jahrhunderts sein Vermögen verloren und sich in den Vereinigten Staaten eine neue Existenz aufgebaut hatte, seinen langen Weg nach oben irgendwo in der rauhen Gegend von Hell's Kitchen begonnen hatte, vielleicht direkt unter unseren Fenstern. Siebzig Jahre später hatte ich die Familiengeschichte um drei Generationen zurückgedreht und war zu den höllischen Hexenkesseln zurückgekehrt.

Obwohl wir in eine neue Wohnung gezogen waren, unsere Sachen ausgepackt und uns dauerhaft über der Stadt eingerichtet hatten, gehörten Charles und ich nicht mehr in ihre Zeit oder Bestimmung. Wir waren in eine eigene Ordnung eingetreten.

Als ich in Charles' Studio auf der East Fifth Street ging und seine Sachen packte, holte mich die Zeit ein. Seine Uhrensammlung tickte, lag ausgebreitet auf einem inzwischen mit einer Staubschicht bedeckten Tisch. Es waren nur ein Dutzend Armbanduhren, keine echte Sammlung, nur eine Übertreibung. Beinahe alles, was ihn interessierte, wurde irgendwie zu einer Übertreibung: er bewunderte Größe – das Übergroße – und die Masse. Er übertrieb absichtlich. Er begriff den Wert, der darin lag, zu weit zu gehen. Hätte er noch gelebt, hätten ihm Christos Reichstagsverhüllung oder die über Australien verstreuten Regenschirme gut gefallen. Jemand sagte einmal, alles, was Charles gefiel und was er tat, trage das Markenzeichen »übergroß«.

Hier im Studio, wo wir einst so viele Stunden der Liebe verbracht hatten, waren die Jalousien heruntergelassen und sperrten alle Gefahren draußen aus. Ich warf einen schmutzigen alten Baßkoffer aus Plastik und Stoff weg (seine Koffer waren jetzt aus Leder, handgefertigt, elegant) und hob die Kamerataschen auf, die er sich vor zwölf Jahren über die Schulter geworfen hatte, wenn er mit seinem flotten Klapprad (damals eine Neuheit) über die Lower East Side radelte und Aufnahmen machte, eine professionelle Ausstellung als Fotograf bekam und jedem, den er traf, erzählte, weshalb er 1966 mit der Musik aufhören wollte.

Eine weiche Ledertasche voller Pfeile hing noch immer an der Wand, ein Relikt aus der Pfeil-und-Bogen-Zeit, in der er nächtens die Lower East Side mit schwarzem Pfeffer, einer entladenen Schrotflinte und seinem Bogen bewaffnet durchwanderte – er ging bei seinen Ausflügen in möglicherweise feindlichem Gebiet keine Risiken ein.

Überall verstreut lagen Mitbringsel von unterwegs: ein gewachster Sonnenschirm aus Japan (Tour 1971); grellbunte Strandbadetücher aus einem Urlaub am Meer in Puerto Rico (1973); eine handgenähte afrikanische Stammestracht aus einem Laden, den schwarze Schwestern am St. Mark's Place führten (aus den 60ern); eine antike orientalische Klinge, graviert und in einem Elfenbeinschaft von einem Flohmarkt in Paris. Und der blutbefleckte hölzerne KKK-Stock mit einer Kerbe für jeden gelynchten Neger, den der Tenorsaxophonist Clifford Jordan eines Nachmittags vergessen hatte. Über der Matratze auf dem Fußboden, wo er geschlafen hatte, hing ein Weihnachtskalender von 1972 aus einem Lagerhaus in Harlem, in dem er nach der Zwangsräumung 1966 (die sein Freund Tom Reichman gefilmt und im Fernsehen gesendet hatte) seine Habseligkeiten gelagert hatte.

Ich erinnerte mich an den Abend, als wir mit Tom und seiner jungen Filmcrew zum Pekingentenessen gingen, Charles beschwerte sich grummelnd über einen Haufen Kinder. Nach dem Essen zwängten wir uns alle in Toms offenen Jeep und fuhren in den Village Vanguard, um Miles Davis zu hören. Charles beschwerte sich noch immer, jetzt darüber, daß er sich wie ein Kleinkind in einen Jeep zwängen mußte. Obwohl ich anfing, ihm Recht zu geben, behielt ich es für mich. Ich hatte beschlossen, seine Laune nicht den Abend bestimmen zu lassen. Ich gewöhnte mich noch immer an ein Benehmen, das schonungslos mit den eigenen Gefühlen übereinstimmte. Anders als bei uns anderen, die wir unsere Eltern ernst genommen und gelernt hatten, mit einem Mindestmaß an Beherrschung zu leben, war sein Verhalten direkt und unzensiert. Wenn es jemals rätselhaft erschien, dann nur deshalb, weil unklar blieb, welches Gefühl innerhalb seines immensen Spektrums überwog. Unter der Oberfläche machte sich darüber hinaus seine Phantasie bemerkbar, die immer auf Hochtouren lief.

Er sah mich plötzlich an und sagte »Hör auf!«, während wir weiter in die Innenstadt rasten.

»Wie bitte?« fragte ich.

»Hör auf, Baby!« sagte er wieder mit blitzenden Augen. »Hör auf mit dem Gerede.« Ich hatte keine Ahnung, was an meiner Unterhaltung mit der Crew zu beanstanden gewesen war, also fuhr ich damit fort. Obwohl er manchmal eifersüchtig werden konnte, waren seine Ausbrüche wie bei einem Kind meist sehr schnell wieder vorbei.

Als wir im Vanguard ankamen, sah er seine Freundin Nel King, eine Autorin, die ihm und Dave Brubeck einmal einen hochbezahlten Job verschafft hatte. Sie war als Musikverantwortliche für einen gewagten britischen Film, »All Night Long«, einer modernen Fassung von Othello mit Richard Attenborough und Ian McClellan, engagiert worden. Nel King saß mit drei jungen Männern dort.

»Sie trifft sich auch immer mit jungen Leuten«, meinte Mingus nachdenklich. »Ich frag mich, ob sie sich alleine fühlt, so wie ich.« Nel bahnte sich schwankend einen Weg zu uns und küsste uns beide fest auf die Wangen. Miles Davis kam rüber, wischte Charles Gesicht mit den Händen (rieb seine eigene Schwärze auf Charles' Mischlingshaut, wie Charles später erklärte) und wuschelte ihm durch die Haare. Dann ging Miles auf die Bühne.

Charles lächelte glücklich. »Jetzt fühl ich mich nicht mehr alleine«, sagte er.

An der Studiowand hingen Weihnachtskarten von 1972: eine von Robert Joffrey, dessen Ballettruppe »The Mingus Dances« aufgeführt hatte, choreographiert von Alvin Ailey in der Carnegie Hall in jenem Jahr; eine von dem Tenorsaxophonisten Sonny Rollins und seiner Frau Lucille; und ein Geschenkabonnement für die Gesundheitszeitschrift *Prevention* von Farwell Taylor, dessen Gastfreundschaft in Nordkalifornien Mingus zu dem Stück »Far Wells, Mill Valley« inspiriert hatte. Seinen Tod hatte er erst vor kurzem mit einem weiteren Stück »Farewell Farwell« gewürdigt. Eine Karte von Father Gerry Pocock in Montreal war unterschrieben mit »In a Mellotone« (als Hommage an Duke Ellington). Auf einer weiteren Karte standen Grüße in deutscher Sprache an Charlie Mingus von einer Eva.

Auf dem Boden verstreut lag noch ungeöffnete Post, adressiert an Charles Mingus, c/o Charles M. Holdings (ein Pseudonym, das er einem seiner Titel entlehnt hatte »Once Upon a Time There Was a Holding Corporation Called Old America« – eine Komposition von 1965). Andere ungeöffnete Briefe waren an ihn in Ronnie Scotts Club in London, wo er 1971 aufgetreten war, adressiert.

Ebenfalls an die Wand geheftet hatte er eine Überschrift, die lautete: PASTOR VERHAFTET. ER VERTEIDIGTE SEINEN CADILLAC MIT DER SCHROTFLINTE. Ein Plakat darunter verkündete »Ob arm oder reich, es ist schön Geld zu haben«, Charles hatte unten unterschrieben. Daneben hingen Briefe von seinem Lektor bei Alfred A. Knopf bezüglich der Veröffentlichung von *Beneath the Underdog* und eine Antwort auf seine Bitte, seine Lebensgeschichte möge wie die Bibel mit Goldschnitt verziert und in Leder gebunden erscheinen: in der Marketingabteilung habe man andere Pläne.

In einer staubigen Ecke lagen die Handschellen, mit denen er einmal Michael Harrington und seine Frau aneinandergekettet hatte, als diese eine Cocktail-Party in Greenwich Village zur Sammlung von Spendengeldern veranstalteten. Mingus hatte den weißen Aktivisten bewundert, der sich bei einem Projekt für Chancengleichheit engagierte, aber kaum war er in dessen Wohnung, fühlte er sich von einem in seinen Augen rassistischen Gemälde derart gekränkt, daß er sich in das Schlafzimmer seiner Gastgeber zurückzog und sich auf ihrer Daunendecke ausruhte, bis er die Beherrschung über sich zurückgewann. Als er wieder im Wohnzimmer auftauchte, zog er ein paar Handschellen aus seiner Tasche und ließ sie um die Handgelenke des Aktivisten und dessen Frau einrasten.

Damit war die normale Cocktail-Party beendet und eine andere begann. Das Paar machte das Beste daraus und bewegte sich wohlwollend zwischen den Gästen, er begleitete sie in die Küche, wo sie die Tabletts auffüllten, sie stand neben ihrem Mann, während er Drinks einschenkte. Ungefähr eine Stunde später, als Charles und ich das Paar zu Charles' Wohnung fuhren, wo Charles den Schlüssel für die Handschellen hatte liegen lassen, wurden wir von der Polizei angehalten, weil wir eine Ampel überfahren hatten. Unsere ganze Gruppe wurde aufs Revier gebracht. Das Ehepaar bewegte sich im Krebsgang durch die Tür des Polizeireviers – ihre linken Handgelenke aneinander gebunden. Im Verhandlungssaal gelang es Charles allerdings nicht, den Richter davon zu überzeugen, daß die Umstände und Ereignisse, die dazu geführt hatten, einen Sinn ergaben. Zum Schluß wurden wir alle freigelassen. Charles erhielt einen Tadel vom Richter und ein Strafmandat für die überfahrene Ampel.

Sein mechanischer »Lachsack« lag noch immer neben dem Telefon, ein schrilles Gackern, das eineinhalb Minuten anhielt und das er gelegentlich an seinen Anrufbeantworter anschloß und damit vorübergehend seine eigenen dringlichen Botschaften ersetzte. Eine Schachtel übergroßer schwarzer »Lätzchen« aus Seide – er hatte sie einmal bei einem Schneider in Auftrag gegeben, um damit seine maßgeschneiderten schwarzen Seidenhemden bei seinen nächtlichen lukullischen Festessen stilvoll zu schonen – erinnerten an sein Geschick, sich zu kleiden, lange bevor die Modewelt Babylätzchen passend zu teurer Kleidung entdeckte.

Ich fand einen Streichholzbrief der Carnegie Hall Tavern und hob ihn auf. Vielleicht hatte er ihn nach der Aufführung von Alvin Aileys »The Mingus Dances« eingesteckt, als er zusammen mit Alvin in der Carnegie Tavern auf die Besprechung von Clive Barnes in der Morgenausgabe der *Times* wartete. Das Warten hatte sich kaum gelohnt: es war eine enttäuschende Besprechung, in der die Musik zwar gewürdigt, die Show aber verrissen wurde.

Mittel zum Selbstschutz, physische, spirituelle und literarische, verteilten sich über den ganzen Raum. Eine nagelneue »Schwimmweste für Erwachsene« lag ungeöffnet in Zellophan verpackt herum. Eine Gebrauchsanweisung für einen »St. Charles Jagdköcher« (natürlich hatte er den kaufen müssen) lag zusammen mit einer passenden Umhängeschnur mit Metallpfeife, einem riesigen Suspensorium aus Leder und mehreren kleinen Windlichtern in einer Ecke für seine nächtlichen Rundgänge bereit. In seinem ledernen Pfeilkoffer befand sich außer seinen Pfeilen auch ein Stapel von Büchern, darunter die Vorträge von Swami Vivekananda, das neue Testament und verschiedene Bibelfassungen (voller mit Bleistift notierter Randbemerkungen) sowie *Die Politik Gottes* und ein Italienisch-Amerikanisches Taschenwörterbuch.

Die Mafia spielte natürlich auch eine Rolle. Überzeugt davon, daß ein italienischer Name mehr Eindruck machen würde, hatte er jahrelang seine Geschäftsbriefe mit dem Namen Dominick Antonio Monia unterschrieben. Er hatte den Namen von seinem Besitzer ausgeliehen, dem echten Dominick Antonio Monia. Ich lernte Monia Jahre später zufällig kennen. Er arbeitete gegenüber dem Public Theater in Manhattan. Er bestätigte, in den 60er Jahren tatsächlich 150 Dollar von Charles für die Verwendung seines Namens erhalten zu haben.

Sein Hang zu Übermaß und Übertreibung war noch in jeder Ecke des Raums spürbar. Eine sechs Meter lange amerikanische Flagge lag neben einem ganzen Regal voller Messer. Das hatte er in einem Haushaltswarenladen, in dem er eigentlich ein einzelnes Messer hatte besorgen wollen, von der Wand weg gekauft. Ein großer Pappkarton mit sechzig (sechzig!) Schachteln IBM-Bleistiftminen erinnerte an seine Marathonkomponieranfälle. Und hier lag auch das leere Heftchen mit Hutgutscheinen, das er Anfang der 70er Jahre infolge einer Begegnung mit einem mißtrauischen Herrenausstatter auf der West Thirty-Sixth Street bekommen hatte. Der Betreiber des Ladens hatte sich geweigert, auf den Fünfhundertdollarschein herauszugeben, den ihm Mingus für einen Hut geben wollte. Mingus schlug prompt vor, er solle den Schein im Tausch gegen ein Heft mit Hutgutscheinen zu 35 Dollar das Stück behalten – eine Lösung, die ihm an Ort und Stelle eingefallen war. Immer, wenn er jemanden besonders gut leiden konnte – den Besitzer eines Restaurants, einen Taxifahrer, einen Fan im Club – zog er das Gutscheinheft aus der Tasche und gab großzügig einen Gutschein für einen Hut aus.

Und wieder: eine Zellophanverpackung mit einem »Ringer-Knieschutz«, extra-groß. Eine riesige Schachtel mit Kleenex-Tüchern. Massen von gelbem, handgeschöpftem Schreibpapier lagen neben Kisten gestapelt, die noch immer die leeren Albumhüllen für »Mingus at Monterey« und »My Favourite Quintet« aus unserem Mailorder Club enthielten.

Als ich gerade einen einzelnen schwarzen Lederhandschuh wegwerfen wollte, bei dem der Zeige- und die letzten beiden Finger merkwürdig mit Klebeband in die Handfläche geklebt waren, merkte ich bei genauerem Hinsehen, daß der Handschuh jemandem den Stinkefinger zeigte.

In einem alten braunen gebundenen Buch, eines der dicksten in seiner Sammlung, fiel mir auf, daß die mittleren Seiten des Buchs ganz unverwechselbar in Form eines kleinen Revolvers herausgeschnitten waren. Der Titel des Buchs war *Personal Magnetism*, es war Charles' Geheimfach für eine Waffe.

Seine Preise und Auszeichnungen waren mit Staub überzogen. Er stellte sie nie aus. Nur einmal hatte er in den Monaten, als er Kokain nahm, eine mit flacher harter, glänzender Oberfläche hervorgeholt, um einen Brocken klein zu schneiden.

Eine alte Rechnung von 1967 von der Savoy Garage in Brooklyn, wo er seinen Cadillac untergestellt hatte, bevor er ihn seiner Schwester schenkte, war an einem Flugblatt befestigt, das für »Charles Mingus in Pookie's Pub« im selben

Jahr warb. Pookie's Pub war eine kleine Bar in der Hudson Street, die Straße runter vom Half Note, in die Mingus eines Abends marschiert war, nachdem ihm die Half-Note-Besitzer einen Auftritt verweigert hatten und wo er den jungen Besitzer Pookie überredet hatte, Live-Musik zu veranstalten. Zwei Wochen später war ein neuer Jazz-Club entstanden. Dort trat das Charles Mingus Quartet mit seinem Langzeitschlagzeuger Dannie Richmond, dem Altsaxophonisten Charles McPherson und Lonnie Hillyer an der Trompete auf. Mingus lud die Presse zu einer Party ein und spielte die folgenden drei Monate erfolgreich für Eintrittsgelder. Irgendwann gab es spätnachts wegen fragwürdiger Abrechnungen einen Streit mit Pookie, in dessen Verlauf es zu einer Drohung wegen zertrümmerter Whiskeyflaschen kam, auf die wiederum ein auf wundersame Weise agiler Sprungflug über die Bar folgte (es war während einer seiner vielen Diäten) und das Experiment fand ein Ende.

Ein magnetischer King Tut ruhte in einem Miniatur-Sarg neben einer zerbrochenen Nonnenpuppe aus Keramik, die noch immer eine Locke meines Haares hielt. Wenn alles andere versagte, besann er sich auf Hexerei, setzte merkwürdige selbsterfundene Mittel ein. Voodoo erweiterte die Möglichkeiten, es war ein weiteres Mittel der Verführung oder des Angriffs.

Über dem Küchenherd das »Zitat des Tages« von Leopold Stokowski: »Ein Maler malt seine Bilder auf Leinwand, aber Musiker malen ihre Bilder auf Stille.« Mingus hatte hinzugefügt: »Wir sorgen für die Musik, sorgt ihr für die Stille!«

Ein Zettel, der einmal an seiner Türklingel gehangen hatte: »An alle Mingus-Klingler: Hinterlaßt eine Nachricht, wenn ihr wollt – egal, wer ihr seid. Ich bin weg und betrachte mein Alleinsein, das verschwinden muß, bevor es mich erwischt.«

Ich sortierte Papiere, eine Gestalt im Schatten klopfte mehrfach an die Metallgitter des Studiofensters. Es war der Barkeeper aus der Bar gegenüber, der mir aufgeregt erzählte, Charles habe »aus Europa angerufen«. Er sagte, ich solle »dringend« zurückrufen. Für einen Augenblick fiel ich in das Zeitloch, das ich auf dem Boden ausgebreitet hatte. Dann erinnerte ich mich an Charles' gerissene Verwendung des Begriffs »dringend«.

Vom Münztelefon in der Bar erreichte ich Charles in unserer Wohnung in New York. Er erinnerte mich kleinlaut daran, zwei Packungen Eiskrem auf dem Weg nach Hause mitzubringen.

An jenem Abend rief unser Freund Daniele Senatore an, der italienische Filmproduzent, der inzwischen in Kalifornien war und schlug vor, Charles solle Musik zu T.S. Eliots »Vier Quartette« schreiben und Joni Mitchell den Text dafür überarbeiten und singen. Warner Bros. interessierten sich für die Idee. Danieles eigene Filmprojekte waren ausgefallen und originell: er produzierte Lina Wertmüllers »Mimi in seiner Ehre gekränkt« und Elio Petris »Investigation of a Citizen Above Suspicion«, der für einen Oscar nominiert worden war.

Joni war zurückhaltend. »Ich würde lieber die Bibel umschreiben«, ließ sie über jemanden bei Elektra Records ausrichten.

22. Januar 1978. Dreißig Musiker versammelten sich während eines Schneesturms in den Aufnahmestudios von Atlantic, und Charles saß in seinem Rollstuhl in der Ecke und beobachtete sie. Ich trug sommerliches Weiß unter meinem alten Waschbärmantel, ein sinnloser Protest gegen das Wetter und alles andere. Julie Coryell erschien in Pelzmantel und sommerlichem Weiß und war ebenfalls übelster Laune. Vielleicht fangen neue Stile so an: wenn alle am gleichen Tag stinksauer sind.

Zu den Musikern gehörten zwei Bassisten, drei Schlagzeuger, zwei Bariton-Saxophonisten (Gerry Mulligan und Pepper Adams), die Brecker Brothers und andere, die über die Jahre mit Mingus' Musik zu tun hatten. Der Gitarrist Larry Coryell und Charles sprachen über »Farewell Farwell«.

»Das ist eine wunderschöne Melodie«, bemerkte Larry.

»Ja, sie ist einfach. Direkt«, erwiderte Charles.

»Cis. Das ist meine Lieblingstonart. Alle schwarzen Tasten und C und F. So stell ich mir das vor.« Charles und der Arrangeur Sy Johnson schwiegen.

Der Produzent Ilhan Mimaroglu gab dem Altsaxophonisten Lee Konitz Anweisungen über Lautsprecher, während Lee sein Solo immer wieder wiederholte:

»Das ist in Ordnung. Spiel weiter. Ich hab schon ein paar

gute Solos von dir. Wir brauchen noch ein Baß-Solo. Deins ist nicht so wichtig.«

»Also muß ich nicht spielen?« fragte Lee.

»Du mußt bloß nicht gut spielen«, ließ sich Pepper Adams gedehnt von seinem Bariton-Platz aus vernehmen.

Als ich hinten im Raum neben Charles saß, versuchte ich, daran zu denken, daß sich niemand wirklich nahe ist, damit ich mich nicht so neu und alleine fühlte. Als die beiden Bassisten, die Charles ersetzten, ihre Solos einspielten und während der Session miteinander rangen, versuchte ich meine Tränen zu ignorieren, sie unter meinen Haaren zu verstecken und mich auf die ganze Gemeinschaft der Alleingelassenen und Trauernden in der Welt statt auf mein Gefühl der Einsamkeit zu Hause zu konzentrieren. Der Gedanke an diese Gemeinschaft durchfuhr mich wie ein elektrischer Stromschlag, beruhigte mich in meiner Unmäßigkeit und meiner Wut.

In der Mittagspause hörte ich, wie ein italienischer Kellner zu jemandem sagte, das Leben nehme von einem Besitz und breche einen entzwei wie ein französisches Weißbrot.

Ein paar Tage nach der Aufnahme war unsere neue Krankenschwester Daphne gerade dabei, Charles' Kleidung für die schwierige Fahrt ins Wohnzimmer vorzubereiten. Jeden Morgen befolgten wir das Ritual und achteten auf die Bedeutung von Kleidung. Bevor er vom Schlafzimmer ins Wohnzimmer gebracht wurde, zog Charles seine Nachtkleidung aus und ein sauberes Hemd, frisch geputzte Schuhe und eine extra für den Tag ausgewählte Hose an.

»Wenn ich diesen Ziegenkäse esse, muß ich vielleicht nicht mehr so ...« Charles beäugte Daphne schüchtern und korrigierte sich, »nicht mehr so sehr meinen Darm entleeren.«

»Das ist besser als ›scheißen‹ zu sagen«, stimmte Daphne ihm zu.

»Ja, Daphne. Du bist wie die Kirche. Ist Daphne nicht wie die Kirche?«

»Vielleicht geht's meinen Beinen besser, wenn ich aufhöre zu fluchen. Was meinst du? Weil ich ein Sünder bin ... Ich bin schon alles gewesen, was man sein kann, Ratte, Schlange und Biene. Das nächste Mal will ich im Himmel sein. Man könnte aufwachen und alles mögliche sein...« Er sah Daphne wieder an. »Du könntest ein Stern sein.«

Daphne schob den Rollstuhl näher an sein Bett.

»Nur noch sechs Winterwochen.« Sie warf ihren Kopf zurück, überging das Thema Wiedergeburt und streifte ihm sein braunes Flanellhemd über. »Gestern hat das Murmeltier seinen Schatten gesehen.«

»Aber wer hat das Murmeltier gesehen?« fragte Charles sofort.

Daphne stand in der Mitte des Raums und sah stirnrunzelnd aus dem Fenster. »Die Wetteransager müssen es gesehen haben«, sagte sie.

»Die Wetteransager haben gesehen, wie das Murmeltier seinen Schatten sah!« schrie Charles. »Das ist vielleicht ein Scheiß!«

»Ruf Paul an«, sagte er plötzlich. Er dachte an den Aufnahmetermin. Er hatte den ganzen Morgen an den Aufnahmetermin gedacht. »Sag Paul, er soll herkommen.«

Ungefähr eine Stunde später saß er mit Paul Jeffrey zusammen im Wohnzimmer und hörte sich die Bänder von der Atlantic-Aufnahme an, die schließlich »Me, Myself an Eye« heißen sollte. Sie sprachen über die Leistung der beiden Bassisten.

»Die swingen überhaupt nicht«, sagte Charles ohne Begeisterung. »Sie phrasieren nicht. Sie spielen bloß oben. Sie spielen nicht den ganzen Tonumfang vom Baß. Sie machen keine Pausen – diese langen Pausen...« Er sah Paul finster an. »Und merk dir eins. Da oben spielen sie gar nicht. Sie spielen keine Ideen ... Das Problem mit den ganzen jungen Typen heute ist, daß sich keiner mehr anguckt, was war. Sie legen los, als hätte es eben erst angefangen. Wissen die nicht, daß man wie Jimmy Blanton spielen muß, wenn man spielen will? Daß man wie Oscar Pettiford spielen muß. Daß man wie Charles Mingus spielen muß. Man muß spielen wie alle, die vor einem da waren, und dann, wenn das vorbei ist, dann kann man selbst spielen ... Weißt du, ich wollte früher Pianist werden. Aber an dem Tag, als mir klar wurde, daß ich nicht spielen konnte wie Art Tatum, hab ich's aufgegeben!« Er sah rüber zu Paul. »Dreh lauter, bitte!«

Paul ging rüber und drehte das Abspielgerät noch lauter.

»Das Fagott und die Baßklarinette ...« Charles überschrie das Band. »Die sollen so stark sein wie Harry Carney bei Duke Ellington. Das ist nicht Guy Lombardos Band! Es ist nicht Glenn Miller! Das soll rausstechen wie ein wunder Daumen!« Er schrie so laut er konnte. »Ich will die Grundtöne stärker. Man soll den Baß hören, der führt die ganze Zeit. Man hört immer Duke. Man hört immer Harry Carney ... Daphne!« donnerte er. »Daphne, komm her und bring meinen Arm in Ordnung.«

Daphne rannte von der Küche ins Wohnzimmer und fing an, seinen Arm zu massieren. Charles und Paul richteten ihre Aufmerksamkeit auf eine andere Aufnahme, einen Abschnitt aus »Todo Modo« auf dem Cumbia and Jazz Fusion Album, das erst jetzt veröffentlicht worden war, obwohl Charles es im vorangegangenen Jahr aufgenommen hatte. (Atlantic hatte gerade erst ein Ansichtsexemplar der Hülle geschickt. Sie war in Unterwäscherosa, und im Vordergrund saß ein schwarzer Mann, zehnmal schwärzer als Charles, vor einem Hintergrund aus dschungelrosa Blättern. Der Mann trug dunkle Hosen, ein weißes Hemd und einen schwarzen Gürtel. Er sah aus wie jemand, den wir kannten, aber nicht wie Charles. Als ich Charles fragte, was er davon hielt, meinte er lediglich: »Der Gürtel ist zu schmal.«)

»Todo Modo« war ein längeres, klassisches Stück, das eine ganze Seite der Platte einnahm, die Charles nun täglich hörte. Es war Daphnes Lieblingsstück geworden.

»Siehst du!« rief er eines Nachmittags triumphierend, als sie einen komplizierten Teil in der Küche mitsummte. »Siehst du! Die Musik ist nicht schwierig! Discjockeys und Plattenfirmen sind schwierig! Sie spielen uns nicht. Hör dir Daphne an! Wenn die Leute unsere Musik jeden Tag hören würden, würden sie mitsummen wie bei den Beatles.«

Das Telefon klingelte. Daphne rannte wieder in die Küche.

»Mein Arm kam bei dem Termin wieder ein bißchen in Ordnung«, sagte Charles zu Paul. »Ich hab's gespürt.« Im Hintergrund spielte George Adams Flöte, während Charles seinen Baß im letzten Teil mit dem Bogen strich.

Sues Mutter spielt Harfe in der Sacred-Heart-Klosterschule, Washington D.C. 1915

Sue und ihre Mutter in ihrem Garten in Milwaukee

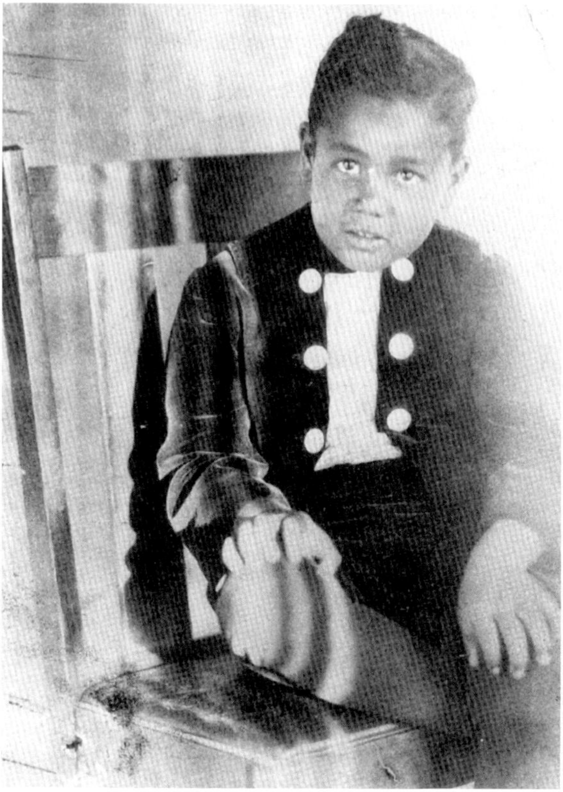

Charles im Alter von fünf Jahren in Watts

Sue im Alter von fünf Jahren mit ihren
Kinderfrauen in Milwaukee

Sue beim Milwaukee-Kotillon 1950: zweite Reihe, dritte von links
© *Milwaukee Journal*

Charles 1950
Foto:
Bob Parent

Charles mit einem Freund während einer Konzertpause
in Europa 1964. *Foto: Robert C. Ragsdale*

Charles mit seiner Band auf Europa-Tournee 1964. © *Mingus-Archiv*

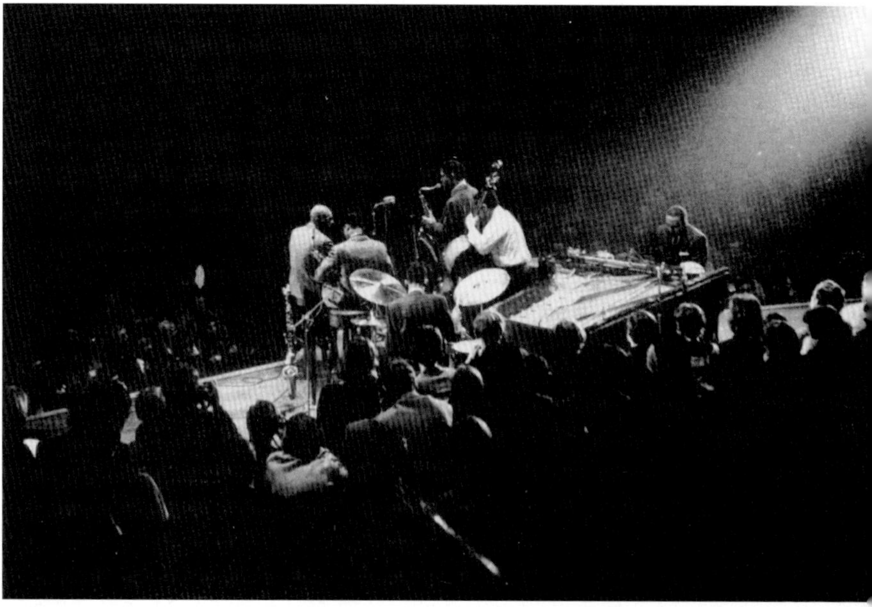

Charles in Monterey 1964
Foto: Celia Zaentz

Sue und der Regisseur Robert Frank 1963 während der Dreharbeiten zu Franks Film »O.K. End Here«

Charles in Motorradkluft mit dem Bassisten Red Callendar, einem alten Freund aus Kindertagen, am Tompkins Square, New York City 1965. *Foto: Teppei Inokuchi*

Das Anwesen
der Hitchcocks
in Millbrook,
New York

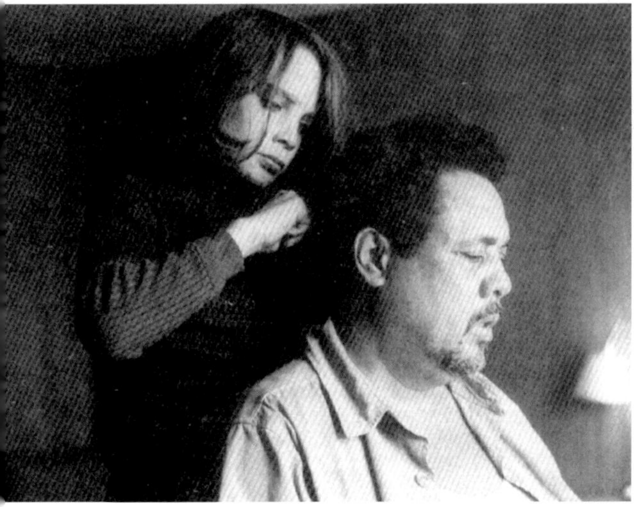

Nach dem
Fröschefangen
in Millbrook:
Roberto
sucht Charles'
Kopf nach
Zecken ab
Foto:
Sue Mingus

Susanna
zu Hause in der
Tenth Street
Foto:
Sue Mingus

Sue und Charles mit der Belegschaft von *Changes* 1973. *Foto: Sy Johnson*

Charles, Sue, Sues Nichte Luciana, Roberto und Alvin Ailey bei den Proben von Aileys »The Mingus Dances« mit dem Robert-Joffrey-Ballett 1971. *Foto: Sy Johnson*

Titelblatt von *Changes*, 15.3.1972

Sue, Charles und Sonny Rollins auf der Party zu Norman Mailers 50. Geburtstag im Four Seasons

Charles zu Hause
beim Komponieren
Foto: Sue Mingus

Notenblatt aus
»Sue's Changes«,
1974

Sues
Überraschungs-
party zu Charles'
Geburtstag
am 22. April 1978
Foto: Sy Johnson

Charles diktiert
Paul Jeffrey
Spielanweisungen
für neue
Kompositionen,
die er gesungen
und mit dem
Kassettenrekorder
aufgenommen hat,
Winter 1978
Foto: Sue Mingus

Im Weißen Haus im Juni 1978: Roberto (teilweise verdeckt von Präsident Carter), Präsident Carter, Mr. Mackie (der Krankenpfleger), Charles und Sue

Sue und Charles zurück in New York nach der Tour durch Nordafrika

Joni Mitchell und
Charles in Mexiko
Foto: Sue Mingus

Eugene gießt den
Zaubertrank aus
Leguanblut in
Charles' Weinglas

Eugene und
Arturo beim Töten
des Leguans

Sue zeichnet einen Kreis des Lebens und streut Charles' Asche in den Ganges, Januar 1979

Pferde am Ufer des Ganges, Januar 1979

Die Mingus Dynasty während der Aufnahmen für ihr erstes Album bei Atlantic, 1980; v.l.n.r.: Jimmy Knepper, Charlie Haden, Dannie Richmond, Jimmy Owens, John Handy, Don Pullen und Joe Farrell

Sue und die Mingus Dynasty in Nordafrika bei einer vom US-Außenministerium geförderten Tour im März 1980; v.l.n.r.: Hugh Lawson, Dannie Richmond, George Adams, Sue, der Oberbefehlshaber der Königlich-Marokkanischen Luftwaffe und John Handy

Die Mingus Dynasty in Argentinien vor einem Fernsehstudio in Buenos Aires; v.l.n.r.: Clifford Jordan, Billy Hart, Roland Hanna und Randy Brecker

Die Mingus Big Band im Fez in New York City, wie sie Stücke von »Blues and Politics« spielt, 2000

Die Weihnachtskarte der Mingus Big Band 1995

Das Mingus Orchester 2000; *Foto: Jimmy Katz*

»Mr. Sonny Rollins«, rief Daphne aus dem anderen Zimmer. Charles strahlte. Er telefonierte sehr lange.

»Ich hab dich nie besonders gut kennengelernt. Ich hab dich einfach gemocht«, sagte er. »Ich hab gehört, du hast von Charlie Parker gewußt … Kannst du dich erinnern, als wir beide zusammen im Five Spot engagiert waren? Ich fühlte mich so geehrt, da mit dir zu sein, Mann …« Als ihre Unterhaltung zu Ende war, schob ihn Daphne wieder ins Wohnzimmer.

»Weißt du, die respektieren unsere Musik nicht«, sagte er unvermittelt zu Paul, so als befänden sich beide noch immer mitten in ihrem Gespräch. »Die Weißen respektieren sie nicht. Und weißt du warum? Weil sie wissen, wo sie herkommt.«

»Von Schwarzen?«

»Nicht von Schwarzen, sondern von dem, was Schwarzen angetan wurde, und von dem Schmerz, den sie erleiden mußten. Und Schwarze leben das immer noch. Weißt du, wenn sie einen durchschnittlichen weißen Mann auf die gleiche Art zu uns rüber verfrachtet hätten, hätte der sich umgebracht. Weil Selbstmord eine sehr einfache Sache ist … Das hab ich von einem Freund von mir erfahren. Ich hab ihn eines Tages angesehen und ich wußte, daß da so ein komisches Funkeln in seinen Augen war, als wolle er einen Riesenwitz reißen. Immer wenn er über mich schrieb, war das wie ein Witz. Aber er hat sich wirklich nicht über mich lustig gemacht, er hat sich über sich selbst lustig gemacht, indem er sich das Hirn weggeblasen hat. Genau das hat er gemacht, hat sich in den Kopf geschossen. Aber er hat nicht mich umgebracht, Mann, weil ich mich nicht umbringen werde.« Er sah zu Paul rüber. »Mit dem Tod müssen wir alle fertig werden.«

»Ich hab's gehört.«

»Und deshalb respektieren sie unsere Musik nicht«, fuhr Charles fort. »Ihnen ist nicht klar, daß Jazz so gut sein könnte wie klassische Musik. Ihnen ist nicht klar, daß er vielleicht sogar die klassische Musik hätte am Leben erhalten können …«

Paul zog ein paar andere Bänder der Session hervor. »Weißt du«, sagte er und legte sie auf den Tisch, »Monk wollte mal, daß ich eine Melodie für seine Tochter schreibe.« Er sortierte die Bänder, während er weiter redete. »›Boo Boo's Birthday‹

hieß das Stück und ich konnte die Tonartwechsel nicht raushören. Also rief ich ihn an, verstehst du – ich meine, ich werd nicht anfangen zu raten. Weil so wie Monk intoniert, Mann, das ist das Schwierigste auf der Welt zum Raushören.«

»Ich weiß, das ist es.«

»Und weißt du, was er mir mal gesagt hat? Er sagte, ›Niemand hat ein absolutes Gehör‹, und weißt du, was er gesagt hat? Er sagte, ›ich kann sie alle durcheinanderbringen‹.«

»Mit den Stimmen!«

»Mit den Stimmen. ›Ich kann sie aus dem Konzept bringen‹, sagte er und dann –«

»Weißt du, da gab's mal einen Pianisten in meiner Band«, unterbrach ihn Charles. »John Foster. Er hatte das absolute Gehör. Aber legt man E zugrunde, Es daneben und noch ein Es obendrauf, dann hört er nichts mehr!«

»Gar nichts mehr!« Sie brüllten beide vor Lachen.

»Sein absolutes Gehör ist weg! Und nicht nur das«, sagte Charles, noch immer lachend. »Niemand hat einen perfekten Rhythmus. Weil Monk einen auch da durcheinanderbringen kann, so daß du glaubst, er hat den Takt geändert. Und Bird! Er hat's geschafft, daß du geglaubt hast, er ist ganz woanders. Er hat einen Takt zu früh phrasiert und dich später mit dem Takt, den er ausgelassen hat, wieder eingeholt! Nein, Mann! Oooooh! Wo sind bloß diese ganzen Musiker, Mann?«

»Die sind weg! Weg!«

»Du hättest im Open Door Club dabei sein sollen, das hätte dich zum Weinen gebracht. Weil Monk wußte, wie er mit Bird spielt. Bud hat nicht richtig mit Bird gespielt. Bud hat zu viele Wechsel gespielt. Aber Monk machte ping … pinky pinky pink … pink … und dann vielleicht einen Akkord … puum … und ich konnte losmarschieren, weißt du, er hat mir Freiheit gegeben … es war ihm egal, er wußte, wo er war … ping … ping … Scheiße – du hättest dabei sein müssen, Baby! Hmmm. Im Open Door auf der Second Avenue. Da haben wir andauernd gespielt.«

»Der hat Bob Moss gehört«, fuhr Charles fort. »Er machte diese Konzerte mit Ben Webster, Coleman Hawkins, Lester Young. Er stellte sie alle zusammen auf, weißt du, und dann sagte er, er will einen lauten Bassisten, weil Ben Webster gesagt hat, ›wenn du keinen lauten Bassisten hast, dann komm ich nicht!‹ Damals hatten sie keine Mikrophone. Keine Mikros und das war mein Ding. Ich war bei Lionel Hampton dabei. Ich konnte meinen Ton vorne raus spielen, ihn direkt rausspringen lassen. Ja, Mann, wenn du einmal gelernt hast, wie's geht, dann schlägst du fest an und kriegst riesige Blasen an die Hand. Ich hab meinen Ton immer rausgeschickt, Mann, und Ben Webster hat sich an diesem Abend in mich verliebt.«

»Die ganzen Typen heute haben ihre Verstärker«, lachte Paul.

»Ja, die wissen nicht, wie man einen Ton hinkriegt«, meinte Charles. »Die wissen nicht, wie man einen Sound hinbekommt!«

»Sie kriegen keinen Sound hin!«

»Sie haben nicht die Klasse dafür!«

»Nicht genug Klasse für den Sound!« Sie lachten, bis sie kein Wort mehr rausbekamen.

»Die machen nur zupf, zupf, zupf, zupf…« Charles lachte immer noch. Er drehte den Kopf soweit er konnte herum zu dem Baßständer hinten im Zimmer. »Siehst du den da drüben?« Er betrachtete den letzten Baß in der Ecke. »Das Stück Scheiße ist durch die Hölle gegangen! Der hat Nat King Cole mitgemacht. Art Tatum mitgemacht, Charlie Parker, Lionel Hampton. Hat Duke mitgemacht – nicht lange – aber er hat Duke mitgemacht. Bud Powell … Scheiiiiißeee!«

»Verdammt!«

»Den hab ich vor langer Zeit selbst gekauft. Es war der zweite Baß, den ich hatte. Ich hab viel teurere Bässe gehabt, aber keinen wie den da. Bill Cosby hat über zehntausend Dollar für den bezahlt, den er mir geschenkt hat. Aber der hat nicht für mich gespielt. Der hat nicht gesungen.«

Er schloß die Augen für einen Augenblick. Auszeit. Paul entspannte sich auf seinem Stuhl.

Immer wieder hatte er Liedzeilen komponiert, Melodien auf zwei verschiedene Aufnahmegeräte gesungen und die Akkordwechsel dazugerufen. Paul machte sich Notizen. Er schrieb alles auf, was Charles sagte. Als sich Charles kurz schlafen legte, übertrug Paul eine der neuen Kompositionen. Er schrieb ein Klavierarrangement, so daß Jimmy Rowles es damit versuchen konnte, wenn er abends vorbeikommen würde.

»Den großen Bird hätte es zerrissen! Er hätte es geliebt! Das ist der Hammer, Mann!« Jimmy Rowles war in unserer Wohnung, saß am Klavier, sprach mit sich selbst, probierte (und hatte Probleme mit) Charles' Musik. Im Moment spielte er die Akkordwechsel zu »Window (Chair in the Sky)«, die Melodie, an der Joni Mitchell zu Hause arbeitete.

»Hey, gib mir noch ne Chance. Jetzt paß auf, Jim!«

Jimmy starrte hoffnungslos auf die Noten, die auf dem Klavier standen.

»Hey da, Musik! Big City, mit dir werd ich schon fertig!« Jimmy sah zu Charles rüber. »Ist es nicht schön, irre zu sein?«

»Ist sicherer«, pflichtete Charles ihm bei.

Unser Lieblingspfleger Mr. Mackie (dessen beharrlicher Optimismus und Moralpredigten allmählich nicht mehr überzeugend wirkten, zumindest nicht, was mich anging) massierte Charles' Gliedmaßen und erzählte ihm, wie stark seine Beine seien.

»Drücken Sie sie runter, Charles. Drücken Sie sie gegen mich. Sehen Sie, wie stark sie sind. Mein Gott, kommen Sie her, Sue! Versuchen Sie, das Bein da zu beugen. Sehen Sie? Sehen Sie, wie stark er ist? Wollen Sie es noch mal versuchen?«

Charles, der sich freute, tat so, als mache es keinen Unterschied. »Mir egal«, brummelte er.

Ich stand auf und ging raus.

Mr. Mackie blieb beharrlich: »Je mehr Übungen er macht und je mehr Massagen er bekommt, desto besser wird es … Es könnte ein Wunder geschehen.«

In der Nacht, nachdem er Charles ein weiteres Mal gedreht und seine Hände zurechtgelegt hatte, sagte Mr. Mackie mit größter Zufriedenheit: »Solide!« Ich wachte gerade genug auf, um ihn zu fragen, wo er einen so hippen Spruch her hatte, der doch so eng mit der Welt des Jazz verbunden war.

»Das ist ein Ausdruck«, erklärte mir Mr. Mackie belehrend. »Er bedeutet okay. Man verwendet ihn, wenn jemand etwas gut gemacht hat.«

»Das heißt nicht ›okay‹«, raunte Charles herablassend im Dunkeln. »Es bedeutet ›sehr gut‹!«

Kurze Zeit später jaulten die beiden wie zwei alte Hyänen wegen Charles' überdimensional großem Schlafanzug. Der Schlafanzug war aus indischen Baumwollpumphosen genäht, die einmal für einen Kostümumzug auf dem Anwesen der Hitchcocks in Millbrook gefertigt worden waren. Charles war fürstlich in seinen Pumphosen im Kreis der Nachtschwärmer marschiert, die sich durch den Wald zu einer Höhle schlängelten, wo eine Theateraufführung stattfinden sollte. Das I Ging wurde gelegt, mystische Verse wurden gesungen und im Wind flatterten die langen Kleider schöner junger Frauen, die wie lebendige Statuen hoch oben auf dem marmornen Absatz standen und lange, in der Nacht flackernde Kerzen hielten. Tim Leary hatte aus Hermann Hesses *Steppenwolf* vorgelesen, Schauspieler bewegten sich über die Bühne und der Schatten unseres deutschen Schäferhundes Muttley thronte wolfsartig über den Ereignissen. Ein Fotograf von der Zeitschrift *Life* machte Bilder für die kommende Ausgabe.

Von dem festlichen Umzug blieben nur die elefantösen weißen Hosen übrig, die im Nähraum der Küche des Anwesens in einer Zeit entstanden waren, in der wir alle glaubten, uns im Zentrum der Dinge zu befinden. Jetzt lachten sich Charles und Mackie schief wegen der Weite seiner Hosen.

Mitten in ihrem Gelächter klingelte das Telefon. Unser Freund Daniele Senatore rief aus Rom an. Es mußte bei ihm längst nach Mitternacht gewesen sein, vielleicht hatte er getrunken. Er sagte, die Russen hätten eine Behandlungsmethode für ALS gefunden und in Russland seien drei Menschen geheilt worden. Er fragte nach dem Namen der Krankheit auf lateinisch und erzählte von Medikamenten, die er mitbringen wollte. Wir kamen überein, nicht zu früh zu hoffen, nicht bevor wir nicht sicher etwas wußten. Trotzdem fühlte ich mich leichter ums Herz. Ich lächelte die ganze Nacht. Es wäre natürlich ein Wunder, aber es wurden schon Menschen dem Höllenschlund entrissen. Weshalb nicht wir? Jetzt konnte ich Charles die Wahrheit sagen und es würde ein Happyend geben.

Am nächsten Tag rief Daniele aus New York an. Seine Stimme klang schnell und nervös. »Ich habe gute Nachrichten«, verkündete er. Er sprach über den Aufnahmetermin mit Joni Mitchell. Mir wurde klar, daß es kein Wunder gab.

»Das ist toll«, sagte ich mit kalter und gezwungener Stimme. »Und was ist mit dem anderen?« fragte ich auf italienisch.

»Sie schicken Medikamente«, sagte er.

»Aber gibt es wirklich Heilung?« fragte ich.

»Es gibt Heilungsmethoden für drei Arten Sklerose«, sagte er. (In der Nacht zuvor hatte er gesagt, drei Menschen seien geheilt worden.) »Es gibt aber zehn verschiedene Arten.«

Ich war so deprimiert, daß mich Charles sogar darauf ansprach, als ich mich zu ihm aufs Bett setzte.

»Bist du geschlaucht?« fragte er.

»Ich glaub schon«, erwiderte ich.

»Morgen geht's dir besser«, sagte er.

Morgen würde ich ihm die Wahrheit sagen.

SECHS

»Entspann deinen Körper, schärfe deinen Verstand und sei cool.«
Hambone, Bebop-Posaunist aus Kalifornien

Es war Ende März 1978, beinahe schon Frühling. Wir saßen auf unserem Balkon und starrten in die Sonne, die blutunterlaufen über dem Fluß hing wie das Auge der Medusa, die Stadt lähmte und ein paar tausend Hochhausfenster für einen letzten blendenden Moment vor der Dunkelheit erleuchtete.

»Ich hab von den ganzen Hexen geträumt«, erzählte Charles von seiner Ecke des Balkons aus, nachdem der Horizont verschwunden war. »Mamie Pleasant und Hazel Scott. Sie wollten mich als Hexer.« Er saß in seinem Rollstuhl, sein Kopf hing über die Halsstütze. Seine Schultern unter dem schwarzen Stoff seines afrikanischen Gewands wurden spitz und knochig, er hatte sie um seinen Hals hochgezogen wie ein großer schläfriger Vogel seine Flügel.

»Und bist du mit ihnen gegangen?« fragte ich. Ich kannte die Sängerin Hazel Scott – sie war vor kurzem mit ein paar magischen Amuletten und drei Sorten Eiskrem vorbeigekommen –, aber wegen Mamie Pleasant war ich mir nicht sicher.

»Ich war zu alt für sie«, sagte er. »Ich meine nicht vom Alter her, sondern weil ich schon so oft geboren wurde und gestorben bin.«

Einem Freund erzählte er am Telefon, daß er »auf Godot warte« – daß seine Träume voller Hexen, Teufel und Heiliger seien. Innerlich fühle er sich großartig, aber sich nicht bewegen zu können, sei wie in Handschellen zu stecken.

»Es waren schlechte Träume«, fuhr er fort, nachdem er aufgelegt hatte. »Hexen unter der Erde wollten Besitz von mir ergreifen. Ich hab einmal mit Katherine Dunham hier in New York beim Voodoo-Kult mitgemacht. Hazel Scott gehörte zu ihnen. Meine Träume…« Er machte eine Pause.

»Als das Leben begann, war ich da. Ich weiß das jetzt. Mir fehlt etwas hier auf der Erde, das ich vermißt habe. Ich komme immer wieder zurück. Diese ganzen Mischungen – ein Viertel Chinese, ein Viertel West-Inder, ein Teil schwarz, ein Teil weiß, diese ganzen Mischungen. Meine Identität ist vermischt mit Beethoven, Bach und Brahms. Das kommt dir vielleicht verrückt vor, aber das stimmt. Ich warte auf Godot…«

Wir saßen im Dunkeln zusammen. Ich hörte ihn mit brüchiger Stimme summen. Nur ein kleines bißchen.

»Du siehst entspannt aus.«

»Bin ich auch. Ich habe gute Leute um mich herum.«

»Ja«, stimmte ich zu und dachte an die Schwestern, dachte auch, daß er vielleicht mich meinte.

»Oscar Pettiford, Duke. Ich hab sie heute gesehen«, fuhr er fort. »Draußen im anderen Zimmer. Ich hab keine Angst mehr. Weißt du, als ich in Yale war, bevor Duke gestorben ist, hat er mich ein paar Mal angesehen. Auf besondere Weise. Einmal als er eine Hintertreppe hochgetragen wurde – er konnte damals keine Treppen mehr steigen. Naja, und heute hat er mich genauso angesehen. Und ich hab Butter gesehen. Und Harry Carney. Und Ray Nance. Und Bird…«

»Ich liebe dich«, ich legte meine Arme um ihn.

»Rosen für dich.« Er lächelte.

Am nächsten Morgen standen die Geister wieder am Fuß seines Bettes. Er begegnete ihnen mit derselben Vertrautheit wie seiner musischen Begabung oder den Melodien, die immer auf den Tasten seines Klaviers auf ihn warteten, wenn er mitten in der Nacht aufwachte und sich im Dunkeln ans Klavier tastete, um zu komponieren. Jedenfalls war das vor seiner Krankheit so gewesen.

Sein Baßspiel jedoch war etwas anderes: die acht Stunden pro Tag, die er darauf verwendete, einen Finger zu stärken, Meisterschaft und Virtuosität – das alles schrieb er sich selbst zu. Aber die Melodie, sagte er, kam von Gott. Ich stellte mir vor, daß die Geister in unserer Wohnung Teil dieser Verbindung waren.

»Buh«, rief er verschmitzt vom anderen Bett aus. »Willst du rüberkommen?« Bevor die Morgenschwester kam, kroch ich in das gemietete Krankenhausbett neben meinem eigenen und schlang meine Arme um seine immer dünner werdenden Schultern. Die Schwestern hielten wie Geistliche oder Ärzte Abstand; sie hatten gelernt, sich nicht einzulassen. Auch ich gab mich tagsüber aufrecht und standhaft wie die Schwestern und verbarg meine Gefühle. Nachts aber stellte ich mir vor, wie ich Charles umbringen könnte. Zum Beispiel hätte ich ihn bewegungsunfähig und festgezurrt, wie er war, mit nach Woodstock nehmen können, wo ich Robertos Jagdgewehr hätte säubern und ihm aus Versehen damit ins Gesicht schießen können. Wie das französische Mädchen in Aspen, das einen Skiläufer tötete und sechs Wochen Gefängnis dafür bekam. Ich würde dem Richter meinen moralischen Standpunkt erklären – weshalb die Welt Charles einen leichten Tod schuldete. Oder ich würde Charles sagen, daß wir das Syndrom der Einsamkeit-Im-Tod, vor dem uns der Psychiater in der vergangenen Woche gewarnt hatte, vermeiden könnten, indem wir einfach in den Wagen stiegen und von der Straße abkamen.

»Ich bleib und vögel weiter, Mama!« Seine Stimme drang durch die Wohnung, voller Mingusleben. »Ich kann's nicht lassen, Mama, auf keinen Fall!«

Oder ich könnte ihm Pillen besorgen, stellte ich mir vor – ihm etwas besorgen, damit er Selbstmord begehen konnte. Aber dann dachte ich an die ruhelosen Seelen, von denen man sagt, daß sie auf der Erde herumirren, und ich erinnerte mich, wie Charles aus dem Schlafzimmer rief, als ich noch spät abends in der Küche saß und an Korrekturfahnen arbeitete, daß ihn der Geist einer Frau im angrenzenden Zimmer beunruhigte und ihm den Schlaf raubte. Später erfuhren wir, daß vor langer Zeit eine Frau am Ende des Gangs vom Dach gesprungen war. Jetzt war sie wieder da: einer dieser unverwüstlichen, ruhelosen Geister, die ebenfalls schlecht schlafen konnten.

»Ruf Dizzy an!« ertönte Charles Stimme noch einmal aus

dem Schlafzimmer. Ich ging hin, um zu sagen, daß Dizzy Gillespie bereits angerufen hatte und später zu Besuch kommen würde. Charles strahlte vor Freude.

Sie hatten die Woche zuvor miteinander gesprochen.

»Geh besser nirgendwo hin, bevor ich da bin«, hatte ihn Dizzy am Telefon gewarnt. »Mach keinen Scheiß...«

»Mein großer Zeh ist taub geworden«, hatte Charles ihm erzählt. »Und dann noch ein Zeh. Und jetzt das ganze Bein. Und mein Arm. Das ist ne Nervensache.« Es machte ihm nichts aus, mit Dizzy die Sachlage zu besprechen. »Manche Leute glauben, es gibt was, das hilft.«

»Es macht dich langsam bewegungsunfähig ... du kannst deine Hände nicht mehr benutzen ... Ich beeil mich besser und besuch dich, du Arsch, bevor du auscheckst«, hatte Dizzy gesagt. »Du sitzt im Rollstuhl? Du bist scheiße dran, Nigger.«

»Ich komm schon raus, wenn's nicht so viele Treppen gibt.«

»Was macht dein Gewicht?«

»Hab eh nicht soviel Appetit.«

»Hast du einen Entsafter?«

»Ja ... Wie geht's deiner Frau?« fragte Charles.

»Der geht's gut ... Ich komm diese Woche vorbei.«

»Ich liebe dich.«

»Mach keinen Scheiß«, sagte Dizzy.

Charles lächelte. Er erinnerte sich an ein Konzert in Europa vor langer Zeit, als Dizzy auf der Bühne stand und spielte. Charles stand in einiger Entfernung davor und dachte über Dizzys Bedeutung nach und hoffte, Dizzy würde ewig leben. Obwohl er ihm den Rücken zugekehrt hatte, drehte sich Dizzy plötzlich um und fragte laut, woher die ganze Liebe kam, die er spürte. Dann sah er Charles direkt an.

»Du liebst mich wirklich, stimmt's?« sagte Dizzy. »Ich hab mich gerade gefühlt wie im Himmel!«

Ich dachte, daß auch ich Charles Blick spüren konnte, daß auch ich den Mut und die Sturheit eines ganzen Lebens fühlen konnte, mit denen er sich über Hindernisse und über die schreckliche Lähmung hinwegsetzte, und die mich mit ihrer ganzen Kraft wärmten.

Das Kraftfeld um ihn herum glich dem des Jupiter, wie ein

Freund einmal bemerkt hatte, und es war mit seiner Krankheit nicht schwächer geworden. Sogar im Rollstuhl, wo er dem Summen einer Fliege und einem plötzlichen Sonnenstrahl ausgeliefert war, nahm seine Entschlossenheit nicht ab.

In der Woche zuvor, als eine Freundin, die unter Depressionen litt, aus ihrem Loft im dritten Stock anrief und ankündigte, sich vom Balkon stürzen zu wollen, zögerte er nicht mit seiner Antwort.

»Sag ihr, sie soll herkommen«, meinte er. »Wir wohnen vierzig Stockwerke höher.«

Auch Roberto tat seine Meinung kund: »Mit Selbstmord drohen zeugt von schlechtem Geschmack. Das ist der Versuch, Schuld zuzuweisen. Das ist schlechter Geschmack.«

Kein nennenswertes Mitgefühl von unserer Seite. Der Arrangeur Sy Johnson erklärte, wie beschwingt ihm alles schien, als er vorbei kam, um ein Interview für den *Smithsonian* zu machen. »Ich fühlte mich beschissen«, sagte er. »Mingus hat mich wieder aufgeheitert.«

Seinem Sohn gegenüber, der vor Jahren mit Selbstmord gedroht hatte, war Charles genauso hart. Charles jagte einen Brief los, in dem er die verschiedenen Möglichkeiten auflistete – er gab ihm Ratschläge, zum Beispiel die Seilstärke betreffend (Punkt 29) oder ob es eine Schlinge sein sollte und merkte am Schluß an, daß seine Gemälde nach seinem Tod mehr wert wären.

Er nahm der Angelegenheit das Dramatische und verwandelte sie in ein jämmerliches Ereignis. Es funktionierte.

Auf dem Friedhof, der in einem geschlossenen Raum zu sein schien, suchten wir am Boden nach seiner aufgebahrten Leiche. Der Gottesdienst war in vollem Gange – das Haus war vollgedrängt. Jemand schrie mich an. Vielleicht war Charles zu schwer für den Sarg. Aber sie behaupteten, sie hätten ihn mühelos reinbekommen, nur ein bißchen zurechtgebogen.

Im Halbdunkel erwachte ich aus meinem Traum und blickte durch den Raum. Charles starrte mich an.

»Dieses Chlorhydrat taugt einen Scheiß«, sagte er. »Wir sollten Dr. Aldin sagen, daß es überhaupt nicht wirkt. Ich hab neulich abend acht davon genommen, ich hab versucht mich umzubringen und nichts ist passiert. Ich bin nicht mal eingeschlafen.«

»Es hat nicht funktioniert?« fragte ich mit heiserer, noch vom Schlaf benommener Stimme. Hatte er wirklich versucht, sich umzubringen? Ich spürte die Erleichterung einer nicht eingetretenen Katastrophe. Auch war ich verärgert. Er hatte meine Gefühle nicht berücksichtigt, hatte überhaupt nicht an mich gedacht. Meine Zukunft oder die von irgendjemand sonst spielte bei seinen Überlegungen keine Rolle. Ich versuchte, meine Verärgerung als etwas zu behandeln, an dem ich mich festhalten und das mir Gesellschaft leisten konnte, wenn ich alleine gelassen würde. Etwas, um den Absturz in die nackte Einsamkeit aufzufangen.

»Du hast also versucht, dich umzubringen?« fragte ich schließlich, da ich wußte, daß er darauf wartete, daß ich es tat. »Warum hast du das getan?« Ich wußte, wenn ihn fünfzehn Doredons nicht umbrachten (die hatte er früher schon mal genommen, natürlich um seine Schlaflosigkeit zu bekämpfen), dann mußten acht dieser schwächeren Pillen wirkungslos bleiben. Ich war sicher, daß auch er das wußte und daß er nicht versucht hatte, sich umzubringen, sondern nur über die Möglichkeit nachgedacht hatte. Er hielt es in Reserve als Fluchtweg und probierte die Idee erst einmal an mir aus, um sie einschätzen zu können.

»Meine Hände sind tot«, sagte er nüchtern.

Sein Sterben war schwer und würdevoll, so realitätsverankert wie Camus. Als ich erwähnte, daß ein Geistlicher angerufen hätte und vielleicht vorbeikäme, schwieg er. Er hatte die Bibel in letzter Zeit nur als Gewicht benutzt, um das feuchte Thermoheizkissen fester auf seine Haut zu pressen.

»Vielleicht werde ich wieder gesund«, sagte er, »oder das Gegenteil.«

»Eins von beidem.«

Ich gehe auf ihn zu und berühre ihn, lege meinen Kopf auf sein Knie, bringe ihm Trauben. Ich habe den Hoyerlift wieder bestellt und die Schlinge. Daphne und ich können ihn nicht mehr bewegen, er hat sich in totes Gewicht verwandelt. Noch immer hat er das Kommando, ruft Zahlen, die Uhrzeit, gibt den Rhythmus an: »Eins zwei drei«, wie er es früher auf der Bühne getan hatte. Bei »vier« heben Daphne oder Mr. Mackie und ich ihn mit den Schultern unter seinen Achseln in eine stehende Position.

Paul und Charles reden darüber, wie es mit der Musik weitergeht, ob Charles selbst auftritt oder nicht.

»Schließlich und endlich«, erklärt Paul, »welches Instrument hat denn Stravinsky gespielt?«

»Der hat mit dem Bleistift gespielt«, lacht Charles.

Heute hat er drei neue Melodien gesungen – einen Blues und zwei Balladen. Er benutzte ein Metronom, um den Takt zu halten.

Gestern, in einem Moment der Frustration, richtete er seine Aufmerksamkeit wütend auf meinen Vogelkäfig im Wohnzimmer und beschwerte sich, daß er staubig und voller Federn sei und seine Atmung beeinträchtige. Das Ergebnis war, daß meine Tauben in einem winzigen Käfig im hinteren Zimmer neben meinem Schreibtisch Asyl suchen mußten. Gezwungenermaßen nahmen sie dort ihr altes Leben wieder auf, wobei die eine wie immer auf ihren unbefruchteten Eiern und die andere auf einer Holzsprosse saß. Wie Charles gewöhnten sie sich an ihre neue Unterkunft, an ihre eingeschränkte Bewegungsfreiheit, an die mörderischen und sinnlosen Angriffe auf ihr Wohlbefinden.

Gestern abend ging ich nach Mitternacht kurz zu Freunden zu Besuch im selben Gebäude. Unter den Gästen befanden sich auch eine schwarze Schauspielerin mit großen Brüsten und extravaganten Schuhen, die mit einem wohlhabenden Playboy aus Rom verheiratet war, der Geschäftsführer eines New Yorker Jazz-Clubs, ein oder zwei Musiker und/oder Schauspieler. Die Gastgeberin hatte eine Menge Koks und legte immer wieder Lines, reichte einen zusammengerollten Geldschein herum, bot dicke Grasjoints an und wartete, daß ihr Mann nach Hause käme, was er nicht tat. Jedes Mal wenn ich auf dem Tisch nach Streichhölzern suchte, zerstörte ich irgendjemandes Kokshäufchen. Ich sprach mit so gut wie niemandem. Das wahre Leben, ob hip oder gewöhnlich, ist meinem gegenwärtigen Dasein so entrückt wie die Träume einer anderen Person.

Max Roach sagte am Telefon: »Bleib stark.« Ich erzählte ihm, immer wenn die Rede auf einen Schlagzeuger kam, würde Charles sagen: »Ja, aber Max Roach ist er nicht.« Ich fragte ihn, ob er helfen könne, Aufträge zu beschaffen, damit Charles beschäftigt bliebe – Charles hatte immer für ein Symphonieorchester komponieren wollen. Eine ähnliche Nachricht hinterließ ich für Gunther Schuller, Zubin Mehta, Seiji Ozawa, Leonard Bernstein. Nur aus Bernsteins Büro wurde zurückgerufen. Ich sprach mit jemandem von der New Yorker Philharmonie. Ich versuchte es bei Alvin Ailey. So was passiert nicht über Nacht, wie man sagt. Eine der Kammermusikgruppen, die ich ansprach, meldete sich. Sie meinten, sie wollten im kommenden September ein Angebot machen. Ich erklärte ihnen, jetzt oder nie. Die Kubanische Gesandtschaft der Vereinten Nationen rief an, um eine Tour für den nächsten Oktober zu vereinbaren. Ich teilte ihnen mit, sie kämen ein Jahr zu spät.

Sein schwerer Arm umschlingt meine Taille wie ein Anker gegen das Alleinsein; sein totes Gewicht, seine Wärme und sein unregelmäßiger Atem umfassen meinen Rücken wie ein Rettungsring. Wir liegen zusammen im dunklen Morgen, wenn die Schwester die Laken zurechtzieht oder das Bett hochkurbelt und ich lege mich in den Kissen so zurecht, daß meine Schulter nicht so hart gegen den kalten Stahl des Bettes drückt und das Gewicht des leblosen Arms auf meinem Bauch abgefangen wird. Ich liege im trüben Licht und wache über das Metall, die Ketten und Gitter, die unsere gefährdete Umarmung in diesem grabgleichen Raum zusammenhält. Wie selbstverständlich es schon erscheint! Das Drum und Dran seiner Krankheit hat sich in Ornamente verwandelt, die zwischen den Pflanzen und der sizilianischen Volkskunst aufblitzen. Der glänzende Hoyerlift ist für uns so normal geworden wie die Schlinge am Galgen für den Henker. Vor nur sechs Monaten noch wollte ich den Metall-Lift verstecken und bunte Decken über den Stahl des Bettes werfen. Jetzt scheint selbst die Hilfe der Schwestern und Pfleger an den äußeren Grenzen unserer Intimität unserem Bewußtsein so weit entrückt, so vertraut und unbeachtet, wie das ständig wechselnde Licht, das durch die Fenstervorhänge dringt.

Auf meinem Schreibtisch ein Durcheinander an Zuversicht, Kapitulation und alltäglicher Plackerei: eine Einladungsliste für Charles' Geburtstagsfeier am 22. April (wenn er noch lebt), eine Erinnerungsnotiz für den Kauf eines seidenen Schlafanzugs (er hatte mal gesagt, daß er darin beerdigt werden wolle), eine Erinnerung daran, einen bestimmten Freund anzurufen und ihn zu bitten, die zwei Dutzend Doredon, die er sich einmal geborgt hatte, wieder zu ersetzen.

Wenn er aufgibt, erschieß ich ihn vielleicht. Wenn nicht, wird er einen ganzen Eimer voller Pillen brauchen.

Am 2. April gab Charles eine Überraschungsparty für mich, die er aus seinem Rollstuhl heraus organisiert hatte. Er schenkte mir etwas, das ich mir mein ganzes Leben lang gewünscht hatte – eine komplette Ausgabe des Oxford English Dictionary mit allen dreizehn Bänden. Es war einer der wenigen Anlässe, bei denen ich die Beherrschung verlor. Auf der Party las Roberto vor den versammelten Gästen laut vor, was Charles ihn gebeten hatte, hineinzuschreiben. Roberto hatte es in Druckbuchstaben in den ersten Band geschrieben, da Charles nicht mehr schreiben oder einen Stift halten konnte.

FÜR SUE
DER BESTEN FREUNDIN DIE ICH JE HATTE
IN LIEBE CHARLES

Ich brach vor allen anderen in Tränen aus.

Charles zieht wie gewöhnlich jeden Morgen saubere, makellose Kleidung an, glänzende Schuhe, frisch gebügelte Hemden – er wählt Farben aus oder stellt Kombinationen zusammen, die ihm an diesem Tag gefallen und fährt damit im Rollstuhl vom Schlafzimmer ins Wohnzimmer. Wer hätte sich einen Tag vorstellen können, dessen Höhepunkt darin besteht, sich bei »All in the Family« vor dem Fernseher kaputt zu lachen? Wer hätte sich vorstellen können, daß diese Sitcom alles, selbst Charles' eigene Genesung möglich scheinen ließ? Abgesehen von einigen Victor-Mature-Gladiator-Filmen, die er mit meinem Sohn Roberto in dessen Teenagerzeit gesehen hatte, schaltete er nie den Fernseher an. Er ging direkt ans Piano. Aber da saß er, Charlie Mingus, und freute sich auf die Nachmittagswiederholungen von Archie Bunker.

Ich kann mich erinnern, daß mir Monster Movies und Horrorstreifen einmal zu gruselig waren. Jetzt konnte mich nichts mehr beunruhigen. Das Schlimmste war bereits geschehen. Es war befreiend wie ein heftiger Wind, der alles hinwegbläst. Hat man erst einmal zugesehen, wie sich der eigene Ehemann von einem der körperlich präsentesten, dynamischsten Männer, die einem je begegnet waren, in einen im Rollstuhl sitzenden Krauskopf verwandelt, ohne dabei seine Anziehungskraft, seine Leidenschaft oder Begehrlichkeit zu verlieren, dann erscheint einem gar nichts mehr merkwürdig. Man hört auf, in Begriffen von normal oder abnormal zu denken. Das Undenkbare ist normal geworden, es gehört zum Tag wie das Frühstück.

Am 22. April, drei Wochen nach mir, hatte Charles Geburtstag. Früh am Morgen, bevor er aufwachte, schmückten wir die Wohnung mit Trauben, Charles' Lieblingsimbiß. Ich hatte am Tag zuvor siebzig Pfund bestellt, große dunkle Trauben und grüne kernlose. Als wir in der Morgendämmerung herumschlichen und das Ereignis vorbereiteten, verwandelte sich unser Wohnzimmer rasch in einen lebendigen Dschungel. Seine Kinder, die zu Besuch waren, Carolyn und Eric, sein Neffe Henry und unser Pfleger Big George – wir alle hingen Trauben an den Vogelkäfig, das Weinregal und die Lampen. Wir befestigten sie am Holzrahmen des Baßständers wie an einer Weinrebe, Trauben lugten aus Pflanzen hervor, quollen aus Blumentöpfen, lagen in Körben und Schalen. Sie thronten auf Lautsprechern und auf dem Spirituosenschrank. Sie verwandelten den Eßtisch und das Klavier. Sie baumelten vom Sockel der Holzstatue und hingen am Kerzenleuchter. Sogar an den Fenstergriffen wuchsen Trauben.

Als Charles in den Raum kam, lachte er laut und aß eine

ganze Stunde lang Trauben, erklärte Big George, aus welcher Schale, von welcher Platte oder Pflanze er die nächsten Trauben haben wollte – obwohl alle gleich waren – und kaute ernsthaft und zufrieden.

Um sechs Uhr abends dann begann die Überraschungsparty. Die Gäste, die draußen im Flur gewartet hatten, strömten alle auf einmal herein, beladen mit Essen, Geschenken, Blumen und Wein und einer riesigen Erdbeersahnegeburtstagstorte, die sich wie ein Monument auf einer mit Alufolie umwickelten Platte erhob. Unsere Künstlerfreunde Mel und Jeannie hatten sie gemacht. Charles war im Wohnzimmer und sah mit den Kindern, Big George und Muttley fern. Die Sonnenstrahlen, die durch die Balkonfenster drangen, warfen noch Licht auf die riesige Grünpflanze auf dem Klavier. Charles sah mit seinem wunderschönen Lächeln hoch. Leise und mit großer Freude sagte er: »Die Schlampe hat ne Party organisiert!«

Als er Izzy bemerkte – einer der Stammgäste aus dem Bradley, unserer alten Kneipe –, der unsicher vor seinem Rollstuhl stand, sagte er grinsend: »Willst du nicht meine Hand nehmen, sie schütteln und Hallo sagen?«

Die Party dauerte bis drei Uhr morgens. Mit ein paar Musikern, Daniele und einigen italienischen Nachzüglern ließen wir die letzten Stunden mit Debussy, Prokofjew, Beethoven und Mingus ausklingen. Wir hatten drei Kisten Champagner, riesige Mengen Weißwein und Schnaps getrunken.

Als ich am Abend nach der Party mit Muttley in meinem alten Pelzmantel spazieren ging und mein trauriges Gesicht in der Dunkelheit nicht zu erkennen war, rief jemand aus einem vorbeifahrenden Wagen: »Wartet jemand zu Hause auf dich?« Ich fragte mich, ob ich eines Tages so allein sein würde, daß ich auf einen solchen Satz anbeißen würde. Muttley und ich gingen die Tenth Avenue hoch, das Wetter war beinahe mild, der Schnee schmolz in den trostlosen Straßen von Hell's Kitchen, durch die mein Vater, teilweise an denselben Häusern vorbei, siebzig Jahre zuvor gegangen war. Jetzt säumten Spielhallen, Plattenfirmen, die Raubpressungen herstellten (ich erkannte die Namen), Firmen, die Raubpressungen vertrieben, eine griechische Druckerei und triste kleine Lebensmittelgeschäfte die Straßen. Ich dachte wieder an meinen englischen Großvater, der sich hier in seiner unschuldigen, unpraktischen und vornehmen Art durch das Mietshausleben gekämpft hatte. Er hatte damals ein neues Leben begonnen. Fünfundsiebzig Jahre später war ich dabei, eines zu beenden.

»Bei meiner Geburt wurde meine Seele von Vögeln in meinen Körper getragen«, murmelte Charles, als ich eine Kerze im Zimmer anzündete und er sich aufs Einschlafen vorbereitete. Er hatte sieben Doredon genommen. »Von Vögeln wie von Engeln getragen«, sagte er. »Ich erinnere mich daran.«

Die ganze Nacht redete er im Dunkeln. Er träumte, zwei Vögel hätten seine Seele in die Hölle getragen. Später fragte er mich, wie man Wesen, die halb Menschen, halb Pferde waren, nannte. Ich sagte, man nenne sie Zentauren und sie stammten aus der griechischen Mythologie.

»Ach, die gibt's wirklich, Baby. Das schwör ich dir. Die gibt's wirklich.«

»Ich hab mit einem Koreaner geredet«, berichtete er, als er am nächsten Morgen aufwachte. »Ich hab ihn getroffen und konnte mit ihm in seiner Sprache sprechen. Er sagte: ›ti an ke la ke la ke la hi n‹.«

Das erinnerte mich an Gopi Krishna, einen indischen Verkäufer, der Kundalini erlebt hatte und später mehrere Sprachen beherrschte, Gedichtbände und philosophische Schriften verfaßte und laut verschiedener Autoritäten auf dem Gebiet derartiger Erfahrungen an ein universales Bewußtsein angeschlossen war, aus dem die Auserwählten schöpfen: der Dichter, der Heilige oder auch, ganz demokratisch, der Sterbende.

»So ist es«, nickte Charles.

Unser Ausflug ins Weiße Haus zur Feier des 25. Jubiläums des Newport Jazz Festivals rückte inzwischen immer näher. George Weins Festival-Büro hatte Roberto ebenfalls auf die Liste gesetzt, so daß er mitfahren und helfen konnte. Roberto, der übers Wochenende aus dem College nach Hause gekommen war, sang im Badezimmer, wog sich in seinem weißen Anzug auf unserer Krankenhauswaage und dachte sich imaginäre

Wortwechsel mit dem Präsidenten aus. Mit jedem Tag, der verging, freute er sich mehr auf den bevorstehenden Besuch im Weißen Haus. Gestern suchte er bei Church's, McGreedy's und Bloomingdale's nach weiß-braunen Schuhen mit gebogener Kappe, die zu seinem weißen Anzug paßten. Er stellte sich vor, wie er in der Schlange stand, um Präsident Carter die Hand zu schütteln und eine Socke oder ein Schuh in seiner Brusttasche steckte, die den Geheimdienst hinter Carters Rücken nervös machte – und dann, wenn ihn die Beamten filzten, würde er den versteckten Schuh mit lässiger Geste herausziehen.

»Man sollte immer einen Reserveschuh dabei haben, verstehen Sie«, erklärte er munter. Ich verspürte keine Vorfreude, dies allerdings nicht mit der weltlichen Gleichgültigkeit, mit der Daniele gelangweilt Eiswürfel in seinen Dom Perignon plumpsen ließ, wenn die anderen gemeinsam anstießen. Es war das Versagen der Macht, selbst der des Präsidenten, den Strom der Gezeiten umzukehren.

Die Krankheit machte mich zur Einsiedlerin. Wenn ich Sonntags durch Greenwich Village fuhr, vorbei am Gedränge der Bummler, die die sonnigen Straßen verstopften, saß ich abgehoben wie ein Flugzeugpilot hoch über den Menschenmassen in dem großen Chevytransporter, thronte in dem übergroßen Wagen mit Vierradantrieb, den Charles im vergangenen Jahr angeblich »für die Band« gekauft hatte, wie er behauptete, als er eines Nachmittags stolz hinter dem Steuer damit auftauchte.

Trotz allem hält man an den normalen Zeitabläufen fest: Jemand kommt um zwei Uhr mit seiner Trompete; das Kalifornienskript muß gelesen werden; Sonntag ist Muttertag; heute ein Straßenfest. Ich vereinbarte einen Preis von 2500 Dollar für ein gebrauchtes Krankenfahrzeug, das ich in der nächsten Woche kaufen wollte, falls es eine nächste Woche gab. Und dann rief ich wieder meinen Freund an, dem ich zwanzig Schlaftabletten geborgt hatte – seine Frau hatte sie genommen, bevor sie starb – und wies ihn ärgerlich an, mehr zu besorgen. Danach berichtete ich Charles, ich sei dabei, die Festung zu sichern: mich zu verhalten, als gäbe es ein Morgen, wegen Filmmusiken herum zu telefonieren, das Essen zu planen und zu versuchen, Pillen zu beschaffen, damit er sich selbst um die Ecke bringen könnte.

14. Mai, Muttertag, »Profitieren von alten Investitionen«, wie Roberto diesen Feiertag nennt.

Dizzy Gillespie kam heute zu Besuch, verschmitzt und ausgelassen, wie es seine Art ist. Er erzählte Charles, seine Frau habe eine Fünfundzwanzigjahr-Kerze für ihn angezündet. Deshalb könne Charles nirgendwohin gehen, bevor seine Zeit um sei, was Charles beinahe umhaute. Dizzy legte zwei Fünfzigdollarscheine in die Nachttischschublade. Er hatte zwei zerdrückte kubanische Zigarren von seinem Besuch in Havanna mitgebracht, die er in Alufolie im Kühlschrank aufbewahrte. Er versuchte, Charles' Hand auf den Galgen über dem Bett zu legen, aber sie blieb nicht dort liegen. Er war (so schien es mir) unangemessen grob. Charles schrie auf. Dizzy versuchte es noch mal.

Es gibt eine ganz besondere Beziehung unter Jazzmusikern – zumindest den Männern – lakonisch und selbstverständlich. Vielleicht ist es ihre Art, in einer verdorbenen Welt Männer zu bleiben. Ihre Abneigung gegen das Offensichtliche. Oder vielleicht liegt es an ihren unendlich phantasievollen Seelen und Geistern. Manchmal erscheint es Außenseitern, als hätten sie ihre Herzen über Bord geworfen.

»Ich weiß, daß du mich liebst«, sagte Charles.

»Ich liebe dich«, gab Dizzy zurück.

Später am Abend, als ich mit Charles eine alte Savoy-Wiederveröffentlichung anhörte, sagte ich: »Dizzy ist verrückt, nicht wahr?« Ich sah zu Charles rüber, und wartete, daß er mir zustimmte.

»Er ist wunderschön«, verkündete Charles.

Ornette Coleman kam am folgenden Tag vorbei, es war ein weiterer aufmerksamer Besuch einer seiner alten Weggefährten, der ihn aufrichten sollte. Es war ein schlechter Nachmittag und Charles nickte ein, während Ornette noch an seinem Bett saß. Irgendwo tief im Innern mußte ich an Charles' abfällige Bemerkung über Ornette, den »Calypso-Musiker«, vor langer

Zeit im Five Spot denken und fragte mich, ob ein Rest des früheren Konkurrenzgeistes noch immer unter seinen Augenlidern schlummerte.

Es gibt nur seine Krankheit. Ich sitze am Telefon, suche nach Wundermedikamenten und entdecke vereinzelte ALS-Aktivitäten: ein Zentrum hier in New York im St. Vincent's Hospital, ein Arzt außerhalb von San Francisco, der mit einer Substanz namens Guarnadine experimentiert, ein Cobragift-Doktor in Florida. Ich beschäftige mich mit Vitaminspritzen, Biofeedback, Hypnose, Akupunktur, neuen Muskelentspannungsmethoden aus der Schweiz, mit medizinischen Fortschritten in Rußland, Medikamenten aus Italien nach russischer Formel ... als mich jemand fragt, was ich mache, kann ich mich nicht entsinnen. Ich sitze eingeschlossen in meiner Wohnung, beschäftige mich mit ebenso unaufschiebbaren Angelegenheiten wie ein Staatsoberhaupt, dessen Land unter Beschuß genommen wird.

»Er wird sterben, Mom«, sagt mir Roberto im Flur. »Gewöhn dich dran ... Er hatte ein gutes Leben. Wir kommen alle irgendwo her. Er geht weiter ...« Er legt den Arm um mich. Meine Bemühungen, stark zu bleiben, sind allmählich erschöpft.

»Wir müssen üben.« Charles sprach von seinem vor der Badezimmertür geparkten Rollstuhl aus wie ein Schullehrer mit Malcolm, dem neuen Pflegeschüler.

»Wir müssen üben, wie wir ins Badezimmer kommen, hier im Flur wenden. Du mußt da Platz lassen, damit ich aus dem Laufstuhl komme. Verstehst du? Und das Rasieren. Verstehst du?« Malcolm gab sein Bestes.

»Rasier nach oben. Nein, nach oben, rasier nach oben, wie zum Himmel. Du weißt doch, wo der Himmel ist, Mann, rasier nach oben. Hoch!« Malcolm begriff es endlich.

»Nicht so lange auf einer Stelle, Mann. Wir sitzen sonst den ganzen Tag hier ...«

Am Nachmittag sprach er sich am Telefon mit Sonny Rollins aus.

»Mir geht's schlecht, Sonny, es ist schlimmer geworden. Es ist Zeit.«

»Vielleicht ist das ne Strafe...«, meinte Sonny. »Vielleicht mußt du was anderes machen ... ich suche gerade einen Schlagzeuger. Ich nehm mir ne Weile frei. Denk noch mal über alles nach ... was sagen die Ärzte?«

»Es gibt keine Therapie. Im Krankenhaus würden die mich bloß liegen lassen.«

»Sind viele Leute gekommen?«

»Viele nicht. Ein paar.«

»Gehst du raus?«

»Nein, das ist zu anstrengend. Gestern abend bin ich mit dem Kopf gegen die Autotür geknallt ... Paß bloß auf, daß mich Sue nicht in eine scheiß Kiste packt. Ich will verbrannt werden. In Indien. Bloß nicht irgendwo in Amerika. Ich will kein Musikerbegräbnis. Das weiß sie. Aber erinner sie einfach noch mal dran.«

»Ja, in Ordnung. Ich hab meinen Kram klargemacht. Ich werde verbrannt und komme in den Hudson River.«

»Ach, was? Da bist du dann mit Billy Strayhorn.«

»Hat er das auch gemacht?«

»Ich will in fremdes Gelände, wenn ich mir das leisten kann. Ich will nicht, daß irgendwelche Totengräber an meinen Eingeweiden rummachen. Ich will alles zusammen behalten.« Er lachte. »Du gehst in den Hudson, Mann?« fragte er Sonny. »Wieso nicht den East River? Wieso der Hudson? Weil er in den Ozean fließt? Weißt du, Swami Vivekananda und Ramakrishna waren die einzigen Typen, die an mich rankamen. Ich dachte, vielleicht kommen die mich besuchen, wenn ich verschwinde. Ich bin früher zu spirituellen Treffen bei der Vedanta Society gegangen...«

Er erzählte von Dizzys Besuch. »Ja, Dizzy war hier. Immer noch derselbe ›Raus aus dem Bett, Nigger‹-Scheiß. Und dann hat er gesagt: ›Siehst du, du hast deine Hand bewegt.‹ Er hat sie verdreht und mir weh getan. Immer noch der gute, alte Dizzy! Sieht gut aus. Hat ganz schön abgenommen. Sein Bauch ist weg! Hat nicht so viel über sich geredet. Aber er hat am nächsten Tag noch mal angerufen und gesagt, er hätte gehört, ich würde was mit der Ellington-Band machen. Hat mir gesagt, ich soll aus dem Bett raus und anfangen…«

»Ich steh jetzt auf und hol mir Karottensaft. Aber nicht so viel, weil ich zur Fats-Waller-Show gehe – ja, ›Ain't Misbehavin'‹ – und ich kann während der Show nicht pinkeln.«

»Erinnerst du dich, wie wir fünfzehn Cents in die Jukebox Movies gesteckt haben und man ihn da persönlich sehen konnte? Egal, wer ihn in einem Stück darstellt, das kann nicht so schwierig sein. Du weißt, daß er Schüler von Juilliard war? Ja … Als er da raus kam, hat er gemacht, was er sich vorgenommen hatte…«

»Miles? Nee, hab ich nicht gesehen. Aber ich weiß, daß es ihm gut geht.« Charles lachte laut aus dem Bauch raus, sein Körper bebte.

Als er sich mit Sonny über Birds Tod unterhielt, hatte Charles Tränen in den Augen. Dann wechselte er das Thema und kam auf Sonny selbst.

»Diese Rockmusiker«, sagte er, »die kommen und gehen zu Tausenden. Du bist ein Anführer, Sonny. Du solltest die Tradition weiterführen. Dein Job ist es, sie fertig zu machen. Dein Job ist es, Sonny Rollins zu spielen. Die Leute da draußen werden zuhören. Die Massen nicht, weil das ein kapitalistisches Scheißland ist.«

»Ich hab neulich deine Platte im Radio gehört, aber die hat nicht nach dir geklungen. Der Beat war irgendwoanders. Hat geklungen, als würde dich jemand kopieren. Du mußt vorbei kommen, damit wir uns die Wahrheit sagen können. Ich hab versucht, einen passenden Namen zu finden, ich hab's mit Jazzical, Ex-Sklavenmusik, schwarze klassische Musik versucht, aber die Kritiker wollten es weiter Jazz nennen…«

»Weißt du, abgesehen von Baseball, ist das das einzige, was Amerika zustande gebracht hat und das Weiße Haus ist kurz davor, das zuzugeben. Weißt du, du bist dir nicht untreu geworden, aber du spielst nicht wie du selbst. Weißt du, ich kann nicht swingen wie du. Aber ich hab nie aufgehört, so zu spielen wie ich.«

Später, als wir darüber sprachen, daß seine und Sonnys Asche in verschiedenen Erdteilen verstreut werden würde, fragte ich ihn, ob er denn vorhabe, später zu mir zurückzukommen. Er lachte und sagte: »Ich werde niemals weg gehen.«

Dexter Gordon stand schwankend in unserem Wohnzimmer und erzählte Charles mit ausladenden Gesten und krächzender Stimme Tourneegeschichten über Musiker. »Kapierst du?« fragte er vergnügt. »Ich meine, da steht mein Schlagzeuger backstage und diese beiden Typen schieben sich mit rein, während ich in der Ecke mein Saxophon abschnalle…« Er machte eine Pause, damit seine langsamen ausführlichen Gesten seine Worte einholen konnten. »Das Set ist vorbei, weißt du, und ich höre wie diese beiden sagen: ›Du bist *scheiße,* Baby, du kannst *spielen*! Wo kommst du her, Bruder?‹ Und mein Schlagzeuger tritt von einem Fuß auf den anderen und sagt: ›Nörk‹. Und ich mach das Saxophon sauber und ich werf mich weg, weil ich's ganz einfach weiß, verstehst du, ich hab das schon so oft gehört und verzieh keine Miene und die beiden Kerle aus der Stadt sagen: ›Hä? Was?‹ Und mein Schlagzeuger zuckt mit den Schultern und sagt wieder: ›Nörk‹, und ich weiß, daß die Typen die Nuß nie knacken, weil alle aus Newark, weißt du, die sagen alle ›Nörk‹, so ist das und mein Schlagzeuger ist so cool, Baby, so langsam und gelassen, der steht nur da, redet nicht…«

Dexters Stimme war kräftig, heiser und amüsiert, eingebettet in Erinnerungen, die alles andere im Raum ausschlossen.

Als Dexter gegangen war, verlangte Charles, der die meiste Zeit während des Besuchs andere Dinge im Kopf gehabt hatte: »Ruf den Mann aus der Baßwerkstatt.«

»Weshalb?« fragte ich.

»Er wird die Daten und Hersteller der Bässe wissen wollen.«

»Und?«

Seine Stimme erhob sich deutlich und pragmatisch aus dem Schlafzimmer. »Damit du, wenn du sie verkaufst, annoncieren kannst, auf welchen Platten sie vorkommen. Damit sie *gehört* werden.«

Einen greifbar nahen Tod zu planen, ist wie ein Fieberrausch. Die Tage kommen und gehen wie vom Winde verwehte Papierfetzen: Dienstage, Samstage, alle sind gleich. Heute kümmerte ich mich um die komplizierten Vorgänge, die zu beachten sind, wenn man seine Überreste nach Indien schicken möchte, wo Charles verbrannt werden (»Ich will nicht, daß mich in diesem Land irgendjemand anfaßt«) und seine Asche in den Ganges verstreut haben will.

»Ich möchte mich über Beerdigungen in Indien erkundigen«, sagte ich zu einer Empfangsdame der indischen Botschaft.

»Berdigung?« fragte sie.

»Beerdigung.«

»Bedigong?«

»Gibt es bei Ihnen jemand, der Englisch spricht?« fragte ich.

»Wir sprechen britisches Englisch«, erwiderte sie steif.

Ich wurde zum Konsul durchgestellt.

»Ich weiß nicht. Dafür gibt es keine Präzedenzfälle«, sagte er.

»Für nichts, was er getan hat, gab es Präzedenzfälle«, sagte ich gereizt. »Was ist daran so schwierig?«

»Sie müssen mit jemandem vom Innenministerium in Benares sprechen. Die Zeremonie am Ganges findet in Benares statt. Sie wissen, daß das ein hinduistischer Brauch ist. Man wird verbrannt und die Asche wird in den Ganges gestreut. Aber ich weiß nicht. Wenn er schon in Indien wäre, das wäre was anderes.«

Ich rief einen Jazzfan in Vancouver an, der aus einer Sikhfamilie stammte. Ich sprach mit Neshui Ertegun bei Atlantic Records, der Geschäftsverbindungen zu Indien hatte. Er sagte, er wolle sehen, was er tun könne.

Heute, spät am Abend, hörten wir die gesamte Aufnahme des neuen Albums »Cumbia and Jazz Fusion« auf WRVR.

»Du bist superscheiße«, sagte Mr. Mackie stolz in dem hippen Jargon, den er sich neuerdings angewöhnt hatte. »Du wirst New York erobern. Gut gemacht, Mann!« Er strahlte.

Charles mußte lächeln. »Trotzdem komme ich mir vor wie ein Trottel im Rollstuhl«, sagte er.

»Sei nicht albern«, erwiderte Mackie, ohne zu zögern. »George Wallace fährt überall hin, er hat alle seine Geschäfte vom Rollstuhl aus gemacht.«

»Der Mann ist böse.«

»Das ist er«, stimmte Mackie zu.

»Trotzdem, ich komme mir vor wie kastriert. Meine Beine sind mir egal, aber ich bin Musiker, Mann, und die haben mir meine Hände genommen. Ich will nur meine Hände wieder haben…«

»Hey, Sue«, rief er zu mir herüber. »Die wollen Filmmusik! Wie soll ich so Filmmusik komponieren?«

Michael Chamberg, der Koproduzent von Heartbeat, war vorbeigekommen, um über einen Drei-Millionen-Dollar-Warner-Brs.-Film über die Beatautoren, eine Geschichte über Jack Kerouac und Neal Cassady, zu sprechen. Er brauchte Filmmusik und einen musikalischen Leiter.

»Naja, du könntest die Melodien singen und jemandem die Harmonien diktieren«, sagte ich.

Er komponierte bereits mit dem Kassettenrekorder. »Ja, das könnte ich machen«, meinte er.

Die Unterhaltung kam auf das musikalische Unvermögen der anderen Schwestern und Pfleger: »›Uh … uh … my God to thee‹ – so singt sie. Die macht mir die Ohren kaputt, Mann …« Er beschrieb Hermalines unaufhörliches »Jesusgesinge«. »Ich will keinen Amateurscheiß um mich rum.« Er sah zu Mackie rüber. »Mackie trifft wenigstens den Ton.« Er grinste, während ihm Mackie mit zufriedenem Gesichtsausdruck das Kissen zurechtrückte.

Bei starkem Regen und verfinstertem Himmel traf ich Gerry Mulligan und seine Musiker im brasilianischen Konsulat, um die Visa-Angelegenheiten für seine Südamerikatour zu regeln, die die von Charles ersetzen sollte. Die Welt draußen, die anderen Egos – wie unbedeutend sie geworden waren. Ich fühlte mich unwohl, sobald ich nicht zu Hause war.

Und dennoch konnten wir nicht wissen, daß sich in nur wenigen Wochen der Verlauf dessen, was von unserem Leben übrig war, durch Gerrys Reise grundlegend ändern würde.

»Hilf mir, Jesus! Teufel, verschwinde aus meinem Körper! Gott, ich bin bei dir, Jesus, ich bin in dir, Christus!« Charles stand aufrecht neben dem Bett, schwankte, beugte sich nach vorne und hielt sich an Mackie fest, aber er stand. Er hatte einen Traum gehabt: ich war bei ihm, wir versuchten, unseren

Weg zu Gott zu finden. Ich hatte ihm vorher aus Ramakrishna vorgelesen und wir hatten im Dunkeln händchenhaltend miteinander geredet. Jetzt gelang es ihm für ein paar Augenblicke, auf eigenen Füßen zu stehen. Mackie ermutigte ihn: »Wieg dich hin und her ... du schaffst es! Komm hierher, steh gerade ... leg den Kopf zurück!«

»Oh, yeah«, sagte Charles und warf den Kopf in den Nacken. »Oh, yeah!«

Am Wochenende fuhren wir mit dem Krankentaxi zur Cooper Union und besuchten eine Aufführung von »Revelations«, einem Stück, das Charles 1957 geschrieben hatte. Es war Teil einer philharmonischen Reihe mit dem Titel »Prospective Encounters«. Gunther Schuller dirigierte. Ich saß in der ersten Reihe auf der Armlehne von Charles' Rollstuhl. Hinter uns saßen in einem mit Seilen abgegrenzten Bereich Freunde. Charles erkannte einen Flötisten auf der Bühne, der auch schon bei der ursprünglichen Aufnahme vor zwanzig Jahren dabei gewesen war, und sie begrüßten sich mit Blicken. Charles hatte Tränen in den Augen. Der Posaunist Jimmy Knepper war auch da. Ich schnäuzte Charles' Nase und meine eigene während der Aufführung und fragte mich angesichts des Schmerzes, ob es das wert war. Zum Schluß bekam er stehende Ovationen.

Danach gingen wir hinter die Bühne, wo Atlantic Records eine verspätete Geburtstagsfeier arrangiert hatten. Wir blieben bis nach Mitternacht, tranken Champagner mit Freunden und Musikern. Trotz der Gefühle an diesem Abend schaffte es Charles dennoch, Gunther Schuller auf die Fehler hinzuweisen, die er im letzten Jazz-Abschnitt (»hat nicht geswingt«) gemacht hatte. Gunther schluckte alles wohlwollend.

»Als ich ›Revelations‹ geschrieben habe«, sagte Charles am folgenden Tag, »sollte das für die Zukunft wegweisend sein. Es war nur eine erste Bewegung. Ich wollte die Tradition darstellen und dann der neuen Musik den Weg ebnen.«

»Ach, das war schwer«, erinnerte er sich, »es war sehr schwer, diese Musik zu schreiben.«

An jenem Abend sang er eine Komposition auf den Kassettenrekorder. Er lag im Dunkeln und sang sie direkt durch. Die Energie seiner Stimme drang heiser aus seiner Kehle, auf wundersame Weise hatte er den Atem dafür. Jeden Tag stellte er Veränderungen fest – seine linke Hand schwoll an, er konnte den Arm nicht mehr bewegen –, wie ein Nachrichtensprecher oder Kommentator des eigenen, sich verschlechternden Zustands erstattete er Bericht über die Ausfälle. Gegenüber dem Arrangeur Paul Jeffrey, der ihm half, das neue Material aufzuschreiben, bemerkte er beiläufig: »Es ist schwer, den Takt zu finden, weil ich nicht mehr mit der Hand klopfen kann.« Er schlug ein paar Mal mit der linken Hand auf den Rollstuhl und versuchte, das richtige Tempo zu finden.

»Ich hab mir früher immer Sorgen gemacht, daß ich mir die Hand verletze«, sinnierte er. »Als Kind dachte ich, ich sei ein Feigling. Ich hab die meisten Kämpfe verloren, ich meine, ich wollte ja auch sonst niemandem weh tun.« Er lachte.

»Du hättest eine Höllenangst, wenn du kämpfen müsstest. Ich war später auch nicht mutiger. Wenn sich zwei Leute von jeweils zweihundert Pfund schlagen, werden beide verletzt. Wenn dich ein Typ mit der Hand schlägt, verletzt er sich die Hand. Deshalb benutzt man ja Boxhandschuhe…«

Er schlug noch einmal mit der Hand auf den Rollstuhl.

»Weißt du, ich bin meistens alleine mit meinem Cello unterwegs gewesen. Ich hab keine Freunde gefunden. Deshalb hatten sie es immer auf mich abgesehen. Das ist heute noch so. Da war mal ein Typ namens Homer, der mir ständig auf die Pelle rückte. Als Britt Woodman einmal mitkriegte, wie ich Beleidigungen einsteckte, sagte er, ›Mann, das mußt du dir nicht gefallen lassen. Wieso gehst du nicht raus und verprügelst ihn?‹ Ich hatte trainiert, also sagte ich: ›Okay, gehen wir.‹«

»Also sind wir rausgegangen. Ich wußte, daß er nicht kämpfen konnte. Er wußte nicht mal, wie man Deckung hält. Ich merkte es an der Art, wie er nach mir ausholte – ein wilder Schwinger. Ich bekam also ein paar seiner Schläge ab, verpaßte ihm einen und er war erledigt. Einen Jab, einen Haken und einen Cross. Miles Davis ist ein guter Boxer. Der kann genauso viel wie jeder x-beliebige Berufsboxer seiner Gewichtsklasse.

Wenn er nicht Trompeter geworden wäre, hätte vielleicht ein Champion aus ihm werden können. Und Max Roach ist gut. Und Walter Bishop auch.« Er sah zum Fenster hinaus. »Das sind Persönlichkeiten...« Er starrte auf die Skyline von Jersey auf der gegenüber liegenden Seite des Flusses. »Man merkt gleich, daß die alleine unterwegs waren. Die müssen sich so schnell keine Sorgen machen.«

An einem grauen Nachmittag meinte er: »Ich würde mir ja die Pulsadern aufschneiden, aber ich kann meine Hände nicht bewegen.«

Einen kurzen Moment lang wollte er raus. »Ich verdiene das nicht«, sagte er, »das ist nicht normal.«

Es war schon zu spät.

»Ich kann mich nicht mal umbringen. Ich kann nicht nach den Pillen greifen.« Er rief Roberto an und bat ihn, fünfzig Doredon aus der Fourteenth Street mitzubringen. Eine Stunde später und nach einer belebenden Massage durch den Pfleger rief er noch mal an und bat außerdem um Boisenbeeren-Joghurt-Eiskrem-Riegel von Dannon.

»Dannon und Doredon«, Roberto schüttelte den Kopf, als er das Schlafzimmer betrat. »Du bist ein Irrer, Mann.« Charles blickte schüchtern auf. Roberto hatte nur die Eiskrem bekommen.

Am folgenden Tag jedoch gelang es uns: jeweils fünfzig Doredon von zwei verschiedenen Ärzten. Am späten Abend mitten in einem Gewitter raste ich quer durch die Stadt in die Kanzlei eines Rechtsberaters, der sich auf Euthanasiefälle spezialisiert hatte (keine Gespräche am Telefon).

»Mord«, führte er feierlich aus, »verstößt gegen das Gesetz. Der Gnadentod mag moralisch vertretbar sein, legal ist er nicht. Mord ohne Motiv ist keine Ausrede. Die Gesellschaft mag moralische Unterschiede machen, das Gesetz tut es nicht. Es gibt nur schuldig oder nicht schuldig.«

Am nächsten Tag konsultierte ich einen weiteren Anwalt. »Besorgen Sie sich einen Familienarzt«, riet er. »Jemanden, den sie anrufen können, um die Sterbeurkunde zu unterzeichnen. Wenn kein Verwandter Zweifel anmeldet, wird es keine Autopsie geben.« Ein wiederum anderer Anwalt warnte mich, daß, wenn es zu einer Autopsie käme und man bei Charles zu viele Medikamente finden würde, jemand dafür ins Gefängnis käme, sofern sich eine Absicht nachweisen ließ.

Roberto und Charles machten Witze über die bevorstehende Überdosis. »Mehr Doredon«, krächzte Charles von seinem Kissen aus, während Roberto verschiedene Flaschen vom Tisch nahm und die Etiketten las. »Oh oh, Fingerabdrücke. Die stecken mich in den Knast, Mann ... damit ist meine Karriere ruiniert...«

»Werd doch Anwalt, du Blödmann.«

Wir hatten das Ereignis in Gedanken sorgfältig geplant. Wir hatten beschlossen, Georges schwere Trinkgewohnheit für unsere Zwecke auszunutzen. Roberto, ich und George würden jeweils eine bestimmte Menge Schlaftabletten verabreichen, die zusammen eine Überdosis ergäben. Es wäre weder Selbstmord noch Mord, sondern ein Unfall, eine Kombination verschiedener Umstände. Charles war bereit. Er meinte, George sei heute abend so betrunken, daß er nichts merken würde.

»Mein Hintern tut weh. Das kommt vom Sitzen im Stuhl. Vom Sitzen ohne Muskeln, die mich abstützen. Meine Schultern schmerzen. Das kommt, weil mich betrunkene Pfleger rumschubsen, die keine Ahnung haben, wie man mich hochheben muß. Das kommt von der Abnutzung der Knochen. Das ist keine Arthritis. Wein nicht. Du bist jetzt ein großes Mädchen. Jeder muß sterben. Aber ich verdiene das nicht. Das ist kein natürlicher Tod. So werde ich verrückt. So wie früher. Du willst doch nicht, daß ich verrückt werde...«

»George«, rief er. »Das ist meine Nutte, ich umarme sie.« Er meinte die Kissen unter seinen Armen. »Du weißt doch, was eine Umarmung ist, oder?«

»Ich kann dich hören.« George legte Charles' schweren Arm auf den beiden Kissen vor seiner Brust zurecht.

Eine Stunde später begannen wir mit der Generalprobe des schrecklichen Ereignisses. »Hey, gib mir acht von den gelben Pillen da«, sagte Charles, als George das Zimmer betrat. Er zeigte mit den Augen auf die Flasche Doredon.

»Nein, nicht die, die große Flasche neben der Lampe.«

George fingerte nervös zwischen den ungefähr zwanzig Tablettenbehältern herum, die auf dem Nachttisch standen. »Hier bitte«, sagte er dröge. Er nahm acht Pillen heraus. Roberto und ich reckten triumphierend die Fäuste in die Luft. Charles strahlte. Wir hatten es geschafft.

»Das ist schön«, sagte er später, mehr oder weniger zu sich selbst. »Eine andere Dimension. Ab durch die Himmelspforte!« Er lächelte. »Das Problem ist nur, daß der Teufel da draußen wartet.«

Im Flur auf dem Weg ins Bett sagte Roberto zu mir: »Charles ist ein super Spieler. Und es ist ein hartes Spiel. Du mußt dir keine Sorgen machen. Er weiß, was er tut.« Dann rief er ins Schlafzimmer: »Ich liebe dich, Mann!«

»Ich dich auch, Mann!« rief Charles zurück.

Ich trat an sein Bett. »Ich kann's nicht«, sagte ich traurig. »Nicht heute abend. Gib mir eine Woche.«

Vielleicht hatte die Tatsache, daß sein Schicksal in seiner Macht lag, etwas verändert. Oder vielleicht hat er es nie wirklich vorgehabt. Vielleicht hatte er es sich aber auch einfach anders überlegt.

»In Ordnung«, erklärte er sich einverstanden.

Wir sprachen nie wieder darüber.

»Du hast schön ausgesehen heute abend in dem Schwarzen«, sagte er. »Morgen schreiben wir die ganzen Songs, und machen die ganzen Projekte ... den Film. Philobolus, die Streichquartette.« Er schmiedete Pläne, blickte in die Zukunft.

»Find raus, was mit Les Paul und seiner Frau ist. Die haben Aufnahmen gemacht und die Geschwindigkeit hochgefahren, um eine Oktave höher zu klingen. Das muß ich selbst hören. Ich muß meine Stimme so hören, wie sie klingen sollte. Ich weiß nicht, ob ich so hoch komme. Iiiiih ... iiiih ... Ich kann's immer noch, ich hab meine Stimme noch nicht verloren ... Wie alt bin ich. Fünfundfünfzig?«

»Sechsundfünfzig.«

»Ich fühl mich immer noch jung ... Weißt du, warum ich mich von dir trennen will? Ich will nicht, daß du das alles mitmachen mußt. Das solltest du nicht müssen.«

Die Geräusche von Mackies Alltagsverrichtungen hallten durch die Wohnung: die Countdowns, das quietschende Bett, der ständige Monolog, das schrille Lachen. »Komm zu mir ... Kein Problem ... Schieb mich runter...« während im anderen Zimmer Joni Mitchells Band lief:

Manhattan holds me
To a chair in the sky,
With a Bird in my ear
And boats in my eye.

Charles rief Joni an. »Das ist nicht über Bird«, sagte er. »Das klingt als wäre es über mich.« Er bedankte sich bei ihr für die harte Arbeit und sagte ihr, sie habe großes Vorstellungsvermögen. Er hörte sich den Song noch einmal an.

»Vielleicht ist das wie Hypnose, wenn ich Doredon nehme«, sagte er fröhlich. »Vielleicht werde ich dann den Stuhl zerschmettern und hier rauskommen. Ich werde mit dir reden, während ich das mache. Ich werde dir meine Gefühle beschreiben.« Nach einer Weile sagte er: »Ich trinke Scotch und Milch zu den Pillen, dann wird mir nicht schlecht.«

»Ich kenne jemanden, der so gestorben ist«, sagte ich. »Alkohol und Doredon.«

Er runzelte die Stirn. Glaubte er wirklich, die Pillen könnten ihn aus seiner Trance reißen, aus seiner Lähmung heraus und nicht in den Tod?

»Niemand will sterben«, sagte er leise.

Im Fahrstuhl redeten Schauspieler über ihre Stücke, Musiker nörgelten über ihre Auftritte, Probengeräusche hallten durch die Gänge.

»Ich bin sechs Wochen in Miami.«

»Ach, echt? Wir fahren morgen nach Rom.«

Ein großer dünner Künstler mit Afrofrisur und einer riesigen schwarzen Dogge bemerkte Charles in seinem Rollstuhl.

»Hey, Sie sehen aus wie Charlie Mingus«, sagte er. »Das ist ein großartiger Bassist.«

»Der Teufel ist im Zimmer!« schrie Charles mitten in der Nacht Mackie zu, der draußen vor seiner Tür saß. »Er hat mir die

Hand vor den Mund gehalten. Ich konnte nicht rufen!«

Mackie rannte zu ihm. »Sie haben geträumt. Es ist alles gut.«

Am nächsten Morgen berichtete Charles, daß ihm die vegetativen Muskeln in seinen Lungen den Dienst versagten. »Ich muß jetzt ans Atmen denken«, erklärte er.

Der Geist des Todes ist riesenhaft und erschreckend. Er steht im Flur. Er wartet auf für uns unsichtbaren Abwegen. Im Schlafzimmer versperrt die Hand des Teufels schon die Atemwege.

Draußen finden Feierlichkeiten statt. Ein Straßenfest ist im Gange: Tanz, Theater, Lieder. Jongleure auf Stelzen tragen Gedichte vor. Die Straße der Pornokinos, Massagestudios und Varietés wird in Theatergasse umgetauft. Die Forty-Second Street zwischen der Ninth und der Tenth Avenue. Zu Hause.

»Mach das aus!« rief Charles verzweifelt, als Mackies Taschenradio vom Nachttisch plärrte. Der Sender wiederholte die Ausstrahlung eines Konzerts, das Charles im vorangegangenen Jahr in New Orleans gegeben hatte. Ein DJ, der alles falsch verstanden hatte, kommentierte es. »Ich wurde nicht von Oscar Pettiford inspiriert.« Charles seufzte. »Das hab ich geschrieben, bevor irgendjemand überhaupt was von Oscar Pettiford gehört hat. Ich wurde von Duke Ellington, Debussy, Strawinsky, Bartók inspiriert. Mit Oscar Pettiford hat das nichts zu tun!«

Einen Augenblick später rief Joni Mitchell an. Er war immer noch wütend.

»Ich sterbe«, sagte er in den Hörer, während ich seine Beine mit Massagecreme bearbeitete. »Wenigstens wünschte ich, ich würde sterben. Aber ich weiß nicht mehr wie. Früher hab ich das gewußt.«

Ich konnte ihr Lachen am anderen Ende der Leitung hören. Joni versuchte den Worten das Gewicht zu nehmen. Sie fragte, wie ihm die neuen Melodien gefallen hätten, an denen sie arbeitete. Er war nicht in Stimmung für Konversation.

»Die sind nicht so professionell wie die erste«, sagte er. »Die eine klingt wie Lambert, Hendricks und Ross.«

Joni und Charles waren ein ungewöhnliches Paar: Joni, eine Sängerin, die keine Noten lesen konnte, die sich weigerte, ihre Begabung und ihre Intuition aufs Spiel zu setzen, indem sie sie einer formalen Beschäftigung unterwarf. Und Charles, der als Teenager in Los Angeles bei dem legendären Lloyd Reese Komposition und Musiktheorie studiert hatte und das klassische Baßspiel bei Herman Rheinshagen gelernt hatte, dem ersten Bassisten der New Yorker Philharmoniker. Jonis musikalisches Talent ergab sich einfach von alleine, eine natürliche Folge ihrer Poesie.

»Du bist die Hillbilly-Sängerin«, sagte Charles zu ihr, ohne eine Miene zu verziehen, als sie das erste Mal in unser Wohnzimmer kam. Sie blieb wie angewurzelt im Eingang stehen und starrte ihn schweigend an. Er hatte sie überrumpelt. Sie stand neben dem großen, schwarzen und gut aussehenden Don Alias, dem Jazz-Percussionisten, mit dem sie damals zusammen lebte. Sie war größer, als ich sie mir vorgestellt hatte, und wirkte erstaunlich ernst. Plötzlich entspannte sie sich. Sie sah Charles verschmitzt an und brach in Gelächter aus. Sie mochten sich von Anfang an.

Es war mitten im Sommer, Anfang Juli. Wir waren mit dem Zug nach Washington D.C. gefahren – Charles hatte mit seinem Rollstuhl eingepfercht in einem besonderen Waggon voller Presseleute und Künstler gesessen –, um auf dem Rasen des Weißen Hauses mit mehreren hundert Musikern zu picknicken. Die Welt des Jazz sollte das fünfundzwanzigste Newport Jazz Festival mit Präsident Carter feiern. Es war eine willkommene, wenn auch verspätete Anerkennung der Bedeutung amerikanischer Musik von alleroberster Stelle. Für uns, in unserer auseinander brechenden Welt, war allerdings wichtiger, daß uns der Baritonsaxophonist Gerry Mulligan am Ende des Tages Hoffnung machte.

Roberto stand, gekleidet in seinen neuen weißen Anzug und todschicken Schuhen, bei strahlender Sonne neben Charles' Rollstuhl, betrachtete das Allerheiligste der amerikanischen Seite seiner Herkunft und machte Schnappschüsse, die er später zu Hause zu denen der Berge von Amerikana legen würde. Zu Hause hatte er neben Erinnerungsstücken an seine Kindheit in Rom ein gerahmtes Porträt von Theodore Roosevelt über dem Bett hängen, das meinem Großvater mütterlicherseits gewidmet war.

Ich dachte an meine Mutter, wie sie genau auf diesem

Grundstück um die Jahrhundertwende im Alter von vier Jahren auf Teddy Roosevelts Schoß gesessen und Klavier gespielt hatte. Ein Familiendrehbuch, dessen Ereignisse sich auf bisher unvorstellbare Art überschnitten. Ereignisse, so unvorstellbar wie meine Rückkehr in die Straßen von Hell's Kitchen, durch die mein Vater als Emigrant gegangen war. Zu Hause gegenüber von Robertos Bett hing eine sechs Meter große amerikanische Flagge, die zwei ganze Wände bedeckte. Immer wenn Charles ihn jetzt ansah, legte Roberto patriotisch die Hand aufs Herz. Im Moment war Roberto das Beste, was es gab.

Jimmy Carter hob hemdsärmelig einen Pappbecher, um auf die versammelten Musiker zu trinken. Dizzy Gillespie schickte sich an, seinen Erdnußfarmer-Präsidenten zu einem sensationellen Gesangsduett von »Salt Peanuts« zu überreden. Gerry Mulligan bahnte sich einen Weg durch die Menge und begrüßte Freunde, als er plötzlich Charles' Rollstuhl entdeckte und zu uns herüber kam.

»Hey, Mann, ich bin wieder da.« Gerry beugte sich runter und umarmte Charles. »Es ist vorbei.« Gerry war gerade aus Südamerika zurückgekehrt, wo er mit Lionel Hampton für Charles' abgesagte Tour eingesprungen war. Das letzte Mal hatte ich ihn gesehen, als er am Tag vor seiner Abreise durch die Gänge der argentinischen Botschaft gestürmt war und sich über die unvermeidlichen Einreiseschikanen beschwert hatte. Jetzt, unter der sengenden Sonne, erzählte er vom Abschluß der Tour in Mexiko-Stadt. Plötzlich wandte er sich Charles zu und fing an so schnell und so leise zu sprechen, daß ich näher rückte.

Sein Kopf wackelte vor Aufregung. »Mein Freund … Ich habe einen Freund in Mexiko. Das mußt du dir selbst ansehen!« Zuerst ergab es keinen Sinn, ich verstand den Zusammenhang nicht, aber dann erklärte er, daß sein Freund Vincenzo an derselben unheilbaren Krankheit litt wie Charles und daß er – so absurd das auch klang – sich wieder davon erholt hatte! Eine ungewöhnliche und legendäre Heilkünstlerin, die in ganz Mexiko bekannt sei, eine zweiundsiebzigjährige indianische Hexenmeisterin konnte, laut Gerry, Wunder vollbringen.

»Ihr Name ist Pachita«, sagte er. »Ich setze euch mit ihr in

Verbindung. Freunde von mir können ein Treffen arrangieren!« Er drängte uns hinzufahren.

Während Gerry weiterredete, trat George Wein, der Impresario des Festivals, ans Mikrofon auf der Bühne und gab Charles' Anwesenheit bekannt. Die Menge erhob sich. Präsident Carter eilte an Charles' Rollstuhl und umarmte ihn. Charles, die Arme des Präsidenten um den Hals, nahm den Beifall mit der Andeutung eines Kopfnickens zur Kenntnis.

Und dann passierte etwas ganz und gar Erstaunliches. George Wein trat noch einmal ans Mikrofon.

»Charlie Mingus! Charlie Mingus! Steh auf und verbeuge dich!« Er verlangte ein Wunder von dem an den Rollstuhl gefesselten Mann.

Ich konnte nicht hinsehen. Ohne meinen Kopf zu wenden, stellte ich mir Charles' Gesichtsausdruck vor. Flankiert von unserem Pfleger Mr. Mackie auf der einen und dem Präsidenten der Vereinigten Staaten auf der anderen Seite wurde Charles ohne jeden Grund gebeten, das zu tun, was er sich selbst am meisten wünschte: aufzustehen.

Er brach in Tränen aus. Unter den Tränen lag eine verzweifelte Grimasse, die ich nur auf Photographien sah. Aber das war lange Zeit später.

Er stand nicht auf.

Drei Tage später packten wir unsere medizinischen Hilfsmittel zusammen, schnappten unsere Lieblingsschwester Hermaline und bestiegen ein Flugzeug nach Mexiko. Weniger als eine Woche später befanden wir uns mitten im Gedränge der Pilger vor Pachitas Tor. Wir hatten einfach gepackt und waren in die Welt der Magie aufgebrochen. Wie alle anderen dort, hatten wir nichts zu verlieren.

SIEBEN

»Sag mir, wie du stirbst
und ich sage dir, wer du bist.«
Octavio Paz

Minuten nach der Landung auf dem mexikanischen Flughafen kam eine Mannschaft von Sanitätern in glänzenden Overalls durch eine Seitentür des Flugzeugs und manövrierte Charles rasch eine Rampe hinunter in einen unten wartenden Transporter. »Ach, sehen die gut aus!« sagte Hermaline immer wieder zu Charles, während sie versuchte, mit den mobilen Pflegern Schritt zu halten, die flott voranmarschierten. »So sauber in ihren Anzügen! Die haben eine ganze Armee für Sie hier!« Als wir in unserem Hotel in dem schicken Zona-Rosa-Viertel von Mexiko-Stadt eintrafen, gab es jedoch keine Begrüßungsarmee, nicht einmal eine Nachricht am Empfang. Der Portier rief bei den drei Namen an, die ich zu Hause hastig notiert hatte, aber kein einziger, weder Pedro noch Juan noch Jesus, gingen ans Telefon.

Unsere rasche Abreise schien plötzlich absurd: Wir waren planlos im Ausland gelandet, standen in der Empfangshalle herum wie auf einer abgesagten Tour und waren nicht in der Lage, auch nur acht Takte vorauszudenken. Vielleicht wollte man unsere Ausdauer auf die Probe stellen, dachte ich: die Wunderheiler prüfen unseren Glauben, sie warten ab, wie wir uns benehmen.

Wir ließen uns in einer Suite nieder, bestellten die medizinische Ausrüstung, die wir zum Überleben brauchten. Wir stellten Arturo ein, einen beide Sprachen beherrschenden mexikanischen Pfleger, und begannen mit dem Warten. Tag für Tag saß Charles düster und schweigsam in seinem Stuhl neben dem Fenster, während wir auf ein Zeichen unserer Kontaktperson, einer jungen Französin namens Claudy, warteten. Gerry Mulligan hatte uns versprochen, daß sie uns den wichtigsten Schlüsselfiguren der Hexerei und Heilkunst vorstellen würde, von denen er so überzeugend auf dem Rasen des Weißen Hauses erzählt hatte.

»Ich nehme an, sie hat sich aus dem Staub gemacht«, wagte ich am dritten Morgen zu sagen.

»Sie hat nie existiert«, erwiderte Charles von der anderen Seite des Raums.

Am vierten Tag, als die Nachmittagssonne hinter dem Gebäude gegenüber unserem Hotel verschwand, rief ich auf Charles' Drängen beim Flughafen an, um einen Rückflug nach Hause zu buchen. Plötzlich hämmerte es an der Tür und Claudy glitt sanft in unser Leben. Es war ein Vorgeschmack auf die unvorhersehbaren Ereignisse, die vor uns lagen. Sie lachte fröhlich, so als wüßte sie nicht, daß wir gerade eine halbe Woche auf sie gewartet hatten. Sie stellte sich vor und erzählte uns ihre Geschichte. Während sie durch die Zimmer stolzierte und mit einem Glas Wein aus der als Geschenk mitgebrachten und bereits geöffneten Flasche in der Hand gestikulierte, erzählte sie von dem Autounfall, den sie mit ihrem Freund zwei Jahre zuvor überlebt hatte. Sie berichtete von ihrer Lähmung, die über ein Jahr anhielt, von den medizinischen Autoritäten, die nicht in der Lage waren, ihr zu helfen und von der wundersamen Wendung, die eintrat, als Pachita sie mit einem Messer aufschnitt. Zum Schluß sprach sie über den übersinnlichen Augenblick zwei Wochen danach, als sie durch das Nachtleben von Mexiko-Stadt tanzte.

»Ach, ich tanzte!« lachte sie und warf den Kopf in den Nacken. »Natürlich, Pachita mir sagt, nein, zu schnell, nicht machen!« Ihre Augen funkelten. »Aber ich tanzte!« Sie war drahtig und klein, ihre mageren Oberschenkel steckten in Lederhosen, über denen sie eine Jacke mit grellem Blumenmuster trug. Es war eine Mischung aus aktueller Mode und zeitloser Geschmacklosigkeit. Sie hatte blonde Strähnen in den Haaren und ihre Haut war von der Sonne in Acapulco beinahe schwarz gebrannt. Sie besaß einen gewinnenden Enthusiasmus und eine gewisse Zähigkeit, die durch ihr kehliges Lachen ausgeglichen wurde. Hermaline beäugte sie mit größter Besorgnis. Kurz bevor sie aus New York abgereist war, hatte sie ihren Baptistenglauben wieder entdeckt und hegte Vorbehalte gegenüber den »Dämonenheilern«, die sie bereits in ihrem jamaikanischen Dorf kennengelernt hatte. Hermaline hatte das Gefühl, die junge Frau ihr gegenüber könne nicht zum Kreis der Erretteten gehören, so wie sie ihn sich vorstellte.

»Ich werde helfen«, schrie Claudy fröhlich, während sie in unserem Hotelzimmer immerzu im Kreis lief. »Sind viele, die ich helfe, die brauchen Kraft von Pachita.« Im selben Atemzug sprach sie davon, Mexiko verlassen zu wollen, sich dieser merkwürdigen Welt zu entziehen, bevor es »zu spät« sei. Dann sprach sie wieder davon zu bleiben, jemandes Angebot anzunehmen und die Geschäftsführung einer Disko in dem schicken Dorf Puerto Valarte zu übernehmen. »Was man macht, wenn man alt ist.« Sie lachte. »Ich glaube, jetzt noch nicht.« Sie beendete ihre Geschichte, trank ihren Wein aus und verschwand ebenso unerwartet wie sie aufgetaucht war. Ihre letzten Worte betrafen Lola, ihr Hausmädchen, die Pachitas Dialekt sprach und uns am folgenden Tag zur Verfügung stehen sollte, wenn wir mit etwas Glück die außergewöhnliche Wunderheilerin persönlich treffen würden.

Am folgenden Nachmittag trafen wir in Begleitung von Claudy, Lola, unseren eigenen Helfern, Hermaline und dem Fahrer des Krankenwagens am Tor von Pachitas Hof in den Slums im Norden von Mexiko-Stadt ein. Es war ein düsterer Tag mit entferntem Donnergrollen, der Himmel war so grau und trostlos wie das Viertel, in dem wir uns befanden. Als wir Charles in seinem Rollstuhl auf den Bürgersteig hinunterhoben, hing der schwere und bedrohliche Geruch eines bevorstehenden Regenschauers in der Luft.

Wir befolgten Pachitas Anweisungen sorgfältig und ohne Nachfragen. Unseren Transporter parkten wir wie befohlen genau zwei Straßen von dem dicht belagerten Eingang ihres Hauses entfernt. Durch das Tor konnten wir eine große Ansammlung von Männern und Frauen sehen, viele von ihnen flüsterten wie in der Kirche miteinander, so als stünde ein furchterregendes oder heiliges Ereignis bevor. Wir betraten den Hof. Plötzlich machte Hermaline kehrt.

»Wie in Jamaica!« schrie sie und machte sich mit Charles'

Laufstuhl an der Hand in Richtung Straße davon. »Ich weiß es! Das ist Teufelswerk!« Die geheimnisvolle Ausstrahlung, das Menschengewühl, dessen saurer Geruch die Atmosphäre mit Vorahnungen erfüllte, hatten sie überwältigt. Trotz ihrer Protestrufe rannte ich die Straße hinunter und zerrte sie zurück. »Nein!« beharrte sie. »Ich gehe Mangos kaufen.«

»Das kannst du später machen«, sagte ich und lenkte sie wieder zum Tor. Wir hatten keine Zeit zu streiten. »Wir gehen nachher zusammen«, versprach ich. Wir waren nervös, unser Vorstellungsvermögen war bis aufs äußerste gespannt. Wir hatten Geschichten von Patienten gehört, die Pachita abgelehnt hatte und die kurz danach gestorben waren. Charles fing an zu husten, sein Körper verkrampfte sich.

»Ist das Charlie Mingus?« fragte jemand in der Schlange.

»Nein«, sagte ich schnell und kehrte ihm den Rücken zu. Wir waren nicht in der Stimmung für Fans, obwohl er in Mexiko beliebt war und sie ganz unerwartet auftauchten – einer der Sanitäter sammelte seine Platten, unser Hotelportier hatte im vorangegangenen Jahr sein Konzert besucht. Trotzdem, wiedererkannt und an frühere Leistungen erinnert zu werden, machte ihm jetzt kaum noch Spaß, es sei denn in einer Bemerkung steckte eine solche Einfühlsamkeit, daß er eine besondere Antenne dafür entwickelte. War das der Fall, dann sah er vielleicht mit kaum merklichem Lächeln hoch und murmelte: »Danke, Mann.«

Jemand anders fragte ebenfalls, ob der Mann im Rollstuhl Mingus war. Es war ein älterer Mann mit einem leuchtend roten Schal um den Hals, der aussah, als hätte er einmal bessere Tage gesehen. Er wünschte Charles rasche Genesung, damit er wieder Musik spielen könne. Dann erzählte er die Geschichte eines geistig zurückgebliebenen Kindes, das von einem Arzt zu Pachita gebracht worden war. Der Arzt war dabei, als Pachita den Kopf des Kindes aufschnitt und ihre Hände in den Schädel legte. »Der Arzt – na ja, er dachte, er träumt«, berichtete der Mann mit dem Schal. »Dann legte der Arzt seine Finger neben ihre und als Pachita die Wunde wieder schloß, versprach sie, daß das Kind gesund werden würde.« Er machte eine Pause und sah uns an. »Und genau das ist passiert.«

Wir hörten aufmerksam zu und waren bereit daran zu glauben, als Claudys Freund Don sich in der Schlange zu uns gesellte. Don war der Pfleger von Vincenzo, dem Freund von Gerry Mulligan, der an derselben Krankheit litt wie Charles. Mit ernster Miene führte Don das Gespräch fort. Er beschrieb die Operationen, die Vincenzo durchgemacht hatte, die von einem bekannten Chirurgen aus Paris überwacht worden waren. »Sie schneidet wie ein Chirurg«, sagte er, »aber ihr gelingt innerhalb von fünf Minuten, wofür ein Chirurg zwei Stunden braucht.«

Ein Mann hinter uns meldete sich zu Wort. »Die Wunden heilen innerhalb von drei Tagen und es bleiben keine Narben zurück«, sagte er. »Was sie mit dem Körper macht…« Er sah über die Menge hinweg und verstummte. »… ist ein Wunder!« flüsterte jemand anders.

»*Charles Mingus!*« rief eine Stimme aus dem vorderen Teil der Schlange. Obwohl wir weit hinten standen, kamen drei junge Bedienstete herbeigeeilt und führten Charles in seinem Rollstuhl durch die Menge auf eine flache baufällige Behausung weiter hinten zu. Unsere Gruppe von Pflegern und Sanitätern folgte ihnen. Als ich sie schließlich eingeholt hatte, durchquerten sie eine unbeleuchtete Eingangshalle und gingen auf schäbige gelbe Vorhänge zu, die als Raumteiler fungierten. Zusammen traten wir durch die Vorhänge hindurch und gelangten in einen geräumigen Wartebereich. Dort, inmitten einer Gruppe männlicher Bediensteter, stand eine große und imposante Gestalt, die uns eindringlich anstarrte. Ich hatte keinen Zweifel, daß es Pachita war.

Verstohlen betrachtete ich die große indianische Frau mit ihrem breiten Gesicht, die jünger als zweiundsiebzig Jahre aussah und die auf den ersten Blick – eingehüllt in verschiedene Lagen zerknitterter Kittel und Röcke – eher wie eine gewöhnliche Stadtstreicherin wirkte denn als jemand, der Wunder wirken konnte. Ihre Kräfte wurden jedoch schon bald sichtbar. Als wir uns vor ihr aufstellten, übergaben wir einem ihrer Assistenten das Ei, das wir mitbringen sollten. Arturo, unser Pfleger, hatte das Ei pflichtbewußt auf einem Markt in der Nähe unseres Hotels gekauft. Ohne nach dem Sinn und Zweck zu fragen, hatten wir es seit dem frühen Morgen mit uns herumgetragen.

Pachita starrte Charles einen langen Augenblick an, ohne etwas zu sagen. Dann drehte sie sich abrupt und ohne Vorwarnung um und ging in eine Ecke des Raums. Dort beriet sie sich mit leiser Stimme ausführlich mit Don und Claudys indianischem Hausmädchen Lola, während sich ihre Bediensteten weiter bereit hielten. Nach einer Weile kehrte sie zurück, trat nahe an Charles heran und richtete einige wenige Worte auf Englisch an ihn. Im Hintergrund, wo ihre Gefolgschaft versammelt stand, entwickelte sich eine merkwürdige Zeremonie vor Lola. Ein Mitglied der Gruppe nahm heimliche Salbungen auf Lolas Kopf vor und machte Kreuzzeichen vor ihrem Gesicht – eine Art Reinigungsritual, wie Claudy später erklärte. Dann kam ein anderer Mitarbeiter auf uns zu und zog einen Gegenstand, den ich gar nicht bemerkt hatte, etwas, das wie ein hellbraunes Portemonnaie oder eine Börse aussah, aus den Speichen von Charles' Rollstuhl. Pachita beobachtete den Vorgang aus der Entfernung. Dann wandte sie sich an uns.

»Er hat einen lebenden Nervenvirus«, sagte sie in ihrem mexikanisch-indianischem Akzent sachlich und deutlich genug, so daß auch ich es verstehen konnte. Das war eine erstaunliche Feststellung. Das ganze Jahr über hatten medizinische Kapazitäten von einem unbekannten Virus gesprochen, der Charles' Nervensystem angegriffen und wieder verlassen, ihm aber unwiderruflich Schaden zugefügt hatte. Pachitas »lebender« Virus – einer, der sich noch immer in seinem Körper aufhielt, der lokalisiert und entfernt werden konnte, wie sie bald darauf erklärte – war ein Begriff, in dem Hoffnung anklang.

Ich beobachtete, wie sie in dem großen kahlen Zimmer ohne Kerzen, Amulette, Kreuze oder Verzierungen, ohne das ganze Drum und Dran des Voodoo oder der Zauberkunst, das ich erwartet hatte, vor uns stand. Sie stemmte die Arme in die Seiten und verkündete ihr Urteil: eine stämmige mexikanische Bauersfrau, die behauptete, eine Reinkarnation von Cuauhtémoc, dem letzten Aztekenkaiser und Neffen Montezumas zu sein. Eine Frau, gekleidet in alte Kittel und Pullis in einem hell erleuchteten Raum voller Anhänger, die ohne jedes Ritual, ohne Geheimnistuerei, Zeremonie oder Feierlichkeit Charles erklärte, er müsse sich keine Sorgen machen, er würde gesund werden.

»Sie werden wieder gesund«, sagte sie auf Englisch und klopfte ihm zwischen Bauch und Brust. Sie war weder ernst noch lächelte sie.

Lola flüsterte: »Sie sieht, was sie sieht!«

Nur Augenblicke nachdem wir ins Hotel zurückgekehrt waren, brach ein wildes Sommergewitter los. Donnergrollen rüttelte an den Scheiben der Verandatür unserer Suite. Hagelkörner prallten auf die Terrasse. Irgendwo hörte man eine Hupe.

»Hast du Bird das mal spielen gehört?« fragte Charles erschöpft vom Schlafzimmer aus. Nach den aufmunternden Ereignissen des Nachmittags hatte er sich entspannt und war in Halbschlaf gefallen.

»Als Bird starb, gab es auch ein Gewitter«, erinnerte er sich.

»Und auch als Mingus lebte«, setzte ich rasch hinzu. Der Hagel prasselte gegen unsere Terrassenfenster, als Don, Lola und ich wortlos mit Hotelchampagner auf den Nachmittag anstießen und von den stachligen Birnen, den frischen Feigen und der Schokolade naschten, die der Geschäftsführer des Hotels zu Ehren von Charles hatte bringen lassen.

Das Wunder, so schien es, war nicht nur, daß wir Pachita gefunden hatten, sondern auch, daß wir sie rechtzeitig gefunden hatten. Hier in Mexiko-Stadt, über zweitausend Meter über dem Meeresspiegel, atmete Charles schwer und unregelmäßig, manchmal mußte er nach Luft schnappen. Trotzdem waren wir nicht sicher, ob es Wunder gab. Wir blieben ruhig und schweigsam, fürchteten uns, über die Zukunft überhaupt nachzudenken. Zu große Gewißheit könnte den Heilungsprozeß verderben. Charles' Ei lag wieder in seiner zerknitterten braunen Papiertüte auf dem marmornen Küchenschrank unseres schicken Hotels, während wir still darauf warteten, daß sich die Magie manifestierte.

Am Abend kam Claudy mit dem ersten Schub an Kräutern. »Ich komme wieder später«, sagte sie, setzte die Kräuter aus zwei großen Eimern in kleinere Behälter um und stellte sie auf den Tisch. »Sie müssen jetzt Geduld haben. In Mexiko geht alles langsam … langsam … langsam.«

»Sie müssen sich gewöhnen an das Land. Alles ist morgen,

Sie verstehen. Sogar die Hunde sind faul, ihnen ist egal. Ich hab nirgends auf der Welt Hunde gesehen, die unbeweglich auf der Straße liegen und Autos fahren hupend vorbei. Sie müssen sich gewöhnen.«

Charles, der nichts gewohnt war, was es in Mexiko gab, blieb weiterhin panisch. Er erfand eine ganze Reihe von Namen für Hermaline, darunter auch Abigine, Aboriginie und Himalaya. Alles war grundsätzlich ein Notfall, egal, ob er um eine Schüssel bat, um sich zu erbrechen, oder ob er nach Zahnseide verlangte, damit man ihm die Zähne säuberte. Hermaline und ich gingen wie mexikanische Plötze im Licht hastig unseren alltäglichen Verrichtungen nach. »Du bist ein Schatz«, sagte sie ermutigend im Vorbeieilen und meinte damit eine kleine Hilfe, die ich ihr für Charles' unbändige Bedürfnisse verschafft hatte.

Am folgenden Tag trafen Claudy und Don mit okkulter Verstärkung ein: zusätzliche Eimer voller klebriger Kräutermixturen für Massagen, die Lola hergestellt hatte, sechs Liter Kräuterelixier zur oralen Einnahme, bittere Tees, exotische Cremes und einen Zauberwein, der drei Tage und drei Nächte auf unserer Hotelterrasse in der Sonne und unter den Sternen reifen mußte. Gegen die Geschwüre, die ihn seit einer Woche plagten, verschrieb Pachita verschiedene homöopathische Heilmittel. Dazu gehörten auch Kompressen aus Pellkartoffeln für seinen Hintern, die die Flüssigkeit aufsaugen sollten. Anschließend wurde er mit Anwendungen aus heißem Teer behandelt, um den Eiter herauszuziehen.

Nach dem Mittagessen ging es mit der ersten Massage los. Die Kräuter, die wir auf einem kleinen, im Badezimmer aufgestellten Herd erhitzten, rochen sehr intensiv und berauschend gut. Die Hände voller warmen grünen Öls kneteten und massierten Arturo und ich Charles den ganzen Nachmittag. Ein unergründliches Aroma des Wohlbefindens ging von dieser betörenden Heilkräutermixtur aus und setzte sich im Raum fest. Stundenlang rieben wir seine Haut ein, pressten Öle in seine Poren. Arturo stand auf der einen Seite des Bettes, ich auf der anderen, und Charles lag wie ein großer Wal zwischen uns, während wir versuchten, Leben und Genesung in seinen Körper zu massieren. Ich dachte an die Intimität und die Auseinandersetzungen zwischen den Männern auf dem Walfängerschiff Pequod, als sie gemeinsam mit den Händen in den Spermazeti wühlten. Und mit einer gewissen Kameradschaftlichkeit beobachtete ich im schwachen Licht des Schlafzimmers Arturos ernstes Gesicht, das im Rhythmus der Bewegungen seiner Hände grinste und zuckte.

Am Abend jedoch war Charles keinesfalls besserer Stimmung und sein Gesundheitszustand schien noch schlechter. Er war davon überzeugt, daß sein Geschwür lebensbedrohlich sei. »Das ist ein Tiger, der mich beißt!« erzählte er Claudy am Telefon. Mir gegenüber setzte er hinzu: »Daran sind schon Leute gestorben. Das ist giftig!« Obwohl er seine Beschwerden mit der üblichen Blumigkeit und Übertreibung ausmalte, blieb ich dieses Mal unberührt.

»Die ernsten Sachen habe ich ernst genommen«, verkündete ich kalt. »Ich habe mich ihnen acht Monate lang gewidmet. Dein Geschwür nehme ich nicht ernst.« Wenn wir es nur mit seiner ernsthaften Krankheit zu tun hatten, war Charles so sanft wie ein Lamm. Kein überzogenes Theater, keine Spielereien. Still sammelte er Energien. Jetzt, wo wir ein wenig Zuversicht und echte Hoffnung hatten, ähnelte unsere Unterkunft einer sizilianischen Totenwache. Stunde um Stunde jammerte er, »Gott errette mich, errette mich Gott« und setzte sein Gejammer bis in die Nacht fort. Ich lag schon unter der Bettdecke, als ich Hermaline noch einmal einschärfte, daß ich kein Verständnis für »bekloppte Theatralik« hätte. Trotzdem dachte ich voller Hoffnung, daß Pachitas Kräutermassagen vielleicht Bewegung in sein absterbendes Nervensystem gebracht haben könnten. Eine Geburt ist schmerzhaft: Vielleicht erwachten seine toten motorischen Kreisläufe zum Leben, spürten wieder etwas.

Als Claudy mit einer besonderen Heilsalbe für das Geschwür eintraf, berichtete sie, Pachita wäre für vierzehn Tage in ihre Heimatstadt im Norden gefahren und würde die Operation aufschieben, bis Charles abgenommen hätte. Sie erklärte, es brauche Zeit, bis man das »Böse« vertrieben habe – die mißgünstigen Geister, unter deren Bann er stand. Bevor sie ging, machte sie beiläufig eine Bemerkung über »schwarze Magie«. Für Charles, der vom anderen Zimmer aus zuhörte, war die Bemerkung Nahrung für seine quälende Phantasie, die bis in die verborgensten Windungen seines Geistes reichte. Außer seinen Geschwüren hatte er nun noch einen anderen Grund, wach zu bleiben. Man hatte ihm Munition für den Kampf gegen den Schlaf geliefert. Ein weiterer Grund herauszuschreien, auf einer einsamen Straße bis ans Ende der Nacht zu reisen, wo die Geisterwelt auf ihn wartete.

Den Rest der Nacht verbrachten wir zu dritt – Charles, Hermaline und ich –, hellwach saßen wir in der Dunkelheit, während sich Charles Stunde um Stunde bei Hermaline, die von ihrer Stellung an der Schlafzimmertür aus »Oh Lord« oder »Dear me, Jesus« sang, über seinen Zustand beklagte. Mit wachsender Ungeduld versuchte ich die rationalen Hilfsmittel zu erklären, die einem Mann zur Verfügung standen, der von schrecklichen Mächten umgeben war, die aus meiner Sicht namenlos und unwirklich blieben. Wenn der Teufel zu Hause in New York in seinem Zimmer war, hatte Mackie gebetet oder Kerzen angezündet, um die Dämonen auszutreiben, an die sie beide glaubten. Jetzt in Mexiko brodelte Charles' Phantasie im Dunkeln und er war damit allein. Als ich sagte, ich wolle nichts davon hören, antwortete er: »Deshalb rede ich mit dir auch nicht drüber.« Und als ich sagte, »du mußt nicht so leiden, es gibt Hilfe«, erhob sich Hermalines Stimme aus dem angrenzenden Zimmer: »Jesus wird dir helfen, Jesus wird dich schlafen lassen…«

»Nicht wenn ich hier im Dunkeln mit einer heißen Kartoffel im Arsch rumsitze«, fiel ihr Charles wütend ins Wort. Er wollte, daß die Kartoffel entfernt würde, obwohl sie dafür gesorgt hatte, daß das Geschwür aufplatzte und sich das Gift und der Eiter in die mehlige Substanz absetzten, wie Pachita vorausgesagt hatte.

Hermaline entfernte die Kartoffel.

»Jesus war ein Mensch«, fuhr Charles fort. »Er hat seinen Penis aus seinem Umhang gezogen und gepinkelt, wenn er mußte. Er war ein Mensch. Keiner von euch weiß, was ich mit meinem Geschwür durchmache. Du, Hermaline, bist vermessen. Du lästerst Gott. Christus bedeutet Demut und du bist voller Stolz.« Hermaline schwieg unbehaglich, wartete, worauf er mit seiner Predigt hinaus wollte.

»Als ich dreizehn war«, redete Charles weiter, »wußte ich, was ich erreichen würde. Ich wußte, ich würde in der Musik erfolgreich sein, berühmt werden, all das. Du kannst mir jetzt nicht erzählen, was ich weiß oder nicht weiß … Ich weiß bestimmte Sachen. Ich weiß, daß mein Geschwür offen ist. Ich weiß, daß mein Geschwür wund ist. Ich weiß, daß mich mein Geschwür umbringt. Also könnt ihr alle die Klappe halten!«

Kurz nach Morgengrauen, als Charles vielleicht fünf Minuten lang geschlafen hatte, tauchten Don und Claudy mit einem Mietwagen vor unserem Hotel auf. Laut Pachitas Anweisungen sollten wir im Schatten des Popocatépetl zwei Stunden Richtung Süden fahren, in das gemäßigte Klima des Tals von Cuernavaca, wo wir uns ein Haus suchen sollten. Cuernavaca war einst ein von Aztekenprinzen und später von spanischen Conquistadores geschätzter Urlaubsort und ist heute ein Erholungsgebiet für Reiche. Pachita hatte Cuernavaca wegen des Klimas und der Höhenlage ausgesucht, die für Charles' Zustand und seine geschwächten Lungen gut waren. Ich erinnerte mich, als seine Band an der Universität von Mexiko ein Jahr vorher gespielt hatte, wie die Musiker den Sauerstoff, der ihnen hinter der Bühne angeboten wurde, nur allzu gerne annahmen – für Gastkünstler gehört Sauerstoff gewöhnlich zur Verpflegung. Am Mittag, nachdem Claudy, Don und ich nur zehn Minuten außerhalb der Stadt einen geeigneten, abgeschiedenen und von einer Mauer umgebenen Ort gefunden hatten, riefen wir in Mexiko-Stadt an. Charles hatte Fieber. Am Telefon erklärte er, er würde sterben. Als ich vorschlug, einen Arzt zu rufen, erwiderte er zornig: »Man wechselt nicht mitten im Rennen die Pferde!« Wir rasten durch die Berge zurück. Neunzig Minuten später sprang ich vor dem Hotel aus dem Wagen.

»Sechs-Ass-Straße«, grölte er von seinem Bett aus, als ich das Zimmer betrat. »Zwei Augen sehen mehr als eins.« Sein Fieber war über die Markierungen auf dem Thermometer hinaus gestiegen. »Werf keine Knallfrösche«, sagte er. »Was hab ich dir gesagt? Ganz bald ein anderer Doktorhut … Die geben mir bald einen Teller, auf dem sie mich zersägen…«

Ich legte meinen Arm um ihn und kroch ins Bett. Sein Delirium wütete weiter. Wir konnten kaum etwas tun. Unser

Schicksal lag nun in den Händen von Kräuterkennern und Zauberern, weißen Hexen und Heilkünstlern. Standardmedikamente gegen Paranoia wie Mellaril, Schmerzmittel, Schlaftabletten, Valium oder gewöhnliche schmerzstillende Mittel wie Aspirin gegen Fieber gehörten alle der Vergangenheit an. Ich stand auf und versuchte Claudy anzurufen.

»Bei einer Liebesaffäre sieht man beide Seiten ...« fuhr Charles fort. »Der Arzt hat gesagt, schließe die Poren ... *schließe die Poren!* ... Oh Herr, laß mich nur weiter gehen...«

»Charles wurde mit einem Voodoozauber belegt«, berichtete Claudy am Telefon, als ich sie erreichte. »Pachita muß ihn entfernen.« Claudy wies mich an, ein Glas Wasser neben sein Bett zu stellen, um alle bösen Geister zu sammeln. Ich sollte es über Nacht dort stehen lassen und am Morgen sofort ausgießen. Sie meinte, Pachita hätte gesagt, der Zauber solle auch von mir genommen werden.

»Wie macht sie das?« fragte ich neugierig. »Muß ich sie in Chihuahua besuchen?«

»Pachita ist nicht ›spektakulär‹«, erwiderte Claudy mit Würde, ihre Übersetzung aus dem Französischen war wie so oft auf reizvolle Weise unklar. »Sie braucht dich da nicht. Sie macht das von dort.« Claudy versprach, daß sie und Don die Kräutermedizin vorbeibringen würden. Don, der in den Clubs Méditerranés der Welt als Wasser- und Bergskilehrer gearbeitet hatte, bei mindestens einem Film als Toningenieur gearbeitet und die letzten zwei Jahre mit der Pflege von Vincenzo verbracht hatte, erholte sich im Moment bei Claudy von seinen Pflichten. Obwohl die blond gefärbten Spitzen seiner Haare langsam herauswuchsen (wie bei Claudy), sah er aus wie die Verkörperung des Klischees eines Sexhengstes der Kurorte – er war gut gebaut, unkompliziert, verfügbar –, er besaß eine passive Wärme, die auf Kranke zweifellos anziehend wirkte. Er und Claudy paßten nicht gut zusammen. Sie strotzte vor Kraft und Unternehmungslust. Mit ihren Energiereserven hätte man die Autobahn von hier bis Acapulco beleuchten können.

Ende der Woche hatte das Chaos in unserem Hotelzimmer neue Formen angenommen. Nachdem wir zum fünften Mal das Notfallkrankenhaus angerufen und die beiden mexikanischen Ärzte angefleht hatten, noch mal wiederzukommen und seine Lungen zu untersuchen, erklärten sie, seine Lungen seien entzündet und daß es Komplikationen gäbe, die eine Operation erforderlich machen könnten. Sie drängten uns, sofort ins Krankenhaus zu kommen, wo ausgebildete Krankenschwestern, Antibiotika und besondere Behandlungsmethoden zur Verfügung standen. Mitten in ihrer Diagnose stürzte Don ins Schlafzimmer mit den neuen Medikamenten von Pachita. Während die Ärzte bestürzt dreinblickten, verkündete Don, daß wir frische Exkremente in die Geschwüre reiben sollten, sie mit Mullbinden bedecken und *emplasto monopolis* auftragen sollten– eine Stange aus einer teerartigen Substanz, die man auf unserem tragbaren Herd schmelzen mußte. Zum Schluß folgte wie gehabt die Anwendung mit der heißen Kartoffel.

Don hatte zur Entfernung des Schleims Felskristalle namens *alumbre* mitgebracht, frische Orangen gegen Verstopfung und eine spezielle Salbe für Charles' Brust. Darüber hinaus sollte Charles nicht ins Krankenhaus gehen, keine Antibiotika einnehmen, seine Lungen nicht reinigen lassen. Der Morgen kam nach einer langen und anstrengenden Nacht. Die beiden jungen Medizinalassistenten boten Ordnung, Sauberkeit und die Vorzüge der modernen Wissenschaft. Die Alternativen waren uns inzwischen nur allzu bekannt: eine Handvoll steinalter Heilmethoden gespickt mit einem Hauch pharmazeutischer Raffinesse von einer zweiundsiebzigjährigen Zauberin aus den mexikanischen Slums. Dazu gehörten auch das Durcheinander in unserem Hotelzimmer (ein elektrischer Herd auf dem Badezimmerboden neben einem Berg schmutziger Bettwäsche), die unregelmäßigen extravaganten Anwendungen, für die verzweifelte Anrufe beim Zimmerservice um Mitternacht (»Pellkartoffeln ohne Butter«) nötig waren und jetzt, unglaublicherweise, ein Klecks Exkremente auf eine entzündete Wunde.

Ich floh auf die Terrasse, wohin mir Don alleine folgte. »Du bist den ganzen langen Weg von New York gekommen, um Pachita zu treffen«, sagte er vernünftig. »Du mußt ihr vertrauen. Die Mediziner bieten euch keine Hoffnung.« Er zuckte mit den Schultern. »Was habt ihr zu verlieren?«

Ich raste wieder nach drinnen. Charles hatte 40,5 Grad Fieber. Ich rannte wieder auf die Terrasse, diesmal in Begleitung der Ärzte. Sie hatten Verständnis. Hexen waren ihnen nicht unbekannt. Ich kehrte wieder ins Schlafzimmer zurück und überließ Charles die Entscheidung. Ohne zu zögern, entschied er sich für Pachita. Er erklärte, er würde im Hotel bleiben und die Medizinalassistenten sollten den Mullverband, mit dem sie die Geschwüre nur zwanzig Minuten zuvor versorgt hatten, unverzüglich wieder entfernen.

»Ich brauche Platz für die Scheiße«, sagte er und meinte damit den Exkrementenverband. »Sag ihnen, sie sollen die Mullbinden von meinem Arsch abmachen.« Er nickte Hermaline zu.

»Ich bin nicht im Dienst«, sagte sie liebenswürdig. Ihre Schicht war lange vorbei.

»*Geh und sag ihnen, sie sollen die Mullbinde von meinem Arschloch nehmen*«, donnerte Charles Arturo an, der höchstens ein oder zwei Worte davon verstand. Arturo rannte ins Badezimmer auf der Suche nach der Bettpfanne. »*Nein!*« brüllte Charles wieder. »*Nicht die Bettpfanne, du Blödmann!*«

Arturo wandte sich an Hermaline. »Beschimpft er mich?«

»Nein, mein Schatz, er mag dich«, antwortete Hermaline.

Niemand bot seine Dienste für die verordnete Behandlung an. Charles hatte seit einer Woche Verstopfung. Plötzlich schrie er: »*Bettpfanne!*«

Arturo rannte wieder ins Badezimmer. Wenige Minuten später hatten wir die magische Arznei. Manchmal denke ich, es war in diesem wundersamen Moment, daß wir anfingen, an Pachita zu glauben.

In dieser Nacht, als sein Leben in der Schwebe hing und wir an Heilung glauben mußten, haderte Charles noch immer mit der Heilmethode.

Mit großen zweifelnden Augen beobachtete er jede auch noch so geringe Veränderung seines Zustands. Ich dachte, er läge im Sterben – so sehr ähnelten seine Symptome und sein Verhalten den letzten Phasen von ALS. Seine Augen waren riesig, als würden sie die letzten Einzelheiten des Lebens aufsaugen. Wenn er hustete, traten sie hervor wie Gummibälle in der Überdruckkabine eines Flugzeugs. Sein starrer Blick bot wenig Anlaß zur Hoffnung. Seine Stimme war auf ein Flüstern reduziert.

Und dann im Morgengrauen, als sein Fieber auf wundersame Weise sank und seine Geschwüre normal ausliefen, bildete ich mir beinahe ein, Pachita wäre im Verlauf der Nacht eingetreten und hätte sein Leben gerettet. Aber der außergewöhnlichste Moment sollte noch kommen. Nach einer Woche im Bett hätte das tote Gewicht seines Körpers es eigentlich unmöglich machen müssen, aber dennoch stand er ohne große Mühe aus seinem Stuhl auf, krümmte den Rücken, hob den Kopf und stand fest auf seinen Beinen! Seine Hände rutschten nicht am Laufgerät ab. Wir konnten ihn trotz seines Gewichts mühelos abstützen. Er blieb mehrere Sekunden lang vor seinem Stuhl stehen, verlagerte das Gewicht von einem Bein auf das andere, wie Mackie es ihm gezeigt hatte. Während wir beide zusahen, setzte er sich sogar – anstatt leblos wieder auf den Sitz zu fallen, wie er es in den vergangenen Wochen getan hatte. Während wir schweigend um ihn herumstanden, traten Charles Tränen in die Augen. Arturo wischte ihm das Gesicht und Hermaline zwitscherte: »Sie sollten sich freuen und nicht weinen. Oh, Herr Jesus, er muß Freude spüren, ja, Charles, Sie müssen lächeln.«

Wir sahen zu und endlich lächelte Charles – das tollste, herzerwärmendste und wundersamste Lächeln dieser ganzen Monate – Hoffnung und Erstaunen leuchteten auf seinem Gesicht. Ich spürte auch, wie ich strahlte, denn endlich glaubte ich, ohne Zwiespältigkeiten oder Zweifel, an seine Bemühungen, wieder gesund zu werden.

Allen Weissagungen zum Trotz hatten wir für sechs Monate eine Villa gemietet, in der wir voller Zuversicht und Glauben an Pachita darauf warteten, daß Heilung eintrat.

In Cuernavaca krachte die Fliegentür in ihre eisernen Angeln und Hermaline erschien tüchtig und züchtig im Eingang. Sie sagte, daß Joni Mitchell aus L.A. anrief mit dem Text zu »Goodbye Pork Pie Hat« (»Wir sind alle dabei!« sagte Joni aufgeregt. »Ich hab's auf den neuesten Stand gebracht. Ich hab auch eine Zeile über Charlie in Mexiko bei den Wunderheilern. Ich hoffe sie gefällt ihm. Ich konnte es nicht lassen«). Hermaline kam wieder und meldete einen Anruf von der gegenüberliegenden Küste – Jody berichtete uns, daß Charles'

Schlagzeuger Dannie Richmond ein Charles Mingus Quartet gegründet habe, mit dem er jetzt gerade im Village Vanguard in New York aufgetreten sei.

Sofort wollte Charles unseren Anwalt sprechen und sie anweisen »aufzuhören und es zu unterlassen«. Er wollte nicht, daß seine Musik von »diesen Kindern« gespielt würde.

»Die haben mich abgeschrieben«, meinte er und beobachtete, wie Arturo zwei Fliegen mit einem einzigen Schlag durch die Luft in seiner Handfläche fing und sie dann weit ausholend auf den Verandaboden schleuderte. Allmählich änderte er seine Meinung über Arturo. Er starrte ihn jetzt stolz an, so wie er vielleicht einen seiner Musiker nach einem besonders guten Solo angestarrt hätte, und machte ihm überschwengliche Komplimente wegen der Fliegen. Dann sah er unerwartet traurig zu mir: »Die glauben nicht, daß ich am Leben bleibe.«

Im Verlauf der Monate hatte ich mich an die Fehlschläge unseres Lebens gewöhnt, an die ständig schwindenden Chancen, obwohl wir verbissen an der Hoffnung festhielten. Hätte ich die komplette Band jedoch in diesem Moment mit einer Handbewegung auf den Meeresgrund befördern können, ich hätte es mit Vergnügen getan.

Arturo, der einer mexikanischen Version des italienischen Komikers Alberto Sordi ähnelte, nahm mit stiller Ironie an den Ereignissen unseres Lebens teil. Abgesehen von seiner Fähigkeit, die über unseren Köpfen schwirrenden Fliegen zu fangen, besaß er noch viele andere Talente. Er pflückte die schönsten Mangos, Guaven, Orangen und Avokados von den Bäumen in unserem Garten, so viele wie zur Befriedigung Charles' unersättlicher Bedürfnisse nötig waren. Trotz seines schmalen Körperbaus konnte er einen Reifen wechseln, einen kaputten Ofen reparieren und die schweren Wasserkrüge auf den antiken Holztisch unserer spanischen Küche heben. Er kaufte ein, verschrieb Medikamente gegen Insektenstiche oder Durchfall, öffnete ein Karbunkel, tötete eine Wasserwanze, empfahl ein Antibiotikum nach dem anderen und vor allem hielt er seinen Mund, wenn das gesamte formal-medizinische Wissen durch einen Löffel voll Scheiße ersetzt wurde. Er hatte keine Botschaft, die er einem unfreiwilligen Publikum aufdrängte. Anders als die meisten Pfleger und Schwestern, die wie Dschungelmissionare im Schlafzimmer wüteten, hielt er keine höheren Weisheiten für einen leidenden Patienten parat.

Als er Charles beobachtete, wie er mit auf die Brust gesenktem Kopf ruhte, seinen spitzen breitkrempigen spanischen Hut auf dem Kopf und den Körper in eine weiße Jalaba aus Tunesien eingewickelt, stellte Arturo stolz eine Ähnlichkeit zwischen Charles und dem mexikanischen Revolutionär Pancho Villa fest.

Arturo gehörte schon bald zur Familie.

Inzwischen wohnten wir in einer wunderbaren, stattlichen Villa, die voller Geschichte und Kunst steckte und von dichtem Blätterwerk umgeben war, das über die Steinmauern hinweg in den gepflegten, vor Pflanzen und Blumen überquellenden Garten wuchs. Eleganz, Ordnung und Geschmack umgaben uns und auch für Kunst und die Sehnsüchte des Geistes war gesorgt. Wenn wir nicht rettungslos mit gesundheitlichen Problemen beschäftigt gewesen wären, hätte dies unser Garten Eden sein können. Als wir »Todo Modo« und »Revelations« hörten – die beiden Kompositionen von Charles, die am häufigsten auf unserem Plattenteller landeten – klapperte eine Schlange unheilvoll im Hintergrund.

Wenn die Zeit in New York durcheinandergeraten war, dann schien sie jetzt gänzlich stehengeblieben. Ich rechnete die Tage seit dem 4. Juli aus, der ein Dienstag gewesen war – drei Tage, nachdem Charles' Band unter der Leitung von Paul Jeffrey eine Auswahl der im vorangegangenen Januar in den Atlantic Studios aufgenommenen Stücke auf einem Open-Air-Jazz-Festival im Bundesstaat New York gespielt hatte. Arturo legte Charles' Hände zurecht, nahm ihm die Armbanduhr ab und die Zeit schritt voran – sein Zeitkontinuum lag nun in Pachitas Händen irgendwo in Chihuahua im Norden Mexikos.

Spätnachmittags machten wir Ausflüge durch die eindrucksvollen, sonnendurchfluteten Hügel und Felder im Umland. Arturo und Eugene, Charles' Sohn, der in der vorangegangenen Woche aus Kalifornien eingetroffen war und nach Hermalines Abreise als englischsprachiger Pfleger einspringen sollte, begleiteten uns.

»Ich weiß, wo Hermaline als erstes hingeht, wenn sie wieder in New York ist«, hatte Charles vor kurzem gesagt und dabei an die Decke gestarrt, als befände sich der fragliche Ort zwischen den Holzbalken. »In ein China-Restaurant«, beantwortete er selbst seine Frage, während sie weiter schwatzte.

»Wo würdest du hingehen?« wollte ich wissen.

»Ich würde direkt ans Klavier gehen.«

Arturo und Eugene bereiteten unseren Ausflug ins Umland vor, indem sie den Rollstuhl mit Ketten und Vorhängeschlössern hinten in unserem gemieteten Transporter befestigten. Der Tischler, den wir am frühen Nachmittag hatten kommen lassen und der eine Rampe für Charles' Rollstuhl bauen sollte – so daß wir ihn in den Garten oder die Stufen zur Garage oder in den Volkswagen (oder Kombi, wie man hier dazu sagt) hoch rollen konnten – war ein schlaksiger Typ über ein Meter achtzig. Er, Arturo und ich versuchten abwechselnd, uns gegenseitig die neue Rampe hoch und in den Wagen zu schieben, wobei wir den Rollstuhl auf die hinteren Rollen kippten und den Spielraum testeten. Endlich schaffte es Arturo triumphierend, den Rollstuhl mit dem zähneknirschend und nervös darin sitzenden Tischler die zwei mit gummimattenbelegten Planken herauf durch die Tür zu hieven. Charles schrie Befehle von der Veranda herüber.

»Gib mir den Schlüssel«, kommandierte Charles mit blitzenden Augen und plötzlich mutlos, als wir ihn in den Stuhl setzten. »Ihr werdet meinen Arsch nicht festbinden! *Mich* werdet ihr nicht das verdammte Kliff runterrollen! Da scheiß ich drauf!« Seine Augen blickten herausfordernd. »Gebt mir den Schlüssel!«

Trotzdem wickelte Arturo geduldig die Ketten um die Räder des Stuhls und Eugene brachte das Vorhängeschloß an. Dann flitzten wir über Nebenstraßen davon, Charles schaukelte in seinem Stuhl, fiel in den Kurven hin und her, was seine Schmerzen linderte.

An jenem Abend unterhielten Eugene und ich uns bis spät in die Nacht – es war unser erstes Gespräch –, wir saßen an dem langen Tisch im Eßzimmer und er erzählte von seiner Vergangenheit und daß er mit seiner Mutter nicht reden konnte, bis er 25 Jahre alt war.

»Nicht, bis ich von den Marines weg war«, er lachte. »Ich konnte mich nie einfach hinsetzen und reden.« Er goß sich ein Glas heimischen Weins aus der Kristallkaraffe auf dem Tisch ein. Der schäumende Wein reflcktierte das Licht des Kronleuchters, der über unserem elegant gedeckten Tisch hing, während Eugene vom Leben im Ghetto in Watts erzählte. »Den Großteil meiner Kindheit hab ich im Knast verbracht«, er zuckte mit den Schultern. »Ich bin erwischt worden, das ist alles. Hab gemacht, was alle im Ghetto machen. Ich war dreizehn Jahre alt, als der Ärger losging.« Aus der Vergangenheit gab es noch immer Vorbehalte zwischen uns – seine Mutter hatte ihn einmal, zwanzig Jahre nachdem Charles sie verlassen hatte, mit der Mission nach New York geschickt, seinen Vater zu ihr zurück zu bringen – aber wir gaben uns beide Mühe.

Als er mir ein paar silberne Schmuckstücke zeigte, die er auf dem Dorfplatz gekauft hatte, während er mit Arturo trinken war, machte ich ihm sofort Komplimente. »Die sind wunderschön«, sagte ich und setzte hinzu: »Sie sehen genauso aus wie ein paar von meinen Ringen.« Instinktiv sah ich auf meine Finger.

»Ach ja, die sind schön«, pflichtete er mir bei und sah auf meine Finger. Dann merkten wir beide, daß ich keine Ringe trug.

Tagsüber massierte und bewegte er Charles, kümmerte sich um seinen kleinen Sohn Kevin, den er aus Kalifornien mitgebracht hatte, und dachte sich einfallsreiche Gerichte in der Küche aus. Trotz der flüchtigen Momente, in denen sich seine Augen verengten und sich sein Mund zu einer schmalen Linie zusammenzog, lag so etwas wie Liebenswürdigkeit unter der Oberfläche seiner charmanten Schlagfertigkeit. Typisch Kalifornien, dachte ich, mit seiner Durchtrainiertheit, der Bionahrung und den langen Karatehosen. Zigaretten und Schweinefleisch lehnte er ab, brauchte viel »zu rauchen« (er machte seine Grasquellen nur Stunden nach seiner Ankunft klar) und eine Menge Wein. Seine ruhige meditative Seite konkurrierte mit dem Gangster und der Mingus-Energie. Ich mußte ihn einfach mögen.

Im Rollstuhl sitzend entspannte sich Charles tagsüber teilweise, die Nächte aber waren schrecklich. Ich versuchte ihn zu beruhigen, daran zu erinnern, daß wir Pachita vertrauen und die »Irritationen« zwischendurch ignorieren mußten. Aber ich hatte ja auch keine zwei große entzündete Zysten zwischen Hoden und Anus und ich mußte mich nicht abkämpfen, um zu atmen. Ich war geduldig mit seinen Ängsten, aber ich wollte sie nicht annehmen. Ich wollte, daß er gesund würde. Ich weigerte mich, die Möglichkeit zu akzeptieren, daß Pachitas Methode fehlschlagen könnte und die im zwanzigsten Jahrhundert ausgebildeteten amerikanischen Ärzte mit ihrer Hoffnungslosigkeit Recht gehabt haben könnten.

»Magst du ein gutes Frühstück?« fragte ich im Halbschlaf. »Möchtest du ein paar Pfannkuchen oder eine Mango?« Ich erinnerte mich, wie ich mich früher gezwungen hatte, an weichgekochte Eier zu denken, frühmorgens wenn das Universum in unendlicher Leere zu verschwinden schien, wenn jeder Grund aufzustehen, selbst die vage Realität eines Frühstücks ausreichte, um die Angst zu vertreiben. Ich schlief wieder ein und als ich aufwachte, waren Charles und Eugene weg. Die Sonne versuchte in dieser regnerischen und düsteren Woche durchzubrechen.

Manchmal habe ich mich gefragt, ob ich nicht hätte loslassen sollen und Charles die Rückkehr ins Leben hätte ersparen sollen, wenn es überhaupt eine Rückkehr war. Vielleicht hatte er einen frühen Tod verdient. In Italien hatte Mamina, meine Schwiegermutter, immer gesagt: »Wen die Götter lieben, stirbt jung.«

Heute warf er mir sein Leben vor. Er sagte, es sei mein einziger Fehler gewesen, ihn hier runter zu bringen, damit er weiterkämpfe. Er war nörglerisch und fordernd. Hermaline hatte sich auf ihre Art mit ihm gekabbelt und schließlich mit einer scheinheiligen Kopfbewegung gesagt: »Naja, wenn ich sterben müßte, dann würde ich es akzeptieren. Ich würde einfach meine Arme öffnen und Jesus gestatten, mich aufzunehmen. Ich würde nicht versuchen zu kämpfen.«

Zu Charles' Spitznamen für sie zählten nun auch: Himalaya, Hellamina, Himalady, Hermanilla, Godzilla und Gargantua.

Er fing an, sich über Arturo zu beschweren: »Tagsüber ist Arturo ein toller Pfleger«, meinte er. »Der Beste. Er hat auf einen Schlag drei Fliegen mit der Hand gefangen. Aber nachts ist er kein guter Pfleger, er weiß nicht, wie er mich im Bett umdrehen muß.«

Irgendetwas war mit Arturo geschehen, als Eugene in die Stadt kam. Charles handelte »über seinen Kopf hinweg«, gestattete seinem Sohn, Arturo technische Anweisungen zu geben – Arturo, einem ausgebildeten Pfleger! Am nächsten Tag ließ Arturo das Mittagessen aus und verstand mein Spanisch nicht mehr. Die Luft war vergiftet. Charles nannte ihn Artillo oder Atilla, den Hunnenkönig. Charles blieb nur seinen unmittelbarsten Bedürfnissen treu, den Reaktionen, die er bei den zahlreichen Bediensteten in seiner Umgebung hervorrufen konnte. Weder Vergangenheit noch Zukunft spielten eine Rolle. In seiner Hilflosigkeit hatte er eine Kraft entwickelt, mit der er die Show inszenierte, manchmal in Panik, aber stets mit unfehlbarem Instinkt für die Stärken und Schwächen der anderen. Ich ließ mich mitschleppen und kam mir immer mehr wie ein unbedeutendes Accessoire seiner Angst vor, die anschwoll wie das offene Meer und uns auf den Schaumkronen ihrer Hysterie davontrug. Je näher Pachitas Operation rückte, desto mächtiger wurde die Angst.

Trotz seines schmächtigen Körperbaus und seiner sanften Stimme leitete Arturo unsere Mannschaft mit natürlicher Autorität. Er war der einzige, der das Hausmädchen und den Gärtner erfolgreich beeinflussen konnte, trotzdem warfen wir sie gestern abend endlich raus. Während die Schlafzimmer unaufgeräumt blieben, die Mahlzeiten nicht gekocht und die Wäsche nicht gewaschen wurde, bekam Arturo sein monumentales tägliches mexikanisches Frühstück zur verabredeten Stunde serviert, seine Arbeitskleidung war gestärkt und gebügelt, sein Bett gemacht, sein Zimmer aufgeräumt und gesäubert. Während der langen Stunden gestern Nacht erzählte mir Eugene, daß Arturo mit unserem Auto Mexikaner über die Grenze schmuggelte.

Gestern abend traf eine junge Frau namens Theresa bei uns in der Villa ein. Sie führte eine Kunstgalerie in Mexiko-Stadt und war eine Freundin von Claudy – in ihrem langen schwarzen Rock und ihrem Spitzenbolero, mit ihrem zurückgebundenen dunklen Haar und den baumelnden goldenen Ohrringen, in ihrem eleganten lässigen Stil wirkte sie sehr spanisch, eine Mischung aus Zurückhaltung und Wärme. Ihre Mutter war Mexikanerin, was ihre Autorität und Vertrautheit mit den Gepflogenheiten des Landes erklärte. Sie nahm sich sofort unserer häuslichen Probleme an, feuerte eine Salve von Befehlen auf die Küchenmannschaft ab.

Eugene nahm unseren neuen Gast mit Interesse wahr.

Unten am Pool, wo ich Octavio Paz' Essay »Allerheiligen, Allerseelen« aus *Das Labyrinth der Einsamkeit* las, erinnerte ich mich an meine Hilflosigkeit im vergangenen Winter, als ich mich nach jemandem sehnte, irgendjemand – einen Freund, einen Priester, einen Ratgeber –, dessen Vertrauen so unumstößlich und frei von Unsinn war, daß dabei vielleicht ein Dialog hätte entstehen können, der Charles' Leiden gerecht wurde. Jetzt war der Tod kein Thema mehr, das meine Tage und Träume durchzog. Wie schnell man etwas verdrängt, wenn auch nur die geringste Hoffnung auftaucht! Ich stellte mir nun wieder vor, daß das Leben weiterging, daß alles, worauf es ankam, das sonnige Tageslicht sei, in dem wir uns nach dem Frühstück auf der langen Veranda wärmten und versuchten, die Steifheit aus Charles' Körpergliedern zu kneten. August! Ich konnte es kaum glauben. August! Wir hatten den Sommer überlebt! Morgen hatten wir eine weitere Audienz bei Pachita, die letzte vor der Operation.

Die Menge vor Pachitas Hof wartete ernst und verhalten, gefangen in Schmutz und bösen Vorahnungen. Um die Anspannung zu mildern, hatte Pachita kleine Kunstgegenstände und Tiere herausgestellt – Kanarienvögel schaukelten in Käfigen über den Köpfen, Lerchen aus Pappmaché waren an den gekachelten Wänden befestigt und hölzerne Skulpturen von Hühnern und Enten standen unten über den matschigen Boden verteilt. (Ihre Affinität zu Vögeln war naheliegend. Schließlich war sie laut der Legende die Reinkarnation von Cuauhtémoc, dessen Symbol der Adler war.)

Selbst hier ertönte im Hintergrund die allgegenwärtige Melodie von »Saturday Night Fever«, dem neuesten Diskohit. Gestern wurde ein mexikanischer Torero von einem Stier in der Plaza del Toros in Mexiko-Stadt aufgespießt. Wiederum am Abend zuvor hatte Muhammad Ali, der Weltmeister im Schwergewicht, irgendwo auf der Welt einen Kampf gegen seinen Widersacher Leon Spinks entschieden und seinen Titel zurückgewonnen. Bruchstücke der realen Welt wurden durch das, was wir auf den lärmenden Straßen im Radio aufschnappten, doch immer wieder spürbar.

Das unablässige Klopfen draußen am Tor brach in die Atmosphäre ein, obwohl niemand von uns Anstalten machte zu öffnen. Das Tor bestand aus einer langen gelben Glastür mit schwarzem, schmiedeeisernem Gitter, das sich sternförmig wie eine aztekische Sonne darüberlegte. Wir warteten den ganzen Nachmittag. Als wir schließlich in der Abenddämmerung in Pachitas Gemächer geführt wurden, trafen wir sie in einem erleuchteten Raum an einem Schreibtisch sitzend an. Ihre Haare waren auf rosa Lockenwickler gedreht – die Hexe hinter der Bühne. Sie starrte uns einen Augenblick beinahe verärgert an und berührte Charles dann sanft an der Schulter.

»In sechs Wochen«, sagte sie ungerührt zu ihm, als würde sie ihm ein Rezept für die Zubereitung mexikanischer Tamales diktieren, »in sechs Wochen sind Sie geheilt!« Sie besprach die Einzelheiten mit Arturo: jetzt noch keine Schlammbäder, ein bißchen Chili ist erlaubt; die Operation sollte Freitag in einer Woche stattfinden. Auf dem Nachhauseweg lachte Charles auf dem Rücksitz wegen des Chilis. »Das ist eine Komikerin!« sagte er und kicherte in seinen Bart.

Zwei Wochen später befanden wir uns wieder in der gärenden Hitze von Pachitas Hof, es wurde dunkel. Wir waren entsprechend Pachitas Anweisungen bei Morgengrauen mit unserem Gepäck eingetroffen und hatten den ganzen Tag zugesehen, wie die Menschenansammlung langsam kleiner wurde, ohne daß einer ihrer Bediensteten das Wort an uns richtete. Erschöpft und enttäuscht bereiteten wir uns darauf vor, nach Hause zurückzufahren, als plötzlich einer ihrer Bediensteten erschien und verkündete, sie würde die Operation heute abend durchführen. Man erklärte uns, wenn Charles keine Flasche

Alkohol und keinen Stoß Verbandszeug dabei hätte, würde sie nicht operieren.

Arturo rannte in die Nacht und suchte das Viertel nach einer Apotheke ab. Wir anderen – Eugene, Claudy, Charles und ich – warteten währenddessen unruhig mit einem halben Dutzend von Pachita ausgewählten Männern und Frauen in Grüppchen verteilt im Dunkeln draußen vor ihren Fenstern im Hof. Starker Alkoholgeruch drang durch die geöffneten Fenster. Irgendwo drinnen hörten wir ein Baby schreien.

Als Arturo schließlich triumphierend zurückkehrte, hatten wir jedes Zeitgefühl verloren. Wir warteten immer noch. Irgendwann lange nach Mitternacht wurde Charles nach drinnen gerufen. Wir ertasteten uns langsam im Dunkeln den Weg, stiegen über die Körper von Patienten, die sich von ihren Operationen erholten – ungefähr ein Dutzend lagen auf dem Boden in der Eingangshalle –, bis wir den Eingang zum Operationssaal fanden und Eugene Charles hineinschob. Obwohl wir kaum die dunklen Schattengestalten erkennen konnten, die auf der anderen Seite des Raums standen, dort wo Pachita neben einem schmalen Bett saß, machte uns ein Assistent Zeichen, uns aus ihrer Ecke fern zu halten. Seine Besorgnis war vergebens; wir konnten in der Dunkelheit so gut wie nichts deutlich erkennen.

Ein weiterer Helfer schob sich mit einem langen Küchenmesser in der Hand an uns vorbei. Theresas Hausmädchen hatte ein ähnliches benutzt, um Zucchini für das Abendessen zu schneiden. Er ging damit in Pachitas Ecke und gab ihr das Messer. Dann kam er auf Charles zu und fragte ihn auf Englisch nach seinem Namen, ob er Musiker sei und Musik machte und komponierte.

»Hab ich früher gemacht«, erwiderte Charles.

»Was ist passiert?« fragte der Bedienstete.

»Ich kann mich nicht mehr bewegen. Ich kann weder meine Hände noch meine Beine bewegen.« Eugene hob Charles im Dunkeln aus seinem Rollstuhl und schaffte es, sein enormes bleiernes Gewicht um sich herum zu drehen. Dann setzte er ihn auf das Bett, wo ihn zwei Assistenten auf die Seite rollten. Pachita beugte sich über seinen Rücken.

Die Operation hatte begonnen.

Eugene kam wieder auf unsere Seite des Raums und stand direkt hinter Claudy und mir. Während wir nervös im Dunkeln warteten, drückte er seine Hände fest auf unsere Schultern. Es war eine unerwartete und intime Geste, ein stillschweigendes Teilen der Sorgen. Zum ersten Mal seit Wochen verspürte ich so etwas wie Verbundenheit zu ihm.

»Tut es weh?« fragte jemand.

»Ich glaube an Gott in Pachita«, schien Charles zu sagen.

»Ja, es tut weh«, fügte er hinzu. Der Geruch von Alkohol war überwältigend. Als ein anderer Bediensteter fragte, wie es ihm gehe, war Charles Stimme kaum vernehmbar.

»Wie Christus, als sie ihm in die Seite stachen«, sagte er. Spannung lag in der Luft. Trotzdem war da etwas in seiner Stimme, was mich fragen ließ, ob er die Leiden Christi angesprochen hatte, um den Voodoozauber, der uns umgab, zu weihen. Oder ob mit dem Schmerz und dem tödlichen Ernst auch sein natürliches Faible für Theatralik zum Vorschein gekommen war.

Als wir am nächsten Morgen wieder in Cuernavaca waren und uns auf der Veranda entspannten, betrachtete er die Operation im Rückblick: »Von ihr würde ich mir gerne mein Steak schneiden lassen«, sagte er nachdenklich, als wir die Mittagssonne in uns aufsaugten. »Da fließt kein Blut raus, Baby … Sie *weiß*, wie man schneidet. Sie schneidet direkt durch die *Poren*, Baby … da, wo sowieso schon Löcher sind!…« Er hielt inne. »Oder hat jemand anders geschnitten? Direkt aus dem Himmel? Jemand von da oben, der schneidet und die Show von da oben aus mit einem Laserstrahl in Szene setzt…? Scheiße, das ist es«, sagte er mit plötzlicher Überzeugung. »Ein Laserstrahl! Von Gott durch Pachita!«

Und so war die Operation, dieses riesenhafte Ereignis, auf das wir so viele Tage gewartet hatten, mit beinahe enttäuschender Schlichtheit gekommen und vorübergegangen, so als wäre es nie passiert. Man fragte sich wirklich, ob überhaupt etwas geschehen war. Oder ob Pachita die Verdrehtheiten und Fehlschläge des menschlichen Geistes so sehr durchschaute, daß sie Krankheiten und Schmerzen nur duch das Unterbewußte der Patienten heilen konnte. Worin bestand ihre Magie? Ließen sich Krankheiten durch Willenskraft kurieren?

Der Verband schien heute völlig sauber, es kamen keinerlei Blutflecken durch. Ich widerstand der starken Versuchung, vor Ablauf der erforderlichen zweiundsiebzig Stunden unter den elastischen Verband zu sehen, der die noch immer feuchte, nach Alkohol stinkende Baumwolle bedeckte. Ich fühlte mich wie Orpheus, bereit, alles zu verderben, nur um Gewißheit zu haben.

Am späten Nachmittag begleitete ich Claudy in eine luxuriöse Villa in Cuernavaca, die Dante gehörte, dem Besitzer zweier Diskotheken für Schwule in Mexiko-Stadt und Acapulco. Dante und drei befreundete Männer lagen in Bikinis am Pool, räkelten sich auf Strohmatten in der Sonne und tranken Cola-Rum. Wir gesellten uns zu ihnen und sprachen auf Französisch, Spanisch, Englisch und Italienisch über Pachita. Folgende Geschichten wurden erzählt: einer der Poolgäste mit riesengroßen blauen Augen, Manolo, hatte einen Freund mit Nierenproblemen zu Pachita begleitet und die Wunderheilerin hatte die defekte Niere entfernt und durch »etwas anderes« ersetzt. Dieses »etwas« schien gut zu funktionieren. Ein anderer junger Mann, Michel, berichtete, seine Mutter, eine vornehme Witwe und in Acapulco allgemein als Drachen bekannt, habe selbst eine Freundin in Trance operiert, während ihr Pachita sagte, wie sie das Messer halten und weiter machen sollte. In der Zwischenzeit meinte Claudy, sie wolle Pachita nach den Einzelheiten von Charles' Operation fragen.

Nun mußten wir weitere vierundzwanzig Stunden durchstehen, noch ein ganzer Tag, bevor wir die Wunde in Augenschein nehmen sollten. Eugene hatte, als Charles schlief, wie sich herausstellte, bereits unter den Verband gesehen. Wir trafen uns zu einer Besprechung in der Küche, wo er beiläufig berichtete, daß er überhaupt nichts gesehen habe, kein Blut auf dem Verband, keine Wunde und er schlug vor, daß wir es gegenüber Claudy nicht erwähnen sollten, »könnte sein, daß es ihr spirituelles Tam-Tam durcheinanderbringt«. Er behandelte einen zweiten Verband mit Jod, Wasser, Ketchup, Sojasauce und Alkohol und wollte den Verband auf Charles Rücken durch diesen ersetzen. Er trocknete den so vorbereiteten Verband im Ofen und legte ihn dann oben auf den Kühlschrank.

Als ich vom Markt zurückkam, war Charles bester Stimmung. Er behauptete, Pachita habe eine seiner Nieren entfernt.

»Wie meinst du das?«

»Eugene meinte, da wäre eine Menge Blut auf dem Verband gewesen.«

»Was hat denn Blut mit den Nieren zu tun?« Mir fiel ein, daß er gestern Manolos Nierengeschichte gehört hatte.

»Du hast doch Nierenprobleme, stimmt's?« fragte er. Tatsächlich hatte ich seit unserer Ankunft in Mexiko Nierenbeschwerden.

»Ach, meinst du, sie gibt mir deine?« lachte ich.

»Ja«, erwiderte Charles. »Wahrscheinlich betreibt sie einen florierenden Tauschhandel mit den Organen von Leuten.«

Als ich Eugene fragte, ob er Charles erzählt habe, daß da Blut auf dem Verband gewesen sei, leugnete er, irgendetwas gesagt zu haben, bis ich Charles' Worte wiederholte.

»Ach ja, ich hab's gestern erwähnt, als ich ihn massiert hab.«

Eugene sucht sich die Wahrheit den Launen seiner Phantasie entsprechend aus, oder noch öfter je nach dem, was ihm gerade vorteilhaft erscheint. Neulich abends, als wir auf dem Dorfplatz Bier tranken und Nachos aßen, kamen ein paar kleine Jungs vorbei, die »Silberschmuck« an den Tischen verkauften und uns mit ihren Straßenhändlertabletts umringten. Eugene kaufte ein paar Talismänner, handelte und schacherte ausgiebig mit ihnen um ein silbernes Armband – das teuerste Stück – und jagte sie schließlich davon. Ein paar Momente später hob er seine Serviette auf und rief überrascht aus: »Guck mal, was sie vergessen haben …«, und zog das Silberarmband hervor.

»Eugene, das ist fürchterlich«, sagte Theresa mit einer Prise Hochachtung.

»Du hast die Straßenjungs auf ihrem ureigensten Gebiet geschlagen«, sagte ich.

»Ach ja«, murmelte Eugene und ließ den Verschluß an seinem Handgelenk zuschnappen. »Ich war lange draußen unterwegs.«

Claudy rief an und sagte, sie könne nicht mit Pachita sprechen, da sich die Frau und Mutter des mexikanischen Präsidenten bei ihr trafen. Sie sagte, Dutzende von Wachleuten und Polizei hätten den Hof überrannt. »Die Frau des Präsidenten hat Probleme mit den Eierstöcken«, berichtete sie. Außerdem litt die Mutter des Präsidenten an Nierenbeschwerden. Da Charles noch immer darauf bestand, Pachita habe seine Niere entfernt, hatten wir nun Anlaß, uns unter anderem zu fragen, ob vielleicht die Mutter des Präsidenten von Mexiko von jetzt an mit der Niere von Charlie Mingus herumlief.

Ich erzählte ihr, Eugene habe unter den Verband gesehen und nichts entdeckt.

»Pachita ist kein Scharlatan«, erwiderte sie bestimmt. »Wenn sie was tun, dann weil das notwendig ist. Ich geh mit ihr zum Essen und wir werden sehen.«

»Versprich, daß du ihr nicht sagst, daß es uns an Glauben fehlt«, sagte ich nervös. »Wichtig ist, daß Charles an seine Heilung glaubt.«

»Hab gesprochen mit Vincenzo«, fuhr Claudy fort. »Kommt nach Mexiko-Stadt morgen mit Schlammvorrat für zwei Wochen für Charles. Geht viel besser. Schläft jetzt alleine, steht auf und macht Pippi, rasiert selbst, fängt an zu laufen. Ich hoffe, Charles lernt ihn diese Woche kennen.«

Um Mitternacht fuhr Eugene mit dem Wagen weg, obwohl die Lichter im Haus bereits erloschen waren und sich ein Gewitter zusammenbraute. Wahrscheinlich wollte er mehr Bier holen. Mitten im Gewitter hallte das Geräusch eines Aufpralls durch das Haus.

»Eis«, sagte Arturo.

»Das war ein Blitz, Mann«, sagte Charles. »Er hat ins Fenster eingeschlagen.«

»Eis«, wiederholte Arturo.

»Geh raus«, befahl mir Charles, »und sieh nach, ob du Eis siehst. Das ist ein Blitz, Mann.« Ich ging nach draußen unter den Bogengang und spähte in den Innenhof. Es goß in Strömen und der Wind peitschte das Wasser. Ich ging schnell wieder rein.

»Ich stelle mich nicht da draußen hin und gucke, was runter kommt«, sagte ich aufmüpfig. Charles befahl Arturo nach draußen. Er kam mit einem Eisbrocken zurück.

»Zeig's mir«, sagte Charles, als ich es ihm vor die Augen hielt. »Höher«, schrie er. »Ich kann's nicht sehen.«

Zwanzig Minuten später traf der Blitz draußen etwas, und man hörte einen weiteren lauten Schlag an Charles Schlafzimmerfenster, gefolgt von einem heftigen Hagelschauer. Genau in dem Moment kam Eugene zurück, er war sternhagelvoll. Was er auch immer hatte besorgen wollen, es hatte ihm in Verbindung mit dem Tequila zum Abendessen nicht gut getan. Er hatte sich umgezogen, trug seine japanischen Freizeitklamotten und stampfte damit gammelig und schlechtgelaunt durchs Haus, obwohl der Zeitpunkt gekommen war, um den Verband abzunehmen. Es war der denkbar schlechteste Zeitpunkt, um die Beherrschung zu verlieren, sagte ich ihm.

Nach einer halben Stunde, ungefähr um ein Uhr morgens, als sich Eugene ein wenig beruhigt hatte, nahmen wir den Verband ab. Charles fragte ihn wieder nach dem Blut, das Eugene gesehen haben wollte. Eugene legte den »blutigen« Mullverband, den er vorbereitet hatte, schnell aufs Bett und auf das Kissen vor Charles Augen.

»Na, ist das genug Blut für deinen Geschmack?« fragte er.

»Wirf das fort«, sagte ich, und zog ihn schnell weg. Ich rannte damit ins Bad und spülte den Verband ins Klo. In der Zwischenzeit erzählte Eugene Charles, daß keine Narbe zu sehen sei.

»Das ist ein Wunder«, sagte Charles. »In mich reinschneiden und das alles und dann keine Narbe. Baby, das ist ein Wunder!«

»Ich glaub nicht, daß es ein Wunder ist«, sagte ich verlegen. »Pachita weiß Dinge, die andere Leute nicht wissen. Es gibt Menschen, die halten deine Musik für ein Wunder. Andere wieder…«

»Hör auf mit deinem intellektuellen Scheiß«, fuhr er mich an. »Das ist intellektuell. Das kann keiner, in jemanden reinschneiden und dann bleibt keine Narbe.«

»Claudy haben sie vom Hals an die Wirbelsäule runter aufgeschnitten und da war keine Narbe«, sagte ich in dem Versuch, das Thema auf etwas zu lenken, von dem ich glaubte, daß es stattgefunden hatte. »Oder Vincenzo…«

»Drei Tage«, überlegte Charles, »bevor der Verband runterkommt ... vierzig Tage bis der Wein fertig ist...«

Pachita arbeitete mit spirituellen Zahlen. Ich spürte, wie sich sein Glaube an sie festigte. Das tröstete mich. Ich hielt seine Hand in meiner und er drückte seine Finger in meine Handfläche. Ich konnte seine Nägel spüren. Wir sprachen über die Operation. Ich fragte ihn, ob er Schmerzen gehabt habe.

»Wenn sie gewollt hätte, daß ich Schmerzen spüre, dann hätte ich welche gespürt«, sagte er.

»Du hast gesagt, du hättest Schmerzen gehabt«, warf ich ihm vor.

Seine Augen funkelten. »Naja, als das Messer zehn oder zwölf Zentimeter tief reingeschnitten hat, hatte ich Schmerzen, Baby.«

Im Badezimmer stieß mich Eugene an und machte mit Daumen und Mittelfinger ein kreisrundes Zeichen des Triumphs. Wir hatten es durchgezogen. Ich eilte nach draußen.

Trotzdem, mir war nicht vollständig klar, wer von uns die Show wirklich leitete.

Charles und Eugene redeten weiter über Pachita, während Eugene ein Bad vorbereitete.

»Na ja, ich hoffe, sie ist das, woran du glaubst, Gott oder der Teufel.«

»Ach, es gibt einen Gott«, sagte Charles.

»Naja, ich weiß nicht«, erwiderte Eugene.

Charles meinte: »Er wandelte auf Erden.«

»Wenn er das getan hätte, dann, glaube ich, würde er immer noch wandeln«, sagte Eugene und wrang den Waschlappen aus.

»Es gibt einen Gott«, wiederholte Charles.

»Ich hab's gehört, Mann.«

War es ein Fiasko für fünfundsiebzig Dollar? Ein Schmierentheater im Dunkeln? Blitzende Messer und Scheren und der Geruch von Alkohol? Charles Ansprüche mußten Eugene dünnhäutig gemacht haben. An jenem Morgen weckte mich Charles nach einer schlaflosen Nacht, in der er verärgert oder enttäuscht wegen Eugene wachgelegen hatte, damit Eugene fünfzehn Minuten »Pause machen« konnte. Die Pause dauerte drei Stunden. Schon bald stritten und jammerten wir, ich wegen meiner Nieren, er wegen seiner Schlaflosigkeit; ich, weil ich drei oder vier Stunden Auszeit brauchte. Die Pfleger haben zwölf Stunden pro Tag und einen ganzen Tag pro Woche frei. Sogar Eugene hat zwölf Stunden am Tag frei. Ich bin immer im Einsatz, oder beim Einkaufen oder am Kochen und Kräuter zubereiten.

»Ich brauche jemand zum Reden«, beklagte ich mich. Nicht einmal Charles hielt eine Unterhaltung mit mir durch; er würgte mich jedesmal ab, wenn ich ein bißchen Begeisterung aufbrachte.

»Du hast Recht«, sagte er. »Ich kann nicht mehr reden, ich kann nicht denken. Ich werde verrückt. Ich kann nicht schlafen.« Und so ging es weiter. In seiner Frustration bewegte er seine Beine, so daß sie ein wenig über die Bettkante hingen.

»Naja, du bewegst deinen Körper«, sagte ich.

»Ja, ich möchte mich vom Bett runter werfen und mir den Schädel auf dem Boden zertrümmern. Das habe ich mal in New York versucht. Ich habe meine ganze Kraft zusammen genommen, aber ich konnte es nicht.«

Ich beobachtete, wie er sich auf dem Bett langsam in verschiedene Positionen bewegte, wie eine große fleischige Krabbe, sein nackter Körper verkrampfte sich unter der Anstrengung. Ich dachte nach über die ganze im Zaum gehaltene Kraft und erinnerte mich an die Tage in der Fifth Street in seinem Studio, als er manchmal verärgert oder wütend war und ich mich vor seiner Kraft fürchtete. Einen Augenblick lang erfüllten mich die langsamen Bewegungen seines Körpers wieder mit Angst, bis ich von solch ungeheurer Traurigkeit und Scham erfüllt war und den Kopf hängen ließ.

Jetzt sahen seine Hände aus wie die eines Ertrunkenen, an den Fingerspitzen runzlig und merkwürdig durchscheinend. Sie fühlten sich an wie Papier. Diese Hände, die so viel Musik geschaffen hatten, verdorrten, weil er sie nicht mehr benutzen konnte.

ACHT

> You gonna miss me, baby
> 'cause I ain't comin' back no mo'
> You gonna miss me, baby
> My old raggedy soul …
> Charles Mingus, in seinem
> Rollstuhl singend

Charles lag auf dem Rücken und sang im Bett, er imitierte Jimmy Witherspoons kehliges Vibrato. Eugene tanzte ins Badezimmer, um die von Pachita verschriebene Kräutermixtur zu erhitzen.

»Weißt du, Blues mag ich lieber als Bebop. Schon immer«, sagte Charles mit seiner kraftvollen neuen Stimme. Er sang weiter und trainierte wie schon den ganzen Morgen lang seine Stimmbänder – er hatte damit angefangen, als er feststellte, daß er wieder gurgeln konnte. Er starrte an die Decke und seine Stimme ertönte: »urinieren urinieren urinieren urinieren urinieren…«

Eugene klapperte mit Töpfen und ließ Wasser ins Becken laufen.

»Piss, ba-by…«, sang er lauter.

Eugene brachte die Bettpfanne rein und Charles strahlte, hocherfreut wegen seiner wieder gewonnenen Stimme.

»Tamales!« schrie er plötzlich. »Hey, Hometown«, rief er seinem Sohn zu. »Los auf die Landstraße…«

Schon bald preschten wir übers Land. Eugene saß am Steuer. Wir fuhren über holprige schmutzige Straßen und ungepflasterte Dorfwege, und Charles hüpfte in seinem Rollstuhl hinten auf und ab wie Wackelpudding. Er grinste und knirschte mit den Zähnen, während wir um die Kurven schaukelten. Wir hielten an und probierten Tamales – heiße Maisfladen, die in Maisblättern geformt werden. Alte Frauen verkauften es aus riesigen dampfenden Metalltöpfen. Sie standen vor den ärmlichen Hütten am Rande winziger Dorfwege und schlammiger Pfade, die sich in matschige Straßen verwandelten und schließlich in die Berge abzweigten.

Eugene, der sich Anfang der Woche auf die Suche nach wild wachsendem Cannabis gemacht hatte – er war überzeugt, es müsse in der Gegend wachsen –, diskutierte seine Hoffnungen mit Arturo.

»Du glaubst, das wächst da, einfach so, ganz umsonst und alles für dich?« lachte Arturo auf dem Rücksitz, wo er sich um Charles kümmerte. »Ach, nein. Wenn's da welches gibt, *amigo*, dann erschießt dich der Bauer, keine Frage!«

Inzwischen hatte Eugene selbst Marihuana angebaut, bei uns zu Hause. Heimlich hatte er Beete auf dem Grundstück angelegt. Jeden Morgen unternahm er Ausflüge, trug eine Plastikmülltüte voll Wasser, Kuhdung, Schlangenscheiße oder sonst etwas hin, das wir auf Vorrat hatten und von dem er glaubte, das es düngte. Er hegte und pflegte die Pflanzen mit größerer Aufmerksamkeit, als er seiner Frau und seinem Kind, die ihn zweimal besuchen kamen, angedeihen ließ. Vergangene Woche, am Tag nach seinem romantischen Intermezzo mit Claudy im Gästezimmer, lud er sie ein, seine Feldfrüchte zu bestaunen. Sie lehnte ab, da ihr offenbar nicht bewusst war, welch seltener Ausdruck der Intimität sich hinter seiner Einladung verbarg.

Knapp einen Kilometer hinter einem verlassenen Haus hatte er das Cannabis gepflanzt. Es wuchs auf den Dächern unserer Villa. Er stellte Einmachgläser in die schattigen Ecken an der Gartenmauer. Eine Zellophantüte voll geernteter grüner Samen trocknete auf dem Fensterbrett in der Küche, während er experimentierte, um die Qualität der Sorte zu verbessern. Eines Tages erzählte er uns von seinen Plänen, die Pflanzen bei seiner Rückkehr nach Kalifornien mitzunehmen: er wollte sie in den Pappbügeln seiner Anzüge verstecken, unter den Halsbändern der Hunde oder in den Griffen am Lenker des Dreirads seines Sohnes, das dieser nicht wieder mitgenommen hatte. Er machte sich keine Sorgen wegen der Gesetze. »Anderer Leute Gerechtigkeit«, nannte er die Gesetze des weißen Mannes und zitierte Malcolm X, wie er es in der Schule getan hatte – »Just us« –, Insiderscherze, die er in seiner Kindheit in Watts gelernt hatte.

Als Claudy und ich die Zutaten für Charles' Kräutermassage auf dem Herd kochten, beugte sich Eugene über ihre Schulter, fuhr mit dem Arm über ihre Brust und begutachtete den klebrigen Pflanzensaft mit Kennerblick bevor wir ihn in den Kessel gaben. Obwohl sie ihn davor warnte – »Nein! Nicht gut! Mach nicht!« –, nahm er trotzdem etwas davon. Schon bald drang der Geruch von »Smoke«, der Duft von Kerzen und Weihrauch und ein monotoner Singsang aus seinen Zimmern durch das daran anschließende Badezimmer und in das Schlafzimmer, in dem Charles noch schlief.

Nach Wochen des Zusammenlebens, das sich sehr vertraut, intensiv und engagiert gestaltete, wurde mir klar, daß ich beinahe nichts über Eugenes Gefühle wußte, außer daß er offenbar kein Herz hatte. Und dennoch, wenn es eine Seite an ihm gab, die mich mit ihm versöhnte, dann war das der komische Held, der auf Parties Knallfrösche in der Hand fing, dem keine Aufgabe, kein Risiko, keine Unternehmung zu schwierig schien. In einem Haushalt, der ohnehin schon von Phantasie und Ausschweifungen geprägt war, nährte seine Bereitschaft alles zu versuchen, sein gelassener Wahnsinn, die Grenzenlosigkeit unserer Hoffnung. Er schob Charles in seinem Rollstuhl auf die Gipfel der Pyramiden und die endlosen Stufen des Restaurants »Las Mananitas« hinab in die eleganten Gärten. Er trug die Mingusenergie und Phantasie in die nächste Generation weiter – ungestüm, launisch, wütend und tröstend. Der Zynismus der Straße und bestimmte Überlebensmechanismen schalteten sich ständig ein und aus. Dennoch hatte er eine bemerkenswerte Geduld und schaffte es, Charles auf unzählige Weise zu helfen.

Das Leben in die Länge zu ziehen, die Ausdehnung dieser unsagbaren Qualen über lange Tage – ich fragte mich manchmal, ob es das wert war. Wird der tägliche Kampf Charles' unstillbarem Verlangen weiterzuleben gerecht? Dieses Verlangen überwog zumindest für einen Teil des Tages, wenn wir entschlossen in unserer Unabhängigkeit alleine mit dem Wagen wegfuhren, über Landstraßen holperten und Charles im Sitz hinter mir auf und ab hüpfte. Die Ketten sorgten weiter dafür, daß der Rollstuhl fest stehen blieb, und ich versuchte, mir Orte einfallen zu lassen, wo wir hinfahren könnten. Ich sah fragend in sein gequältes Gesicht im Rückspiegel, während wir uns Mühe gaben, die Realität zu verleugnen und so zu tun, als wären wir frei und beweglich. Eine Zeit lang waren wir es. Zumindest hatten wir uns so in Erinnerung.

Zusammen fuhren wir durch den Nachmittag, erkundeten die Gegend, kauften lebende Truthähne, die in ihren Käfigen hinter Charles flatterten, und fuhren durch Mexiko, obwohl wir niemals vorgehabt hatten, dort zu leben oder diese unergründliche Kultur kennen zu lernen: eine amerikanische Frau in Blue Jeans und ein großer schwerer schwarzer Mann in einem Rollstuhl hinter ihr. Wir hielten an Verkaufsständen, wo Frauen die Seitentür des Volkswagentransporters öffneten und Charles Tacos gaben, während uns die Mexikaner ohne große Neugier anstarrten. Charles aß und überlegte, wohin wir als nächstes fahren könnten. Irgendwohin, Hauptsache nicht nach Hause.

Manchmal dachte ich daran, den Wagen einfach von der Straße abkommen zu lassen.

Als ich unentschieden am Rand des Schwimmbeckens stand, kurz bevor ich wieder ins Haus ging, sah Charles aus seinem Rollstuhl, der am Ende des abschüssigen Rasenstücks vor der Veranda geparkt war, leicht verwegen hoch.

»So wie ich dich kenne, wird es genau so ein Augenblick sein«, sagte er, »wenn du deine Arme hochnimmst und mich ins Becken schmeißt.« Er lächelte. Er nahm seine ganze Kraft zusammen und schob seine Hände auf den Armlehnen des Stuhls nach vorne und bereitete sich auf die Bewegung vor.

»Jetzt noch nicht. Aber das kommt noch«, sagte ich optimistisch. Es ging um seine neu gewonnene Gesundheit.

Oder zumindest dachte ich, daß es darum ging. Später würde ich die gelassen geäußerte Andeutung für eine Einladung zum Mord halten, als letzten verzweifelten Ausweg aus seinem Elend. Vielleicht wußte er es schon.

Heute abend, 15. September, fuhr unser Familientrupp, einschließlich Ron, unserem jüngsten Neuzugang aus der Pflegeragentur in San Francisco, zur Feier der mexikanischen Unabhängigkeit und Eugenes Geburtstag unter einem von Feuerwerk erleuchteten Himmel in die Stadt. Ich hatte zuvor eine hochaufgetürmte Geburtstagstorte aus zweiunddreißig Flaschen Don Equis gebaut, Eugenes Lieblingsbier, und eine große Kerze, eine Flasche Tequila auf die Spitze gesetzt und auch noch eine bunte Decke und einen flotten Poncho, den ich auf dem Markt entdeckt hatte, eingebaut.

Charles und ich saßen auf der Veranda, während ich Übungen mit seinen Fingern machte. Ich drückte jeden Fingerknöchel einzeln zurück, drückte die mittleren Gelenke, bog und drückte die Finger, rollte sie zu einer Faust in seiner Handfläche zusammen, öffnete sie dann, so wie er mich anwies. Jedes Fingerglied an jedem Finger wurde zurückgedrückt und weiter und zurück und noch weiter.

»Mehr«, sagte Charles zuckend.

»Tut es weh?«

»Mann«, sagte er, »natürlich tut es weh. Das soll es doch. Zwei Tage lang hat keiner Übungen mit diesen Fingern gemacht.«

»Na, dann sag's Arturo. Der macht das schon. Ron auch. Oder Eugene. Oder ich. Ich hab's gestern gemacht, kannst du dich nicht erinnern?«

Er beäugte jeden Finger kritisch, während ich sie bewegte, brachte seinen Unmut zum Ausdruck, wenn ich seinen Forderungen nicht nachkam, und beschrieb mir jede Bewegung in allen Einzelheiten. Seine Finger, seine Hände unterlagen noch immer seiner sorgfältigen Disziplin, obwohl er nicht in der Lage war, ihre Energien selbst freizusetzen.

Nach einem ausgedehnten Streit mit dem Pfleger Ron (von dem Charles behauptete, er sei überhaupt kein Pfleger – er glaubte, eine Bande von Betrügern in San Francisco verwendete Namen von echten Pflegern, um an Jobs im Ausland zu kommen. Er sagte, Ron drehe ihn nicht richtig um und mache Fehler, die ein Pfleger nicht machen würde) vertrug ich mich wieder mit ihm. Ich sagte, ich würde schnell los poltern, aber es sei nicht so gemeint. Ich habe mich weit von meinen ehrbaren Wurzeln entfernt, der für zivilisiertes Verhalten unerläßlichen vornehmen Beherrschung, habe mich weit von meinem Vater entfernt, der einmal eines meiner Geschenke, Saul Bellows *Henderson, the Rain King* verächtlich beiseite legte, weil er die Sprache darin vulgär und unakzeptabel fand. Er gemahnte mich an die Jahrhunderte, die es gebraucht hatte, bis sich der Mensch vom Tier unterschied, bis sich der zivilisierte Mann und die Dame herausgebildet hätten. Er würde das alles nicht wegen eines Wortes auf Seite fünf wegwerfen.

»Aber Shakespeare, dein Lieblingsautor, steckt voller Vulgarität«, protestierte ich.

»Ja«, erwiderte er, »aber nur aus dem Mund von Trinkern und Dieben.«

Ich bin unzählige Theaterszenen weit von der Dame entfernt, die ich einmal war.

Nachts einzuschlafen ähnelt einem akustischen Hürdenlauf mitten in einer 60er-Jahre-Lightshow. Ich liege quer in der Mitte des riesigen Bettes auf der Seite, umarme die Decken und das Kissen, versuche dabei, Geräusche und Lichter auszublenden und bereite mich darauf vor, die Unruhe und den Ausnahmezustand zu ignorieren, die in der Nacht um mich herum herrschen.

Charles schreit alle paar Augenblicke Befehle, am anderen Ende des Raums und in den Badezimmern flackern die Lichter an und aus. Das Ganze wird ergänzt durch das wahnsinnig laute Knirschen des elektrischen Betts, wenn es hochgestellt oder in andere Positionen gebracht (Knie hoch, Kopf runter, Bett hoch), die wechselnde Frequenz der Luftblasen in dem Sauerstoffbehälter, wenn Eugene den Druck des Schlauchs, der in Charles Nasenlöcher führt, erhöht oder senkt. Aber am allerschlimmsten Eugenes erbostes Schlagen auf den Metallbehälter, das mich jedes Mal mit Angst erfüllt.

Heute morgen sang ich erschöpft und mit kindlicher Wut erfüllt, so laut ich konnte »O sole Mio« unter Eugenes Fenster, damit seine Ruhe auch gestört würde; damit er auch nur einen Bruchteil meiner Frustration und Schlaflosigkeit am eigenen Leib erfuhr. Danach hatte ich einen langen, absurden Streit mit Charles im Garten.

Heute abend lud er mich und Eugene, in dem Versuch, Frieden zu schließen und mich stilvoll zu umwerben, in eine Diskothek ein – wie immer hat er alles unter Kontrolle und läßt sich irgendetwas Überraschendes einfallen. Wie sehr ich diesen Mann liebe! Wir saßen in der mit Aluminiumfolie ausgekleideten Dunkelheit der Diskothek wie in einer Zweigstelle eines Andy-Warhol-Ateliers, Charles in seinem Rollstuhl, Eugene und ich neben ihm am Tisch, während die Klänge von »Saturday Night Fever« durch Mexiko dröhnten, durch die ganze Welt dröhnten, falls sich von dem Marktplatz hier darauf schließen ließ.

Heute fuhren wir in Theresas elegante Wohnung nach Mexiko-Stadt, um dort auf Claudys dringenden Anruf wegen einer Audienz bei Pachita, die am selben Tag stattfinden sollte, zu warten. Endlich klingelte das Telefon – Claudy rief an und sagte, daß Pachita nicht zur Verfügung stünde. »Pachita mich persönlich anrufen. Sagt Charles muß Schmerzen ertragen. Ist klar, er hat Schmerzen in Beinen und Armen und Schultern, wenn die Muskeln anfangen wieder zu bewegen. Sagt, sie hat Virus schon rausgenommen, wird besser gehen. Wird ihn rufen wie Vincenzo wenn –«

»Ruf mich nicht an, ich ruf dich an«, unterbrach ich sie ärgerlich. Denn jetzt mußte ich es Charles sagen, mußte die Enttäuschung in seinem Gesicht betrachten und wußte jetzt, daß das Leiden weitergehen würde. Ich ging ins Eßzimmer, wo sich alle bei Hähnchenschnitzeln, Fettucini und Pilzen, Zucchini und Tomatenpüree versammelt hatten. Sie wischten sich mit beigefarbenen Spitzenservietten aus Leinen den Mund. Es wurde still im Raum. Ich sagte Charles, was Claudy gesagt hatte.

»Mir geht's besser, mir geht's besser, mir geht's besser«, sagte er.

»Jeden Tag geht's mir in jeder Hinsicht besser, mir geht's besser und immer besser.« Ich wiederholte das Mantra von Èmile Coué, einem beliebten Wunderheiler aus den 20er Jahren. Im Raum lachten sie unbehaglich.

»Wer hat uns überhaupt gesagt, daß wir nach Mexiko kommen sollen?« fragte Charles verbittert. »Claudy?«

»Die Leute müssen alle warten«, versuchte ich ihn zu beruhigen. »Pachita hat ein eigenes Zeitverständnis. Als Vincenzo nach Mexiko gekommen ist, war sein Termin für Montag verabredet. Eine Woche blieb er bei Freunden. Als er da nicht mehr wohnen konnte, zog er ins Hotel. Sie hat nicht angerufen. Und drei Monate später bekam er seinen Termin. Claudy hat über ein Jahr auf ihren gewartet.« Ich redete so schnell ich konnte. »Wir haben Glück gehabt. Du warst schon zweimal bei ihr...« Alle fielen in mein Loblied ein. Charles schien sich ein wenig zu entspannen.

»Pachita ist schlau«, sagte er. »Sie nimmt ein bißchen Lammblut, macht ihren Kram im Dunkeln und bringt dich dann dazu, dich selbst mit deiner eigenen Zuversicht zu heilen.« Er fing an zu lachen. »Ja, Mann«, sagte er zu Eugene, »ein bißchen Lammblut – das Blut auf dem Verband hat gerochen. Menschenblut riecht nicht.«

Niemand kann Charles was vormachen – kein Lamm und auch sonst niemand –, dachte ich stolz.

»Ich hab nichts gerochen«, sagte Eugene. »Ich meine, Frauenblut war das nicht.«

»Ja Mann«, Charles fing an Spaß zu haben. »Von einer Pussy kam das nicht.« Alle sahen erleichtert aus.

»Ich will Eiskrem, Mann«, sagte Charles plötzlich. »Sag Arturo, wir gehen aus. Ich will Ananas, Banane, Erdbeer und Pistazie...«

»Und Vanille und Schokolade«, sagte ich.

»Und Rumrosine«, ergänzte Eugene, als wir prozessionsartig auf die Tür zugingen.

Joni Mitchell traf gestern abend ein, zusammen mit unserem Freund Daniele Senatore und seinem Freund Carlo Ponti, der damals bei Elektra Records war, Jonis Label. Wir holten sie am Flughafen ab und machten einen Abstecher über die berühmte Plaza de Garibaldi mitten in Mexiko-Stadt, wo es Tamales und Pulche – den mörderisch starken Kaktuswein, der hier zum Leben dazugehört – ebenso im Überfluß gab, wie die Gruppen von Mariachi, die ihre Geschichten von Liebe und Verrat sangen. Ich dachte an Charles, der ihnen auf seinem Album »Tijuana Moods« mit »Los Mariachis« seine Achtung erwiesen hatte, und fragte mich, ob auch er sich an seine wilden Nächte in mexikanischen Grenzstädten erinnerte.

Am folgenden Morgen hatten sich alle Hausbewohner nach nur wenigen Stunden Schlaf im Haus verteilt: Joni machte in ihrem grell orangefarbenen Gymnastikanzug ihre Yoga-Übungen. Später saß sie neben Charles im Gras und sie besprachen ihr Aufnahmeprojekt. Sie sagte, sie bräuchte noch einen oder zwei Songs, damit das Album »abwechslungsreicher« wäre.

»Ich hab noch nie zweimal das gleiche komponiert«, erwiderte Charles. »Wenn es eine Ähnlichkeit gibt, dann mußt du das in den Griff kriegen. Es kommt auf die Arrangements an.« Er sagte ihr, er hätte keine melodische Variationsbreite mehr und könnte kein Lied mehr singen.

»Warum schreibst du nicht einen Text für ›Reincarnation of a Love Bird‹ oder für ›Sue's Changes‹?« schlug er vor. Später spielte er ihr ein Band mit »Orange was the Color of her Dress« vor. Mir wurde bewußt, daß sein Schlagzeuger Dannie Richmond vielleicht genau dasselbe Stück – das zu den Standards der Band zählte – in genau jenem Augenblick im Village Vanguard in New York spielte.

»Ich weiß, ich erzähle zu lange Geschichten«, sagte Joni später am Abend, als wir die kristallene Weinkaraffe leerten und uns gegenseitig Geschichten erzählten. »Ich hab dich überschüttet. Ich habe pausenlos geredet. Das ist, weil du eine neue Freundin bist. Es ist, als müßte ich alle Informationen sofort auspacken, damit du eine alte Freundin wirst.« Es war eine unerwartete, rasche und mühelose Freundschaft – etwas, das mir in meiner Isolation half. Dazu kamen die langen Gespräche mit Daniele Senatore bis spät in die Nacht. Ich war froh, ihn mit seinem Herzen und seinem Verstand da zu haben, und natürlich auch einfach deshalb, weil er für sehr viel Spaß sorgte.

Trotzdem, die Projekte und Gespräche, die über Charles' Krankheit hinausgingen, waren nicht mehr als das entfernte Raunen einer Außenwelt, die wir nicht mehr bewohnten. Selbst die sozialen Begegnungen, die langen Fahrten, die ländlichen Mittagessen, der Stierkampf, den wir in Mexiko-Stadt besuchten – Charles sah mit feuchten Augen zu, wie das Schicksal seines eigenen Sternzeichens, des Stiers, besiegelt wurde –, die Spaziergänge im Ort, sind verschwommen und undeutlich.

»Da ist ja die alte Erdnuß«, bemerkte Joni bei ihrer Ankunft, als sie die Farbfotografie entdeckte, auf der Präsident Carter Charles umarmte (mit persönlichen Grüßen unterzeichnet und vom Weißen Haus geschickt), die auf einem Holzregal in der Nähe des Eßtischs stand. Sie verlor langsam die Form, bog sich in der Mitte durch die Hitze und Feuchtigkeit und die ständigen Regenschauer.

Ein paar Tage nachdem Joni abgereist war, fanden wir einen silbernen Rahmen für das Foto in Taxco, dem Touristenzentrum für Silber in dieser Gegend, als Eugene, Arturo, Charles und ich bei einem unserer wie stets unvorhersehbaren kleinen Ausflüge durch die Berge fuhren.

Nur zwanzig Minuten nach unserer Ankunft in Taxco wurden wir beschuldigt, zwei Ringe aus einem Silberladen gestohlen zu haben. Die Polizei, die sofort gerufen wurde, drohte Eugene, Arturo und Charles in seinem Rollstuhl mit aufs Revier zu nehmen. Arturo war außer sich vor Wut. Charles drohte, auf den Fußboden zu pinkeln. Eugene machte wie üblich Smalltalk und stritt scherzend alles ab.

Als wir schließlich wegfuhren, schrie Arturo die indianischen Frauen, Ladenbesitzer und verschiedenen Carabinieri, die sich auf der Straße versammelt hatten, durch das Fenster unseres Transporters an, daß wir im Haus des Kommandanten in Cuernavaca wohnten, so als würde uns unsere stolze Unterkunft von dem Verdacht befreien. Auch ich hatte die Polizisten angeschrien, sie Idioten genannt, weil sie einen

Mann des Diebstahls verdächtigten, der gelähmt in einem Rollstuhl saß.

Inzwischen hatte ich keinen Zweifel mehr, wer die Ringe eingesteckt hatte.

»Wo sollen wir hinfahren?« wollte Arturo wissen.

»Um noch mehr Ringe zu klauen?« fragte ich mit Seitenblick auf Eugene.

Um die Zutaten für unsere Dunganwendungen zu beschaffen, fuhr ich jeden Morgen sehr früh an die Ecke, wo mehrere Kühe auf einem an die Seitenmauer unserer Villa grenzenden Grasstück weideten. Ich parkte den Wagen und holte den Gartenspaten aus dem Kofferraum, rannte einer großen schwarzweißen Kuh hinterher und schaufelte die Haufen zusammen, die sie fallen ließ. Über die Schulter konnte ich sehen, wie mich die Mexikaner schweigend und ausdruckslos unter ihren Sombreros beobachteten.

Wieder in der Küche, wickelte ich den »Schitt«, der voller kleiner Samenkörner und gesund aussehender Grashalme war, in Plastikbeutel und packte ihn in das Gemüsefach des Kühlschranks, in der Hoffnung, die Dienstmädchen würden ihn nicht finden. Ihre Ansichten über Gringos waren ohnehin schon zwiespältig. Später würde ich, Pachitas Anweisungen entsprechend, gehackte Petersilie und gelbe Kamillenblüten hinzugeben. Vielleicht hatte sie sie aus humanen Gründen verschrieben, um den Gestank etwas abzumildern.

Für die Dunganwendungen gingen wir runter ans Schwimmbecken: eine Mischung aus einer halben Portion frischer gemahlener Petersilie auf zwei Teile Kuhmist, die über einem Brenner draußen auf der Veranda erhitzt wurden. Es herrschte allgemeine Übereinstimmung darüber, daß die Dämpfe draußen weniger stark wären. Charles ließ alles in stiller Würde über sich ergehen. Er hatte sich die gesamte vergangene Woche beschwert – bis zu dem Moment, an dem er mit Arturos Anruf bei Pachita konfrontiert wurde (Arturo wählte ihre Nummer und die Zauberin selbst nahm den Hörer ab). Arturo wollte Charles' Widerspenstigkeit und mögliche Alternativen mit ihr besprechen. Angesichts ihrer zu erwartenden Mißbilligung riß er sich zusammen. Charles beugte vor und versicherte Arturo, der den Hörer hielt, daß er es tun würde, ja, er würde es ganz bestimmt machen.

Die Möglichkeit, Hoffnung oder eine neue Wahrheit von dieser untersetzten Alltagshexe (Ich folgte einmal einer dicken Frau im Kittel die Straße runter in einen Gemüseladen, weil ich sie mit Pachita verwechselt hatte) zu bekommen, ließ Arturo, wenn er mit ihr sprach, stottern und stammeln, freudig strahlen, und trotz einer jahrelangen medizinischen Ausbildung ihren Namen ständig ehrfurchtsvoll wiederholen: »Pachita, wie lange sollen wir das Kuhkacka drauf lassen? Sollen wir es heiß machen Pachita? Ja, Pachita. Danke, danke Pachita.«

Letzte Woche traf unsere übliche Abordnung, Arturo, Eugene, Charles und ich, sie unerwartet auf der Straße. Sie saß auf dem Vordersitz eines geparkten Autos vor ihrem Haus und war überraschend aggressiver Stimmung. »Die Leute sagen, ich sei eine *bruca* – eine Hexe. Scheiß drauf!« sagte sie zu jemandem, als wir ankamen. Sie hielt ein kleines Kind und sprach durch das Autofenster mit Arturo. Charles starrte sie aus seinem Rollstuhl von der Straße aus an und sagte Arturo, was er fragen sollte. Sie beäugte ihn von Zeit zu Zeit, wobei ihr linkes Auge schielte. Sie fragte, weshalb er einen Gürtel um die Stirn trug und hörte sich Arturos Erklärung an, daß wir damit seinen Kopf am Stuhl befestigt hätten. Dann verschrieb sie Schnecken für seine Lungen, ein »Pflaster aus Kuhdung mit Petersilie für seine Brust und heißes Kümmelöl, um die Krämpfe in seinen Beinen weg zu massieren.

Als wir an jenem Abend wieder zu Hause waren, saß Charles im schwindenden Licht unten am Schwimmbecken nackt in seinem Stuhl. Arturo trug Kuhmist auf seinen Bauch auf, wickelte locker dünne Mullbinde darum und Muttley schnüffelte um den Stuhl herum. Als ich mich durch den schmalen Durchgang zwischen Stuhl und Wasser zwängte, dachte ich, wenn er mit dem Stuhl ausrutschte und ins Wasser fiel, würden wir ihn vielleicht nicht schnell genug herausziehen können, so daß er vielleicht ertrinken würde.

Vielleicht würde er ertrinken. So einfach war das. Ich konnte es selbst tun. Der Unfall wäre in drei Minuten vorbei. Anders als bei den Schlaftabletten, die vielleicht nicht wirkten, oder deren Überdosierung schwer zu erklären wäre, da Charles sie ja nicht selbst eingenommen haben konnte, gab es hier keine Möglichkeit, etwas falsch zu machen. Mord. Hier gab es die Möglichkeit eines Unfalls: Arturo weg zum Essen, Eugene schlafend auf der anderen Seite des Hauses. Es wäre eine Möglichkeit, falls alles noch schlimmer würde. Noch konnte er sehen und schlucken, noch hatte er Hoffnung. Aber wenn Pachitas »fünfzig Tage« nach der Operation abgelaufen sein würden, wenn es ihm dann nicht besser ginge, müßte ein Weg aus dem Elend gefunden werden.

»Richtig lebendig oder richtig tot«, hatte er gestern gesagt. Ab und zu fragte ich Eugene, was wir tun sollten. Er wich der Frage aus.

Je unbequemer Charles' Rollstuhl wurde, desto mehr Verbesserungen fielen ihm ein. Vor kurzem hatten wir ein Schafsfell über die Rückenlehne gelegt. »Früher war's ein Mercedes, jetzt ist es ein Rolls-Royce«, bemerkte Eugene heute morgen.

Nachdem wir den ganzen Nachmittag auf dem geschäftigen La-Viga-Marktplatz in Mexiko-Stadt zugebracht und Gartenschnecken – caracolas – gesucht hatten, die Pachita als neuste Heilmethode verschrieben hatte, kehrten wir in unsere Villa zurück. Wir schütteten die fünfundzwanzig Kilo Schnecken auf den Fußboden des reich verzierten Badezimmers im Innenhof, das von der Küche abging. In den Jutesäcken vom Markt wären sie erstickt oder aber im Erdboden verschwunden, wenn wir sie auf dem Rasen ausgesetzt hätten.

Nur wenige Stunden später war der Marmorfußboden des Badezimmers schwarz vor Schnecken, sie hingen an den Wänden und an der Decke, klebten an der Toilette und überzogen den Türgriff und den Türrahmen mit einer Schneckenschicht. Sie waren so grotesk und allgegenwärtig wie eine Seuche, so schreckenerregend wie eine Szene aus einem Hitchcock-Film. Sie verteilten sich auf dem Boden, bedeckten die Fließen. Sie krochen die Rohre entlang. Sie überzogen den ovalen Spiegel mit Goldintarsien und das Porzellanbecken darunter. Auf jedem Zentimeter des Raums bewegte sich etwas.

Sabino sammelte zweihundert für Charles' erste Mahlzeit ein. Man muß sie mehrmals abspülen, damit sich der Schleim und die Gifte lösen, es dauert eine Stunde, um die winzigen dunklen Schneckenhäuser zu entfernen, und danach werden sie gekocht und schließlich mit Knoblauch und Petersilie in Butter gebraten.

Obwohl Mexikaner keine Schnecken essen, schlugen sich Sabino und Margarita stoisch und entschlossen. Sie haben gelernt, mit einem Kühlschrank voll Kuhdung zu leben und die riesigen angeschleppten Dunghaufen für Charles' Bad zu umgehen, die den eleganten Hofeingang blockierten. Sie haben gelernt, die grünen Flaschen mit Pachitas *aguardiente* links liegen zu lassen, deren verzauberter Inhalt unter dem Mond und den Sternen heranreifte; sie haben gelernt, die Hühner zu ignorieren, die ihre Eier um den Pool herum legten und den ständig miteinander kollidierenden Gänsen, Hunden und Leguanen aus dem Weg zu gehen, die an den Mauern voller blühender Bougainvillea entlang jagten.

Für den derzeitigen Stand der Dinge, der von einem reinkarnierten Aztekenprinzen und einem großmäuligen Gringo in einem aufgemotzten Stuhl bestimmt wurde, waren eine Million Schnecken, die sich im Badezimmer vermehrten, nur ein weiterer unabänderlicher Aspekt des täglichen Szenarios.

Eugene kam nicht wie geplant von seinem Kurzausflug nach Kalifornien zurück, obwohl wir den ganzen Tag auf dem Flughafen auf ihn warteten und Charles zu Hause verrückt wurde. Mary-die-Ersatz-Schwester bot an, in dieser dritten Nacht in Folge, in der ich weder Hilfe noch Schlaf bekam, auszuhelfen. Es war eine lange, scheußliche Nacht, in der ich Anfällen von Hilflosigkeit und Wut unterlag. Ich weinte ein paar Mal.

»Sie ist *unico*«, hatte Mary zuvor zu Charles gesagt, als ich ihn badete und Salben auftrug. »Ihre Frau ist so geduldig.« Später, als ich die Kontrolle verlor – ich stand neben dem Bett und Frustration und Erschöpfung überwältigten mich, da ich nun schon fünfundsechzig Stunden nicht geschlafen hatte, meine Stimme wurde zu einem schrillen Kreischen und ich starrte irre an die Decke, als könnte mir Gott meine Schuld oder meine Sühne erklären –, stand Mary enttäuscht und mit verkniffenem Mund am Fuß des Betts.

Ich gewann die Beherrschung wieder und setzte die lange Wache fort, nachdem ich geräuschvoll das Oma-Nachthemd, das ich nur einen Augenblick zuvor übergeworfen hatte, wieder herunterriß (als ich mich bereit gefunden hatte, Mary mit ihrem geflüsterten Vorschlag, ich solle versuchen, ein wenig zu schlafen, beim Wort zu nehmen) und wütend wieder meine Khaki-Hosen und mein Hemd anzog – weil Charles nicht gerne mit einer Schwester alleine gelassen wurde, deren Englisch so unzureichend war –, stampfte zurück ins Zimmer und verkündete, daß ich mich wieder angezogen hatte und nicht versuchen würde, oh nein, auch nur eine Stunde zu schlafen. Charles murmelte vor sich hin, seine ungeheure Energie schien ungebrochen, er machte mir Vorwürfe und grummelte ein Dutzend unverständlicher Beleidigungen, die von der Selbstgerechtigkeit und dem Wahn eines Kranken herrührten. Sie entstammten der Abscheulichkeit und dem Leiden und dem alles verschlingenden Bedürfnis, das alles Menschliche und Empfindsame auf die Raserei einer einsamen Kreatur reduziert, die in den letzten protestierenden Zuckungen bebend im Bett liegt.

Mir fiel Rilkes Beschreibung des Sterbens seines Großvaters wieder ein, dessen Ungeheuerlichkeit die Räume des Anwesens erfüllte, während er den Dienstboten befahl, ihn von Schlafzimmer zu Schlafzimmer zu tragen, und er durch die Gänge brüllte und schrie, als er die Unfaßbarkeit des eigenen Todes durchlebte wie den letzten schrecklichen Ausbruch eines Vulkans.

Charles verlangte alle zwanzig oder dreißig Sekunden nach etwas. Wenn ich es schließlich nicht mehr länger ertragen konnte, wenn ich schließlich von meiner Erschöpfung sprach und ihm sagte, daß seine Bedürfnisse meine Fähigkeiten überstiegen, wenn ich schließlich zum vierzigsten Mal das Licht an- und wieder ausgemacht hatte, den Sauerstoffbehälter hoch- oder runtergedreht, das Kissen rein- oder rausgezogen, nach nicht existenten Krämpfen getastet, Kümmelöl auf eingebildete Muskelzuckungen massiert, seine Arme gedehnt, das Laken zurechtgezogen hatte, wenn es nach 6 Uhr morgens war und

Brunhilda die Nacht in die Flucht bellte und der Hahn wieder Alarm schlug, wie er es mit der Verwirrtheit mexikanischer Hähne die ganze Nacht lang getan hatte, wenn es hell wurde am Himmel und wir langsam wieder Gegenstände im Zimmer erkennen konnten, dann, ganz plötzlich, hörte ich, wie Charles einschlief. Auch Mary war plötzlich in dem großen Stuhl eingeschlafen und ich saß im Badezimmer und rauchte eine Zigarette und trank mexikanischen Instantkaffee. Meine Augen brannten, ich nahm plötzlich an der Schnittstelle der Badezimmerspiegel mein gebrochenes Bild wahr, ein Gesicht, das noch immer nicht die Qualen von Charles' Leiden widerspiegelte. Er schnarchte weiter, inzwischen schon beinahe drei oder vier Minuten, ein rasches Aufladen der Batterien, beinahe eine ganze Zigarette lang.

NEUN

»…während sie doch beide ununterbrochen in einem unerträglichen Leben gefangen seien, aber machten sie sich nicht Erträglichkeit vor, wäre ihre Unerträglichkeit nicht zu ertragen, soll Konrad zu Fro gesagt haben, andauerndes Vormachen von Erträglichkeit in einem andauernden Zustand von Unerträglichkeit sei das einzige Mittel, weiter zu kommen, soll Konrad zu Fro gesagt haben, etwas ähnliches hat er auch zu Wieser gesagt, auch zu mir hat er von der Erträglichkeit gesprochen, mit den gleichen Wörtern, mit den gleichen unsichtbaren Gesten…« Thomas Bernhard, *Das Kalkwerk*

Es war der 1. November, Allerheiligen, der Tag der Toten, ein Tag der Feiern auf Friedhöfen, der Tänze und heidnischen Umzüge. Besondere Kuchen in Form von Totenschädeln füllten die Schaufenster der Bäckereien. »Das ist nicht makaber«, sagte Claudy am Telefon. »Es ist voller Leben, Rätsel, Kunst…«

Hier zu Hause gab es jedoch keine Kunst und keine Umzüge, nur Charles versagende Stimme und die ständigen Veränderungen seines Zustands. Als er heute morgen beim Aufstehen nicht wie gewöhnlich ein-zwei-drei-vier zählen konnte, ging er stattdessen in ein »ah-ah-ah-ah« über.

Ich saß da und rauchte zwei Zigaretten, trank Kaffee und aß ein Stück Totenkuchen – pan de la muerte, wie auf dem Etikett stand –, ein runder, hoher, weißer Zuckerkuchen, der wie eine zerdrückte runde Schottenmütze aussieht. Ich hatte gerade Claudy angerufen und sie daran erinnert, daß nun schon vier Monate vorbei waren und daß es ihm schlechter ging.

Auch wollte ich sie fragen, ob Pachita jemals etwas versprochen und nicht gehalten hätte. Ich hatte angerufen, weil ich das Bedürfnis hatte, etwas zu erfahren, irgendetwas, ich nehme an, die Wahrheit. Nach siebzig Jahrzehnten der Erfahrung aus erster Hand mit Körpern und Seelen, die nicht richtig funktionierten, mußte Pachita doch eine hoffnungslose Krankheit von einer heilbaren unterscheiden können? War sie eine Legende, eine Realität oder einfach nur eine Hochstaplerin? War sie eine senil gewordene Hexe? Selbst Hexen werden schwächer, sie lösen sich nicht einfach in einer Rauchwolke auf.

»Ist kein Hochstaplerin«, antwortete Claudy leicht verärgert. »Wenn sagt etwas, dann hat Grund.« Sie machte eine Pause. Bevor sie auflegte, wiederholte sie, »ist kein Betrügerin«.

»Fahr nicht gleich nach Hause«, sagte Charles, nachdem wir bei Las Mananitas Ochsenschwanz und Fettucini gegessen hatten. Das Fahren schüttelte ihn durch und linderte seine Schmerzen. Ich schlug vor, die ganze Nacht durchzufahren. Und so fuhren wir, holperten über schmutzige Straßen, hofften, daß er schlafen würde, hielten ab und zu auf dem Weg an, um seinen Stuhl zurechtzurücken. Einmal verbrachten Arturo und ich eine halbe Stunde am Straßenrand und bauten alles ganz neu auf: nahmen das Brett heraus, den blau-weißen Schlauch, die Ketten, die lange Verbandsschlinge, die hölzerne Radstütze unten drunter, die Kissen unter seinen Füßen und fingen ganz von vorne an.

Die Fenster waren beschlagen. Wir waren auf der alten Straße nach Mexiko-Stadt, der »Libera« – nicht der neuen Mautstraße – und es war kein anderer Wagen in Sicht. Die Polizei fuhr hier nur selten Streife und anzuhalten war riskant, wie Arturo einmal mehr bemerkte. Er grummelte in der Dunkelheit – während wir Charles auf- und wieder zudeckten – »Geld oder Leben«, als wären die mexikanischen Straßenräuber bereits eingetroffen. Ich fing an nervös zu werden. Ich erinnerte mich an eine Geschichte von Flannery O'Connor mit dem Titel »A Good Man Is Hard to Find« über eine katastrophale Begegnung am Straßenrand. Vom Wald her vernahmen wir ein Rascheln. »In dieser Gegend hier bringen Sie einen ohne weiteres für ein paar Pesos um«, flüsterte Arturo. Wir arbeiteten schneller. Charles äußerte unverzagt weiterhin Wünsche.

Und so fuhren wir durch die mexikanische Nacht über gewundene Straßen und über Berge, ein Stück Mond war in der Richtung des Popocatepetl sichtbar, die dunklen Hänge, Schatten und Silhouetten der rasch an uns vorüberziehenden Landschaft bildeten eine verschwommene und imposante eigene Wirklichkeit, während Charles, zusammengesunken und durchgerüttelt in seinem Stuhl, eine Art dürftige Nachtruhe fand.

Einen Moment lang redete er im Schlaf.

»Was?« fragte Arturo.

»Manchmal bin ich in Trance, Mann, ich weiß nicht, wer ich bin.«

Dann, nachdem der Schmerz wieder eingesetzt hatte, nach Stunden der Anstrengung, hielten wir an und aßen Eiskrem. Danach sah ich im Rückspiegel, wie sich seine Miene vor Vergnügen aufhellte. Sein Gesicht war menschlich, wieder erkennbar und eine kleine Melodie erklang im Dunkeln vom Rücksitz.

Als wir in Mexiko-Stadt waren, hatten Sabino und Margarita die Kuhscheiße weg geworfen, die ich, ohne es ihnen zu sagen, im Gemüsefach des Kühlschranks aufbewahrt hatte. Vielleicht war es nicht so schockierend wie eine tote Katze, trotzdem hätte ich ihre Unterhaltung gerne belauscht.

Ich las laut die Liner Notes für das neue Album vor, die uns Atlantic Records gerade geschickt hatten. Charles unterbrach mich beinahe sofort. Sie hatten den Titel falsch verstanden. Er lautete »Me Myself and I« und es interessierte ihn nicht, weiter zuzuhören.

»Me, Myself *an Eye*«, sagte er ungeduldig, »das Auge Gottes, des Ewigen. Die verstehen überhaupt nichts.«

Ein englischer Fan hatte ein aufgezeichnetes Interview mit Charles geschickt, das ebenfalls heute ankam. Er hatte es 1972 in London geführt. Darin sagt Charles: »Musik ist mein Leben. Ohne wäre ich tot. Alles, was ich brauche, ist Notenpapier und ein Klavier.«

Später im Schlafzimmer sagte er: »Ich glaube, Pachita hat alle

Leute der spirituellen Welt versammelt, alle Leute aus dem Land der Hölle und dem Land des Himmels, alle Pferde des Königs und alle Männer des Königs, und ich glaube, sie bekommt Humpty Dumpty nicht mehr hin ... Aber vielleicht ist er auch nie gefallen. Vielleicht war er einfach nur ein armer verliebter Tölpel.«

Zurück aus dem Krankenhaus, sprang Mary tagsüber für Eugene ein, der noch immer in Mexiko-Stadt war. Wir hatten an einem gemächlichen, sonnigen Sonntag auf ihn gewartet. Charles war nervös und angespannt, am Rande der Panik. Um deutlich zu sprechen, mußte er die übermenschliche Anstrengung vollbringen und seinen Kopf heben.

»Ich hab keinen Kehlkopf«, sagte er beim Frühstück. Noch immer weigerte er sich, seine Befehle zu vereinfachen oder sich auf ein oder zwei Worte zu beschränken. Stur behielt er komplexe Gedankengänge, Gefühle und Metaphern bei, die das Material seines Geistes bildeten. Wir bemühten uns, ihn zu verstehen, während er seine Forderungen in lange narrative Formen kleidete. Er formulierte Vorwürfe voller längst vergessener Einzelheiten, sprach von den Fehlgriffen eines rücksichtslosen Pflegers, der einen Takt vergessen oder einen Einsatz verpaßt hatte oder seine Überzeugung nicht teilen konnte, daß sein Wohlergehen, und damit vielleicht sein Leben von der Genauigkeit abhing, mit der wir ein Laken zusammenfalteten.

Vor ein paar Tagen schlug ich ein Abkürzungssystem vor – Fragen, die mit ja oder nein beantwortet werden konnten. Heute stellte sich eine geringfügige Besserung ein und seine normale Stimme kehrte vorübergehend wieder. Als ich ins Wohnzimmer kam, funkelte er mich mit einer Entrüstung an, die mehrere Tage in ihm gebrodelt haben mußte. Mit aller Kraft und Wut, die er aufbringen konnte, rief er: »Scheiß auf ja oder nein!«

Am Montag ging es ihm besser. Wir machten uns zu einer Reise nach Ixtapan de la Sal auf, fuhren durch eine gewaltige Bergkette, die schlafenden Frauen in einem Bett ähnelte. Sinnliche dunkle Kurven schmiegten sich sanft, verführerisch und einladend an den Horizont wie ruhende Göttinnen. Das Land und der Himmel schienen überall mit erotischen und furchteinflössenden Gottheiten bevölkert. Ich konnte meine Augen kaum auf der Straße halten.

Als wir um eine Kurve schaukelten, fuhren wir an einer indianischen Familie vorbei, die unter einem riesigen Baum saß und Leguane hochhielt, damit wir sie sahen.

Charles' unverwechselbare Geräusche des Interesses vom Rücksitz veranlaßten uns zurückzufahren und zwei gigantisch große Leguane für drei Dollar das Stück zu kaufen.

»Das Blut des Leguans hat keinen Geruch«, sagte die alte Frau und hielt das schuppige Reptil an seinem Schwanz hoch in die Luft. »Wenn man ihn tötet, schneidet man ihm hinten mit einem Messer in den Nacken und fängt das Blut auf.«

»Das kann man gut trinken«, setzte der alte Mann hinzu. »Das ist gut für die Gesundheit. Man kann es mit Wein oder mit Bier mischen.«

»Oder mit Coca-Cola«, sagte der kleine Junge, der einen kleineren Leguan am Schwanz hochhielt. Klapperschlangen und Pythons wurden hinten im Haus verkauft, aber wir fuhren schweren Herzens weiter.

Zu Hause verursachten die Leguane helle Aufregung: Margarita schrie, Sabino beobachtete alles aus sicherer Entfernung und Eugene verkündete nach sorgfältiger Begutachtung, daß er sich aus der Haut ein paar neue Schuhe machen lassen wolle.

»Besser als Alligator«, meinte er.

Früh morgens. Alle Hausbewohner hatten sich auf der hinteren Veranda unserer Villa versammelt. Wir stellten eine Flasche mexikanischen Blanc de Blanc Hidalgo und drei Weinkelche auf den Glastisch. Dann stellten wir einen Topf in eine Ecke des Hofs, wo Arturo und Eugene, bewaffnet mit Seilen und Messern, warteten. Margarita und Sabino saßen dicht beieinander auf der Holzbank. Charles beobachtete alles kritisch aus seiner Ecke.

Eugene hielt den Leguan fest in Händen. Er zischte und riß sein grellrosafarbenes Maul in Muttleys Richtung auf, der mit zitternder Schnauze flach auf dem Boden lag. Sein Körper war bereit zum Sprung. Langsam führte Arturo den tödlichen Schnitt aus, sauber und professionell. Er fing das herausspritzende Blut auf, als die ersten Sonnenstrahlen durch die dicken Äste unserer Orangenbäume drangen.

Als wir das Blut in Kelche gossen, tauchte Dr. Calva, der Ortsarzt, am Garteneingang auf und eilte überstürzt wieder davon. »Ich möchte Sie bei Ihrem Ritual nicht stören«, murmelte er.

»Das ist kein Voodoo«, sagte ich nervös. »wir wollen den Leguan essen und fangen sein Blut auf.«

»Ich nehme an, wenn Schildkröten Typhus übertragen, dann gilt das auch für Leguane«, bemerkte er vom äußersten Rand der Veranda.

»Wir essen doch auch Schildkrötensuppe«, erwiderte ich.

»Gut abgekocht«, konterte er sanft. Charles verzichtete plötzlich auf sein Getränk. Entschlossen trank ich meins in kleinen Schlucken. Es schmeckte kräftig, möglicherweise verlieh der Wein am frühen Morgen dem Getränk seinen Pfiff. Eugene kippte den Rest herunter, verdünnte ihn großzügig mit gekühltem mexikanischen Blanc de Blanc.

»Na ja. Na ja. Na ja. Na ja. Na ja. Na ja. Na ja.« Charles saß am Frühstückstisch und trainierte seine Stimme. »Na. Ja.«

Irgendwo auf den trockenen, dahinfließenden Feldern der mexikanischen Nacht, fünfzig Kilometer von zu Hause entfernt, liegt ein Ort namens El Huerto, oder Obstgarten. Der Name läßt an bewässertes Land denken und ist eine Metapher für das Bordelldorf, das sich dort in einer Bodensenke befindet. Die Callano de la Speranza, die Straße der Hoffnung, verläuft durch das Zentrum des Ortes. Auf jeder Seite der schmalen Fahrbahn befinden sich Pensionen, dazwischen grell erleuchtete Taco Bars, 1400 Zimmer insgesamt.

Als wir in unserem Transporter auf einem unserer Mitternachtsausflüge über Land fuhren und spät abends hofften, auf einen Imbiß zu stoßen, befanden wir uns plötzlich in der Menge auf der Straße der Hoffnung. Charles sah in seinen weißen arabischen Umhängen aus wie ein Scheich auf Besuch, der sich einen Harem zusammenstellen wollte.

Unser Transporter fuhr langsam die schmale Straße hinunter.

Wir parkten den Wagen, ließen Charles aus dem Transporter herunter und gingen in eine Bar. Eugene zwinkerte einem der Barmänner zu: »Das kommt nicht oft vor, daß Mama, Papa und Sohn gemeinsam Bordelle besuchen.« Schon bald saßen wir wieder, abgefüllt mit Tacos, Bier und zu viel lauter Musik, im Transporter. Wir fuhren an Mexikanern in ausgebeulten weiten Hosen vorbei, die sich in Hauseingänge schoben. Hinter ihnen sah man lange Flure, in denen sich Tür an Tür reihte, die Bordelle wirkten wie öffentliche Umkleidekabinen am Strand. Wir fuhren die schmutzige Straße weiter, bis schließlich Schlammlöcher und Felsbrocken die Weiterfahrt unmöglich machten.

Bei einem unserer letzten Ausflüge zum Kräutereinkauf auf den großen Markt teilte mir Charles verbittert mit, daß ich nicht in der Lage sei, »Befehle zu befolgen«. Unter anderen Umständen hätte ich das vielleicht für einen Pluspunkt gehalten. Jetzt spürte ich nur den Stachel der Unzufriedenheit. Auf dem Markt verschwand Eugene und ließ Arturo und mich bei dem rückenbrecherischen Unterfangen, Charles' Rollstuhl ins Auto zu hieven, alleine zurück. Während wir mit der Kräuterfrau verhandelten, rief mich Charles, der ein wenig abseits von uns alleine in seinem Stuhl saß, zu sich und brach plötzlich in Tränen aus.

»Ich ärgere mich auch manchmal«, sagte ich. Ich legte meine Arme um ihn. Ich dachte, er mache sich Sorgen wegen unserer Zankereien. Dann bemerkte ich einen Peso auf seinem Hemdsärmel. »Was ist das?« fragte ich.

Er sah mich an. »Den hat jemand da hingelegt«, schluchzte er. Ich hielt seinen Kopf in meinen Armen.

Arturo kam herüber. »Was ist das? Was ist das?«, fragte er Charles. »Was ist passiert?«

»Jemand hat ihm einen Peso gegeben«, sagte ich.

Arturo runzelte die Stirn. »So ist das hier in Mexiko«, sagte er rasch. »Das machen die Leute so. So ist das Leben«, sagte er und appellierte an Charles' Weltgewandtheit. »Du und ich, wir sind Männer. Wir sind welterfahren, uns macht das nichts aus.«

»Und es bringt Glück«, setzte er plötzlich hinzu. »Ja, leg die Münze in deine Tasche, genau da rein. Das bringt Glück.« Er lächelte ermutigend. Ich wollte ihn umarmen. Er lachte. »Komm schon, komm schon«, sagte er zu Charles. »Wir kaufen Obst, ja? Es gibt da eine Frucht, die du noch nie gegessen hast. Ich möchte, daß du sie probierst.«

Wir machten uns auf zum besten Obststand auf dem Markt. Vier kleine Mädchen und ein kleiner Junge standen am Stand und glotzten Charles neugierig an. Sie umringten und beobachteten ihn. Sie starrten ihn an mit der kalten, grausamen Direktheit von Kindern. Ich versuchte mich zwischen ihre Wachsamkeit und Charles' Elend zu stellen. Wütend sagte ich zu dem Jungen auf Spanisch: »Was gibt's zu sehen?« Er ging langsam weg. Ich trat fest auf den Zeh eines kleinen Fußes hinter mir. Leider gehörten die verbliebenen Kinder zu der Frau am Obststand.

Von dem Familienstand gingen wir weiter zum Voodoobereich des Markts, wo ich einen »Teufelsfisch« kaufte, ein getrocknetes Skelett einer merkwürdigen Kreatur, die einem Monster glich. Es hing über dem Kräuterstand neben den Schnüren mit religiösen Perlen und Zaubergegenständen und glückspendenden Knoblauchkränzen.

»Wofür willst du den?« fragte Arturo mißbilligend, als ich 150 Pesos hinüberschob.

»Um ihn anzubeten«, sagte ich verbittert.

Als wir alle im Wagen saßen, sagte Charles vom Rücksitz aus: »Fahr!«

»Was?«

»Arturo, fahr!« sagte er und grinste, als hätte er noch ein As im Ärmel. Wir fuhren eine halbe Stunde über die Bundesstraße. Als wir zu Hause ankamen – eine ganze Stunde vor Arturos Feierabend –, sagte Charles: »Arturo, du bleibst hier. Sue und ich fahren alleine weiter.« Er grinste wieder.

»Okay, okay«, stimmte Arturo zu. Bevor er ins Haus ging, stellte er sich neben Charles' Rollstuhl hinten im Transporter und löffelte eine der exotischen »Granada«-Früchte für ihn aus, die er auf dem Markt gekauft hatte.

»Wo willst du hinfahren?« fragte ich Charles, als Arturo reingegangen war.

»Besorg Rum«, sagte er geheimnisvoll in seiner abgekürzten Sprechweise.

»Und dann?«

»Kurven«, sagte er.

Ich fragte mich, ob er im Sinn hatte, daß wir betrunken von der Straße abkommen und süße Erlösung im Tod finden sollten.

»Du willst dich in den Kurven durchschütteln lassen?« fragte ich. Er schwieg.

»Warum wolltest du, daß Arturo geht?«

»Damit er mal ne Pause hat«, antwortete er.

Mir war nicht klar geworden, daß er Arturos Freundlichkeit mit kostbarer Freizeit belohnte.

Auf dem Plaza d'Ayala bekamen wir Rum, kippten ein Drittel der Flasche herunter, und dann sagte er wieder: »Fahr!« Wir machten uns zu der alten Aztekenstadt Tepotzlan auf, folgten einer langen, schmalen Straße, die sich durch einsame Hügel schlängelte, wo Gruppen von Pferden frei in der Nacht herumliefen und wo Kreuze und kreideweiße Steine im Mondlicht so hell leuchteten wie Straßenlaternen.

Als der Mond verschwand, begannen riesenhafte geheimnisvolle Formen den Horizont zu bedecken, dunkle Phantomsilhouetten, die die wolkenverhangene Nacht heimsuchten. Wir fuhren weiter und weiter durch diese magische Zeit, die Luft war unerwartet warm, weich und süß wie der Frühling. Stunden später erstrahlte die prachtvolle Kathedrale über der schlafenden Stadt, schwebte wie eine gigantische Laterne über den Kopfsteinpflasterstraßen und Kolonialdächern von Tepotzlan. Charles hatte wieder einmal einen Augenblick außerhalb der Zeit inszeniert. Gelähmt und an den Rollstuhl gefesselt vermochte er immer noch mehr Leben einzufangen, sehr viel mehr, als die meisten gesunden Männer.

»Eine langsame Genesung«, meinte Pachita, als wir uns am folgenden Tag vor ihr aufstellten. »Aber es wird besser.« Sie stand mit ihren Bediensteten in dem schwach erleuchteten Raum vor einem Blumenarrangement. Sie bildeten ein Empfangskomitee in diesem heruntergekommenen Haus für Kranke, während die Gebrechlichen und Bewegungsunfähigen einer nach dem anderen durch die gemusterten Baumwollvorhänge geführt wurden. Bevor wir gingen, kam sie zu uns und tätschelte Charles' Bauch: »Sie müssen Vertrauen haben. Sie müssen an Gott glauben und Sie werden geheilt.« Sie berührte seine Stirn und bat um Segen. Nachdem sie Jesus eine Liste mit Medikamenten gegeben hatte, sagte sie: »Sag dem *muchacho*, daß er gesund wird.«

Als wir im Auto saßen und in der Nähe einer Bushaltestelle parkten, an der mehrere Dutzend Indianer warteten, baute sich ein kleiner Junge auf und starrte Charles, der festgeschnallt in seinem Rollstuhl hinten im Wagen saß, neugierig an. Charles blickte einen Augenblick lang zurück und zog eine ganze Reihe von Grimassen, die den Jungen davonjagten. Es war das erste Mal seit drei Tagen, daß er irgendetwas mit Begeisterung tat.

»Du mußt da wieder raus kommen«, sagte ich.

»Glaubst du an sie?« fragte er.

»Natürlich.«

»Fünfzig Tage sind um«, sagte er.

Mitten in der Nacht antwortete Charles auf eine Frage, die ich ihm am Nachmittag wegen einiger Platten gestellt hatte, die er vielleicht aus New York hätte haben wollen.

»...und sag ihnen, sie sollen Monk schicken«, sagte er plötzlich um zwei Uhr morgens, als wären nicht acht Stunden seit meiner Frage vergangen.

»Was hast du gesagt?« fragte ich langsam wach werdend.

»Monk und Duke Ellington.«

»Was?«

»Die Bänder!«

»Ach so, Monk willst du auch? Du hast ihn lange nicht erwähnt«, sagte ich und gähnte mich selbst zu Bewußtsein.

Eugene schaltete sich ein: »Er will die Platte mit Duke, Dad und Monk.«

»Dein Vater hat nie eine Platte mit Monk gemacht«, erwiderte ich, jetzt hellwach.

»Doch, hat er«, beharrte Eugene. »Meine Mom hat sie. Die ist mit Duke, Dad, Monk und Max Roach.«

»Nein, Charles hat ein Stück geschrieben, das ›MDM‹ heißt, für Monk, Duke und Mingus.«

Aus einer dunklen Ecke des Schlafzimmers meldete sich der Maestro selbst. »Fragt mich«, sagte er ungehalten. »Noch haben sie mich nicht eingeschläfert.«

Wir wandten uns fragend um. »Gab es nun eine oder nicht?« fragte ich.

Charles' Aussprache war nun verschwommen und unverständlich. Wie gewöhnlich weigerte er sich aus Prinzip, Fragen mit einem direkten Ja oder Nein zu beantworten. Ich schlief wieder ein, wartete auf Aufklärung am nächsten Morgen.

In der Sonne auf der Veranda, als Jesus Wein aus der Kürbisflasche abfüllte – Pachitas Behandlungsmethode seiner Speichelprobleme –, bestätigte Charles, daß er und Monk nie zusammen aufgenommen hatten.

Später am Tag war ich wieder dort angelangt, wo ich mich vor mehr als einem Jahr in den ersten Wochen befunden und emotional die Beherrschung verloren hatte. Zu viel Zeit mit ihm alleine ohne die Schwestern und Pfleger zu verbringen, die einen Puffer gegen die Krankheit bilden, professionell gute Laune verbreiten und dazu beitragen, die Realität auf Abstand zu halten, lastet schwer auf dem Herzen. Er bemerkte meine feuchten Augen und gab weiter Befehle, wie er es schon den ganzen Tag über getan hatte.

»Leg meine Hand auf deinen Nacken.«

»Auf deinen Nacken?« fragte ich.

»Auf deinen«, sagte er mit schroffer Stimme.

Ich legte seine Hand auf meinen Nacken und meinen Kopf auf die Armlehne des Rollstuhls. Dann wurde mir klar, daß ich nicht seine Bequemlichkeit zu verbessern suchte, sondern eine Umarmung formte, seine toten Gliedmaßen in eine trostspendende Haltung brachte. Er streichelte meinen Kopf, bewegte seine Hand ein wenig vor- und zurück und übte sehr sachte Druck aus. Ich fing an zu weinen. Er streichelte weiter meinen Kopf. Wir sagten nichts.

Die Luft war stickig, elektrisch aufgeladen. Beinahe konnten wir die Auguststerne in der Nacht knistern spüren. Wir saßen zusammen und lauschten dem Lärm der Baumfrösche und Heuschrecken, ihr hitziges Surren mischte sich mit den unablässigen Schreien der Zikaden auf den offenen Feldern. Wir konnten die Luft beinahe schmecken. Sie war schwer und mit Düften überladen. Das ist zu viel Schönheit, dachte ich. Ich fürchtete mich davor, mich ihrem verführerischen Zauber zu ergeben, zumindest hier im Sog seines Leidens.

Nicht daß Sinnlichkeit und Romantik wegen seiner Krankheit aufgehört hätten. Sie standen nach wie vor im Mittelpunkt, dafür sorgte er. Wenn die Schwestern zum Mittagessen verschwanden, gingen wir ins Schlafzimmer. Oder am Ende des Tages (wenn es ein schlechter gewesen war) lud er mich ein, bei Cocktails in den eleganten Gärten von Las Mananitas zu entspannen, wo wir stolz und lärmend mit unserer durcheinandergewürfelten Abordnung aus Pflegern, Verbandszeug und Hilfsmitteln oben an der Treppe eintrafen.

Aber er befand sich im Abseits, entrückt. Seine Stimme war kaum hörbar, seine Gedanken mit seinem Schmerz beschäftigt.

»Insolvenzverfahren«, sagte er plötzlich. Ich sah ihn an, wie er zusammengesackt in seinem Rollstuhl am Pool saß und fragte mich, welchen Gegenspieler er im Sinn hatte. Einen früheren Kritiker, oder den Tod selbst? Wem gegenüber hatte er sich bankrott erklärt? Die Wetten waren gemacht, soviel war sicher. Oder hatte er vielleicht mit seinem Sohn über Geld geredet?

Ich lachte. »Erklärst du Eugene für bankrott?«

»Das muß ich nicht«, erwiderte er. »Daniele wird sich um ihn kümmern.« Die Angelegenheiten mit seinem Sohn befanden sich oft in der Schieflage, waren belastet mit Erwartungen, zwei Seiten, die in entgegengesetzte Richtungen zerrten und alte Schulden austarierten. Ich war mir nie sicher, was es zu bedeuten hatte.

Ich war nur sicher, daß das Sterben, das langsame Sterben, enorme Aufmerksamkeit in Anspruch nahm. Alles war neu und von Dringlichkeit umgeben, der Brennpunkt so scharf und persönlich und angsteinflössend, wie damals in der Kindheit. Die Natur und ihre Ungeheuer saßen wieder in den Ecken und wisperten.

»Wenn ich hier raus komme«, sagte Charles, »hab ich eine Menge zu erzählen.«

Das Licht und der Lärm und das Herummanövrieren im Schlafzimmer – wie immer noch gesteigert durch Eugene, der gegen mein Bett donnerte, wenn er Charles die ganze Nacht lang wie eine Gans am Spieß herumdrehte – hatte mich schlaflos und verrückt gemacht. Als ich im Morgengrauen nach einem besonders heftigen Stoß aufschrie, warf mir Eugene vor, ich würde mich »anstellen«.

»Wenn sich hier irgendjemand anstellt«, schnauzte ich zurück, »dann bin nicht ich das.«

Zwei Stunden später machte ich mich auf zum Markt – mein einziger legitimer Zufluchtsort, wie ein Kirchenasyl –, als das Jauchzen und Schreien von Eric (der zu Weihnachten gekommen war), Eugene und Roberto unten am Pool den vor uns liegenden Tag ankündigten.

Als ich zurückkehrte, gab mir Charles zu verstehen, daß er im Schlafzimmer mit mir sprechen wolle.

»Also, was willst du?« fragte ich und rollte ihn hinein.

»Dich«, sagte er. »Ich will vier Sätze sagen und ich will, daß du zuhörst.« Ich setzte mich vor ihn.

»Ich habe heute morgen nachgedacht«, sagte er. Seine Stimme war zärtlich. Er wartete einen Augenblick, bevor er fortfuhr. Er ließ eine gewisse Zeit verstreichen, eine bestimmte Anzahl von Takten vorüberziehen, um die Spannungen zwischen uns zu glätten. »Ich liebe dich«, sagte er. »Ich habe die Kinder beobachtet. Denen geht's gut. Dein Sohn ist wunderbar. Ich weiß nicht, was in Zukunft passiert. Ich rede nicht mehr so schnell wie früher. Aber das, was ich sagen will, will ich von Herzen sagen. Du bist eine gute Person, eine gute Person… Person … Person.« Er übte seine Aussprache. »Person.«

Ich sprang lachend auf und legte meine Arme um ihn. »Ich liebe dich wahnsinnig«, sagte ich in meinem schönsten Duke-Ellington-Ton.

»Mir geht es heute besser.« Er lächelte. »Meinen Lungen geht es besser. Draußen war Rauch und der hat mir lange nichts ausgemacht.«

Ich rollte ihn wieder nach draußen. Roberto und Eugene spielten auf der Veranda Schach, während Eric weiter hinten mit den Hunden herumtobte. Zum Mittagessen aßen wir zu fünft gegrillte Ziege aus der Trattoria im Ort. Das Leben war wieder voll im Gang, bewegte sich weiter auf seiner kreisrunden Bahn.

Zwei Uhr morgens. Nach unserer nächtlichen Ausfahrt stellte Eugene den Weihnachtsbaum auf, den wir mit mexikanischem Papierschmuck und Knoblauchkränzen von den Voodooständen des Marktes schmückten. Wir hatten soviel Probleme damit, den Stumpf abzusägen, daß Charles vorschlug, wir sollten ihn in der Horizontale schmücken.

Drei Uhr morgens. Er hustete gnadenlos und sein Röcheln befreite ihn nicht von der Verschleimung. Ich raste in die Stadt und suchte nach einer die Nacht durchgängig geöffneten Apotheke, wo ich einen Gummischlauch für unsere Handpumpe kaufen könnte. Ich überfuhr alle Ampeln und ignorierte Verkehrsschilder, die Hunde schlitterten durch den hinteren Teil des Volkswagentransporters, während wir durch die dunklen Straßen schaukelten. Im Notkrankenhaus erklärte mir eine Gruppe gleichgültig dreinblickender mexikanischer Assistenzärzte, daß sie einen Krankenwagen schicken, aber nicht selbst kommen und seine Lungen zu Hause reinigen könnten. Ich rief Eugene an, um herauszufinden, wie ernst es war.

»Sprechen die Ärzte englisch?« wollte Charles wissen.

»Wir sind hier in Mexiko«, sagte ich. »Wenn es ein Notfall ist und sie Sanskrit sprechen, was zum Teufel macht das?«

Charles entschied, wenn die Ärzte kein Englisch sprechen, sei es kein Notfall.

Vier Uhr morgens. Eugene bat mich, wieder quer durch die Stadt zu fahren und noch einen Sauerstoffkanister zu besorgen.

Fünf Uhr morgens. Charles wünschte, daß ich ihm einen Pflaumen-Apfel-Honig-Ei-Milch-Muskat-Banane-Shake im Mixer zubereitete.

Viertel nach fünf. Als er ihn unter Schwierigkeiten durch einen Strohhalm trank – er konnte kaum schlucken und ich glaubte, er stünde kurz vor dem Tod –, flüsterte er: »Da läßt sich so schwer dran nuckeln wie an den Titten von ner Jungfrau« (eine Formulierung, deren Entschlüsselung uns ungefähr zehn Minuten lang in Anspruch nahm.)

Halb sechs. Eugene ließ Charles fallen.

»Dafür ist er bezahlt worden«, meinte Charles später wütend, als Eugene Jesus wecken ging, um ihn nach seiner Meinung wegen der Verletzungen zu fragen – eine große klaffende Wunde an seiner rechten Schläfe und ein Schnitt auf seiner Stirn zwischen den Augen. Eugene hatte offenbar versucht, die braune Kiste unter den Vorderreifen wegzuziehen, und der Stuhl war dabei gekippt. Als ich aus dem Badezimmer kam, wusch er die Wunde und schnitt Pflaster zurecht, cool und sachlich.

Halb elf. Die Ärzte waren eingetroffen, haben die Wunde an der Schläfe mit vier Stichen genäht, ihm mehrere Novocain-Spritzen gegeben und waren wieder gegangen. Als Jesus im anderen Zimmer die Kräutermixtur vorbereitete, sagte Charles düster: »Besorg zwei Paar Boxhandschuhe.«

Ich lachte. »Für dich und Eugene?«

»Für Daniele«, brummte er. »Für Daniele und Eugene. Er wird sich um ihn kümmern.«

Am Silvesterabend fuhr Eugene zu seiner Freundin, der Zahnärztin Hilda, zu einer ausgelassenen Familienfeier. Es war merkwürdig, fand ich, daß wir sie nie einfach nur Hilda nannten, schon gar nicht, wenn wir unter uns waren. Sie war die Zahnärztin Hilda. Wie das Lied über Rosie, die Nieterin im Krieg. Wahrscheinlich hatte Charles damit angefangen. Er hatte die Angewohnheit, Leute bei ihrer Berufsbezeichnung zu nennen. Oder Musiker bei ihren Instrumenten. »Hey, Bone!« sagte er zu dem ersten Posaunisten. Oder »Was ist los, Sticks!« zum Schagzeuger. Wie mein Vater, der alle Mädchen immer Mimi nannte.

Zu Hause saßen Charles und Arturo mit dem Sauerstoffapparat im Halbdunkel, das durch Kerzenlicht erhellt wurde. Daniele, Gabriela, Eric und ich aßen am langen Tisch, ebenfalls bei Kerzenlicht, lauschten dem entfernten Geräusch von Feuerwerk und Kanonenschüssen um Mitternacht. Charles kam nicht zu uns. Ich machte aus Traditionsgründen (Italien) einen Topf Linsen und ging zu Bett.

Eugene: »Was für eine Art von Beerdigung willst du?«
Mingus: »Mach was du willst, ich werde nicht da sein.«

5. Januar 1979. Die Sonne huschte über die Keramikfließen bis in die äußerste Ecke der Veranda, wo Charles neben Eugene in einem blendenden Lichtfleck saß. Ich machte mich fertig für die Fahrt nach Mexiko-Stadt, wo ich die Visa für unsere Rückkehr in die Vereinigten Staaten holen wollte. Unser sechsmonatiger Mietvertrag war abgelaufen und wir wollten nach Hause. Ich kniete neben Charles' Rollstuhl, um ihn zu fragen, ob er etwas Sashimi aus der Hauptstadt wollte. Sein Appetit, ungetrübt durch seine vierzehnmonatige Krankheit, war noch ebenso triebhaft und leidenschaftlich wie an dem Abend, als er fünfundzwanzig Ramos Gin Fizz bestellte. Erst vor zwei Tagen war ich mit derselben Dringlichkeit auf der Suche nach Ananas-Eiskrem durch das Viertel gerannt, mit der ich nachts Sauerstoff besorgte.

»Dad und ich haben Waffenstillstand vereinbart«, rief Eugene über die Schulter auf dem Weg in die Küche.

»Ich freue mich über den Waffenstillstand«, sagte ich sanft zu Charles.

»Ja, das stimmt«, fuhr Eugene fort, als er mit einem Tablett voll Tee zurückkam. »Er geht nachher ins Bett.«

»Gut«, erwiderte ich. Charles hatte das Bett eine ganze Woche lang gemieden. Als ich mich bereit machte zu gehen, fragte ich noch mal nach dem Fisch. Sashimi war seine liebste Leckerei. Er senkte seinen Blick, ohne etwas zu sagen.

Als ich am Abend vor der Garage hupte, öffnete mir Sabino ungewöhnlich rasch das Tor. Im Wohnzimmer saß Jesus alleine an dem langen Tisch. Eugene trat durch die Glastür ein.

»Dein Armband beim Juwelier war noch nicht fertig«, teilte ich ihm vorsichtig mit.

Eugene zuckte mit den Schultern. Es schien ihm egal zu sein.

»Ist Charles alleine?« fragte ich.

Eugene sah Jesus an. »Dad ist heute Nachmittag um drei Uhr an einem Herzinfarkt gestorben«, sagte er. Ich starrte ihn leer an. Nach all diesen Monaten des Ringens um Hoffnung war es trotzdem passiert. Ich rannte in das Hinterzimmer und hob das blaue Laken, das Charles' Kopf bedeckte. Ein elastischer Verband um seinen Kopf, der das Kinn fixierte, verlieh ihm beinahe ein Lächeln. Eugene und Jesus hatten ihren Job professionell erledigt. Eugene beobachtete mich von der Tür aus.

»Sogar seine Augen wirkten entspannt, als sie mich anstarrten, nachdem es passiert war«, sagte er. »Ich bin immer wieder ins Zimmer gegangen, nachdem er gestorben war. Sogar noch zwei Stunden später. Ich dachte, vielleicht ist er doch noch am Leben und hält nur die Luft an. Du weißt ja, daß er sein Herz anhalten konnte, wenn er wollte...« Ich erinnerte mich, daß sich Charles vor dieser Fähigkeit fürchtete, und daß er diese Angst in einer Komposition mit dem Titel »Half-mast Inhibition« zum Ausdruck gebracht hatte. Er hatte mir den Titel einmal erklärt – ungeduldig, als wäre es vollkommen offensichtlich –, daß »Half mast« der Tod selbst sei, eine herabgesenkte Flagge und »inhibition« sein eigenes Widerstreben, sein Leben auf Erden durch Meditation zu transzendieren.

»Ich konnte es nicht glauben«, fuhr Eugene fort. »Ich sagte: ›Wieso ich?‹ Ich hab ihm immer gesagt: ›Du wirst nicht in meinen Armen sterben, ich weiß, was zu tun ist.‹ Und das tu ich auch. Und trotzdem ist er gestorben.«

Was war passiert, als ihn Eugene ins Bett heben wollte? War es die Angst, die sein Herz zum Stillstand brachte? Es war, als hätte er gewußt, daß es im Bett passieren würde, und er hatte sich deshalb geweigert, ins Bett zu gehen. Sein Instinkt war so: er sah Gefahren voraus und schätzte die Ursachen manchmal falsch ein. Ich dachte an die Krücken, die er in jener Mondnacht gefunden, und an seine Ängste, die er wie Kassandra den ganzen Häuserblock hoch und runter gebrüllt hatte. Sein Mißtrauen gegenüber Eugene mag nur seiner Vision geschuldet gewesen sein, seinem Wissen darüber, wie sich sein Tod ereignen würde.

Ich fragte mich, ob er es an jenem Tag gewußt hatte; ob er deshalb den Fisch abgelehnt hatte.

Ich ließ das Laken wieder sinken. Irgendetwas in meinem Magen oder Herzen, oder wo sich auch sonst der Schmerz festsetzt, zwang mich, mich daran zu erinnern, wie ich knapp eine Stunde zuvor in einem Bus aus Mexiko-Stadt durch die Berge gerast war, mir von einer Gruppe lärmender Teenager den Text eines Trinkliedes beibringen ließ, die auf der anderen Seite im

Bus saßen, lachten und mich ermutigten mitzusingen. Trotz der anderen Passagiere wurden unsere Stimmen bei jedem Refrain immer lauter, bis wir unser Lied schließlich schrien. Der alte Bus holperte durch die rauhe Landschaft, schwankte von Seite zu Seite, und ich sah zu, wie die vertraute mexikanische Landschaft verschwommen an meinem Fenster vorbeizog, ohne daß mir irgendetwas das Herz beschwerte – während wir fröhlich auf Cuernavaca zufuhren, hatte ich nicht die Spur einer Ahnung, daß Charles zu Hause tot war.

ZEHN

»Sue and the holy river
Will send you to the saints of jazz –
To Duke and Bird and Fats –
And any other saint you have.«
Joni Mitchell, auf dem Album
»Mitchell/Mingus« 1979

Am Flughafen eilten Eugene und ich, wie gewöhnlich zu spät, durch die Gänge, schlängelten uns durch die lärmende Menge. Eugene zog eine große rechteckige metallene Urne mit Charles' Asche hinter sich her. Statt der eleganten, handgefertigten, schwarzen Ledertasche, die Charles gefallen hätte – und die Eugene, wie vorauszusehen war, nicht rechtzeitig aus dem Lederladen abgeholt hatte –, war die Urne in eine grellbunte mexikanische Decke gewickelt und auf einen kleinen Gepäckträger auf Rädern geschnallt. Sie sprang gefährlich als gelb, rot und grüner Farbklecks den Gang des Terminals entlang, schlingerte nach links und rechts, während Eugene vorneweg stürmte, so unbekümmert und leichtsinnig wie im letzten Sommer, als er Charles' Rollstuhl auf dem Markt bergab hatte sausen lassen. Charles, der an seinen Rollstuhl festgebunden war, hatte stolz und grimmig gelächelt, während er haltlos und buchstäblich außer Kontrolle auf die Straße schoß.

Eugene sah lachend zurück, sein Gesicht war hinter einer Brille, einer Zigarre und einem Schnurrbart, wie ihn Groucho Marx getragen hatte, versteckt. Er schoß von Gate zu Gate, sein langer mexikanischer Umhang flog durch die Luft, und plötzlich plärrte Jahrmarktsmusik aus den Flughafenlautsprechern über unseren Köpfen. Noch immer lachend, tanzte Eugene den Gang hoch und verschwand in der Ferne mit Charles' Asche, als sei es das Ende eines Fellini-Films, ein verwegener Clown bei seiner Abschiedsparade.

An Bord, mit der Asche neben mir, malte ich mir aus, wie Charles Essen und Champagner für die Urne bestellt hätte, so wie er es oft für seinen Baß getan hatte, der mit einem extra Ticket versehen auf dem Nachbarsitz thronte. Die Notwendigkeit einer extra Mahlzeit erklärte er gerne jeder noch unerfahrenen Stewardess, mit der er es zu tun bekam. Schließlich kannte man bei allen Fluggesellschaften in der Welt den Appetit seines Basses, so daß ohne weitere Diskussionen zwei Tabletts an das Fenster gebracht wurden, wo die beiden warteten.

In der amerikanischen Botschaft in Neu Delhi starrte mich ein großer, elegant gekleideter indischer Beamter von seinem Schreibtisch aus an: »Man bietet einem Sikh keine Zigarette an«, sagte er, als ich das Etui in meiner Tasche schnell wieder zuschnappen ließ. Er war ein Verwandter eines jungen Mingus-Fans in Vancouver und meine einzige Kontaktperson. Als ich ihm erklärte, daß mein Mann seine Asche im Ganges verstreut haben wollte, schlug er vor, ich solle einen Fahrer mitnehmen, jemanden, der mir helfen konnte, die Zeremonie durchzuführen. Mir war klar, wie auch dem Generalkonsul in der indischen Botschaft in Mexiko-Stadt klar gewesen war, als ich in der Woche zuvor dort mein Visum abgeholt hatte, daß ich keine Ahnung hatte, was ich tat, und er versuchte mir zu helfen.

»Seien Sie vorsichtig«, hatte mich der Generalkonsul in Mexiko-Stadt gewarnt. »Drogen werden oft in Särgen ins Land geschmuggelt, und vielleicht wird man sie aufhalten.« Seine Warnung nahm ich kaum zur Kenntnis. Er schlug vor, daß ich Charles' Asche in das Dorf Hardwar am Ganges in den Ausläufern des Himalaya bringen sollte – es war von Neu Delhi aus die nächstgelegene heilige Stadt. Sehr viel besser als Benares, hatte er gesagt, wohin ich zu reisen geplant hatte. Ich machte mich auf den Weg nach Hardwar und es gab keinen anderen Grund dafür, außer daß ein freundlicher Regierungsbeamter in Mexiko den Namen der Stadt genannt hatte.

»Sie werden im Fluß baden müssen«, sagte der Beamte vor mir. »Für Frauen gibt es einen abgetrennten Bereich. Sie werden ein Tuch tragen oder sich ein Handtuch umlegen müssen, aber bitte keinen Badeanzug! Es ist kalt, kälter als hier in Neu Delhi. Man wird Ihnen sagen, was zu tun ist.« Er trug einen Turban, und sein Bart war unter dem Kinn fest zusammengezwirbelt; es sah aus, als würde er durch ein Gummiband zusammengehalten. Was vor mir lag, schien abstrakt und unvorstellbar, und mir fiel nichts ein, was ich fragen könnte. Ich starrte seinen Bart an. Er sah kompliziert und zeitaufwendig aus und ich fragte mich, ob er ihn jeden Morgen neu flechten müsse. Als ich sah, daß er aufgestanden war und darauf wartete, mich an die Tür zu bringen, erhob auch ich mich.

»Die Göttin Ganga repräsentiert die Freude in diesem Leben und die Hoffnung in dem Leben, das kommen wird«, fuhr er fort. »Wenn Sie bei der Zeremonie den Brahim beten, kostet das elf Rupien oder einundzwanzig oder irgendeine durch zehn teilbare Zahl plus eins. Eine runde Zahl bedeutet Vollendung. Indem man eins hinzufügt, deutet man Kontinuität an, etwas, das weitergeht ...« Er verneigte sich steif und verschwand in seinem Büro.

Eine Stunde später klammerte ich mich an den Rücksitz eines Mietwagens, der bedenklich schnell durch das Flachland auf die Berge zu raste. Unser Ziel war die heilige Stadt Hardwar in Nordindien. Mein Fahrer-Führer, Mohinder Singh, starrte in den Rückspiegel und wunderte sich zweifellos, weshalb eine unverschleierte Amerikanerin mit einer großen Metallkiste auf dem Schoß diese Reise unternahm, deren Zweck er nicht ganz verstand. Er warf die Schale einer Orange aus dem Fenster, wischte sich die Hände an dem Schal ab, den er um den Hals trug (er hatte sich ein paar Augenblicke zuvor erst die Nase damit geputzt) und kurbelte sein Fenster hoch, um das Getöse der Ochsen, Motorroller, Rikschahs, wild vorbeirasenden Busse, Kamele und des endlosen Stroms barfüßiger Männer in abgerissenen weißen Baumwollhosen und Turbanen, die die

Schnellstraßen in Indien bevölkerten, Zehntausende von Männern – keine einzige Frau in Sicht – zu dämpfen.

Die Metallkiste mit Charles' Asche diente nun, während wir die Straße entlang holperten, als Armlehne und Stütze. Mohinder Singh beantwortete bereitwillig meine Fragen über die Gebräuche und Traditionen dieses Landes. Er erklärte mir, Hardwar sei »eine vegetarische Stadt« und daß Kühe heilig seien, ich würde meine Lederschuhe ausziehen müssen. Im Morgengrauen erreichten wir die heilige Stadt Hardwar.

Mohinder parkte den Wagen an einer hohen, mit aufdringlichen Werbeplakaten zugekleisterten Mauer, nahe an der großen Steintreppe, die zum heiligen Pier hinunter führte. Die Gesichter der Filmstars und ihre schrillen, irdischen Waren starrten aus einer Welt herab, die so weit entfernt schien wie der Himmel selbst. Unter den Postern verteilt lagen Obdachlose ausgestreckt auf dem Boden der kalten, jahrhundertealten Stufen, ihre dünnen Lumpen und Jutesäcke boten wenig Schutz an diesem eisigen Januarmorgen. Als Mohinder und ich den Pier erreichten, wimmelte die Welt der Toten vor Leben. Hier, wo der große Gott Vishnu einmal einen Fußabdruck hinterlassen hatte, drängelten sich bereits am frühen Morgen Trauernde und Bettler durch die Menge, schubsten abgemagerte Kühe weg, die sich träge an ihnen vorbeischoben. Wir drückten uns an den Reihen der Leprakranken vorbei, die auf Matten saßen und mit ihren dünnen Armen, die wie abgebrochene Blütenstengel im Wind wirkten, Bettelbecher hochhielten und mit den nahezu wertlosen Münzen darin klapperten. Mohinder erklärte, daß die Almosen für die Armen die Reise der Seele zu ihrer nächsten Inkarnation erleichtern würden, obwohl das unaufhörliche Geklapper ihrer Becher, das die Aufmerksamkeit auf sie lenken sollte, in dem allgemeinen Lärm und der traumartigen Losgelöstheit des Piers bald nicht mehr vernehmbar war.

Auch ich bewegte mich wie in einem Traum, wanderte mit Mohinder am Ufer entlang, an Barbieren vorbei, die im Schneidersitz auf dem kalten Boden saßen und die Köpfe und Gesichter der Männer rasierten, damit sie in den heiligen Fluß eintauchen konnten.

Wir wichen den Büscheln abgeschnittener Haare aus, die im

frischen Wind flogen, und gingen auf einen hohen, windschiefen Bau in der Nähe des Ufers zu, der eher wie der Ausguck eines Rettungsschwimmers oder der Sitz eines Schiedsrichters auf einem Tennisplatz aussah, denn wie die Unterkunft eines heiligen Mannes, als die er sich herausstellte. Ich dachte an den Privatclub, in dem ich vor langer Zeit das erste Mal Tennnis gespielt hatte. Er lag hinter einer Backsteinmauer, die unsere weiße Kleidung und hölzernen Schläger vor den Augen der Öffentlichkeit verbarg, hoch über den Straßenbahnschienen, auf denen längst keine Bahnen mehr fuhren. Nur die in Teer gebetteten Stahlschienen, die zu entfernen sich die Stadt nicht die Mühe gemacht hatte, erinnerten an eine andere Zeit. Auch das war ein Traum.

Auf seinem klapprigen Sitz saß gekrümmt ein alter Brahmane, von dem Mohinder meinte, er könne die Zeremonie leiten, die ich brauchte – ich würde allerdings mit ihm handeln müssen. Sein langes gelbes Haar und seine dünne Kleidung flatterten im Wind. Er schien argwöhnisch und nervös, erinnerte eher an einen Hütchenspieler auf dem Times Square denn einen spirituellen Führer. Wir einigten uns auf die Summe von elf Rupien oder neunzig Cent, und vereinbarten eine Zeit am folgenden Tag, zu der wir Charles' Asche verstreuen wollten. Hinter dem Stuhl des Brahmanen stand schwankend eine heruntergekommene Gestalt am Ufer, die die Asche eines Verwandten aus einer schmutzigen Papiertüte ins Wasser streute. Flußabwärts fischte ein alter Mann im selben Flußbett nach Wertgegenständen, nach Ringen oder Goldzähnen. Überall priesen Verkäufer den Hinterbliebenen Waren an.

Ich stolperte neben Mohinder Singh durch dieses Coney Island der Toten. Die grellbunten Papptempel sprenkelten den Pier wie Filmrequisiten zwischen pfirsichfarben gekleideten Krishnas, die mit ihren auf kahlen Schädeln wie Schamhaar hervortretenden Haarlocken in der Masse umherwanderten. Wir gingen an einer alten Frau vorbei, deren vertrocknete Brüste frei und sichtbar herunterhingen, als der Wind ihren nassen Sari hob, während sie sich im eiskalten Wasser wusch. Wir sahen Männer, die alles vom Ufer aus beobachteten. Schließlich blieb ich inmitten des geschäftigen Treibens still stehen. Ich versuchte ein Gemeinschaftsgefühl zu entdecken, irgendetwas, das uns alle verband. Die Aktivität um mich herum schien so vollkommen entrückt, exotisch und einschüchternd, daß ich den Mut verlor. Ich wußte, ich brauchte Zeit.

Hier war ich eine Außenseiterin, so wie in Mexiko – so, wie ich es vor langer Zeit mit Charles zusammen gewesen war –, mir waren die Hindutraditionen nicht bekannt, ich kannte ihre heiligen Texte nicht. Ich war eine Frau, die in einem Land umherging, in dem Frauen unsichtbar oder verschleiert waren. Ich fragte mich, ob Charles so etwas vorgeschwebt hatte oder ob ich nicht meine Klamotten schnappen und an meinem Führer vorbei in das kleine schäbige Hotel im Stadtzentrum rennen sollte, wo ich alleine sein und auf meine Art trauern konnte.

Mohinder Singh, der es eilig hatte nach Neu Delhi zurückzukehren, ermutigte mich, die üblichen Waschungen vorzunehmen, hier und jetzt – die vorbereitende Reinigungszeremonie, die erforderlich war, bevor ich Charles' Asche am nächsten Tag in den Fluß streuen könnte. Und so ging ich auf seine Anweisung hin zu dem für Frauen abgetrennten Bereich und stieg die Stufen hinab zu dem vor männlichen Blicken geschützten Abschnitt. Hier zog ich mich aus und bedeckte mich mit einem langen Stück weißen Stoffs, das ich mir hastig um den zitternden Körper wickelte. Dann ging ich direkt hinüber zum Steinufer und stieg ohne zu zögern die wasserüberspülten Stufen in den Fluß hinab, immer weiter hinunter, bis mein Körper eingetaucht war. Und dann, als das eiskalte Wasser meinen Hals erreichte, schrie ich laut »Charles« und hielt mit aller Kraft an dem Wort fest.

Die bittere Kälte, mein Gefühl der Trauer und des Verlusts, meine Nacktheit, die fremde Welt, in die ich eingetreten war, der Schmutz und Wahnsinn des Piers legten sich auf mich wie totes Gewicht und zogen mich hinab. Als sich die Wassermassen über mir schlossen, rief ich noch einmal Charles' Namen und dann passierte etwas. Das Gewicht, das mich nach unten zog, war verschwunden, stattdessen kam der Schock der Kälte, der Schock der Heiterkeit, plötzlich strömte Leichtigkeit durch meinen Körper. Das mußte die Taufe sein, die notwendig war, damit ich, wenn auch nur einen Moment lang, etwas in dieser anderen Welt, die ich betreten hatte, berühren konnte. Ich stieg aus dem Wasser und stand benommen und zitternd am Pier, während mir eine heilige Frau, die im Schneidersitz auf einem Tisch saß, einen roten Punkt auf die Stirn gab. Andere Frauen deuteten auf meine Kleider, die auf einem Haufen auf dem Steg lagen, und machten mir Zeichen, mich wieder anzuziehen. Ich sah die Stufen hoch, wo mein Begleiter stand und mich dreist und neugierig anstarrte, während ich zitterte, mir der Sari um die Taille hing und meine Brüste froren. Der Sari rutschte mir die Schenkel herunter und die Fremdheit, meine Nacktheit oder die bittere Kälte machten mir nichts mehr aus. Ich zog mich ohne Eile an, fühlte mich leicht und frei, so schwerelos und entrückt wie der kühle Wind, der das Ufer entlang wehte. Vielleicht hatte der Ganges sein Wunder vollbracht, hatte mich gereinigt und verändert wie die Gläubigen.

Ich überquerte die Brücke und gelangte an einen kleinen Platz, der von Tempeln umringt war und bestellte an einem Lebensmittelstand *poohri* – Brot. Ich beobachtete eine alte Frau mit ihren beiden Söhnen an einem Tisch in der Nähe, deren Hände so schlimm zitterten, daß ein Sohn sie festhielt, während ihr der andere verblichene, gelbe Baumwollhandschuhe über die Finger zog. Sie lehnte ihren Kopf in einer erschöpften, beinahe trotzigen Geste an seine Schulter. Eine Geste, die mich an Charles erinnerte und ich wußte, daß ihr Kummer auch meiner war. Ich gestattete mir, mich einen Moment lang einfach nur zu erinnern, schloß die Augen in der warmen Nachmittagssonne und vermißte Charles zum ersten Mal aus tiefstem Herzen.

Mohinder Singh wartete am anderen Ende der Brücke. Ich bat ihn, mich weiter nach Norden in den Himalaya zu einem heiligen, einfacheren Dorf zu fahren, das er beschrieben hatte und das Rishikesh hieß. Dort konnte ich Charles' Asche abseits des verrückten Trubels am Pier verstreuen. Ich hatte nun genug über heilige Orte erfahren, beschloß ich, um mir selbst einen auszusuchen.

Stunden später stand ich in Rishikesh auf einer Hängebrücke vierzig Kilometer flußaufwärts. Hier war der Ganges seiner Quelle näher und stärker, er strömte leuchtend hundert Meter unter uns hinweg. Hier am Ende der Welt, wo sich die Berge direkt in den Himmel erhoben, wo alle Bettler und Menschenmassen verschwunden waren, konnten wir in der Ferne einen Ashram mit Blick auf den Fluß sehen. Mohinder nickte, als ich ihn fragte, ob man uns erlauben würde dort zu übernachten. Wir parkten den Wagen und gingen zu Fuß weiter.

Für ein paar Cents hatte ich einen bunten Weidenkorb für Charles' Asche sowie Früchte und Blumen erstanden, die ich für die Zeremonie brauchen würde. Auch hatte ich mit Mohinders Zustimmung den häßlichen grauen Behälter aus Mexiko über die Brücke geworfen. In einem kleinen Innenhof in der Nähe des Haupttempels des Ashram begutachtete mich der zuständige Brahmane durch halbgeschlossene Augenlider, während er in der Sonne meditierte. Nach einer Weile führte er mich zu einem kleinen Haus über dem Ganges, das aus einem einzigen leeren Zimmer mit einem kleinen Balkon bestand. Er brachte selbst die saubere weiße Bettwäsche herein und legte sie auf ein Feldbett. Als es am Himmel dunkel wurde und die frische Nachtluft vom Fluß hereinzog, konnte ich den Sprechgesang aus einem anderen Ashram auf der anderen Seite des Wassers hören, wo sich eine Prozession mit Kerzenlicht am Ufer entlang bewegte. Schon bald begann der religiöse Sprechgesang auch in unseren eigenen Tempeln und wurde von langsamen erotischen Trommelschlägen und Glockengeläut begleitet. Ich stand auf dem Balkon und lauschte. Über mir funkelten Sterne.

Etwas Sinnliches und Greifbares mischte sich hier mit dem spirituellen Leben. In der Entfernung entlockte ein Mann einer Seemuschel Klänge voller Trauer, es war der transzendentale Ruf Krishnas. Am Fuß der Stufen zum Tempel standen drei Paar Männerschuhe. Ein Junge überquerte summend den Innenhof. Ich erinnerte mich an Allen Ginsbergs langen Hindugesang mit Beckenbegleitung an dem Abend, als er Charles und mich getraut und gesungen hatte: »Hare Krishna, Hare Krishna, Hare Hare, Krishna Krishna, Hare Rama, Hare Rama, Hare Hare, Rama Rama.«

Die Luft verdichtete sich durch etwas, das ich schon einmal gespürt hatte, etwas Bedeutsames und Unbestimmtes, eine Vitalität, die das Ende der Dinge begleitet. Ihre Intensität hatte mich vor Jahren in der Bibliothek meines Vaters, ein paar Stunden nach seinem Tod, erschreckt. Ich war mitten in der Nacht aufgewacht, hatte mich in dem Raum, in dem er so viele Stunden über seinen Büchern verbracht hatte, aus dem Schlaf gerissen. Eine Vielzahl funkelnder Lichter spielte im Dunkeln auf den Bücherregalen. Die Lichter waren lebendig und unerklärlich, aber erschreckender war die Beschaffenheit der Luft. Sie war stickig und ungewohnt, als wäre ich aus meiner eigenen Welt ausgeschlossen und in eine andere geworfen. Sie war lebendig wie ein Tier. Ich konnte spüren, wie sie sich bewegte. Ich hatte nach der Bodenlampe neben dem Liegesessel meines Vater gegriffen und das Licht angemacht.

In Indien war die Luft anders. Sie schien dräuend, üppig und voller Möglichkeiten. In der Bibliothek hatte ich nur ihren Schrecken gespürt. Hier, am anderen Ende der Welt, stand ich auf meinem Balkon und fühlte mich zu Hause, als gehörte ich zur Unendlichkeit der Nacht.

Ich erinnerte mich an meinen Vater, als er im Sterben lag, gelähmt und geräuschlos in einem Krankenhaus, nur zwölf Jahre bevor auch Charles gelähmt und geräuschlos wurde. Über die kurze Distanz hinweg zwischen meinem Stuhl und seinem Bett hatten wir uns wortlos angestarrt, vom frühen Morgen bis in die letzten hellen Stunden. Darin hatte mehr Intimität gelegen, als wir ein ganzes Leben lang miteinander geteilt hatten. Ich saß schüchtern neben diesem würdigen Mann, der mein Vater war, und warf aus Angst vor seiner Mißbilligung und seinem Stolz nicht die Arme um ihn, wie ich es heute tun würde. (»So bin ich eben«, hatte er meinem Bruder einmal gesagt und eine Umarmung verweigert. »Wenn du mich so nehmen kannst, dann werden wir Freunde sein.«) Charles, der Distanz nicht aushalten konnte, schloß ständig Kluften. Mit siebzehn hatte er den Tod herausgefordert, die größte Kluft, so unverzagt, wie er auch das Leben herausforderte. Die Macht des Todes reizte ihn, er meditierte in seinem Zimmer und war davon überzeugt, durch Willenskraft in eine andere Welt übergehen zu können. Im selben Jahr schrieb er »The Chill of Death«, und dann – später, als der Reiz verflogen war – führte die Erfahrung, den Körper verlassen zu haben, zu seiner Schlaflosigkeit. Er wurde der Mann, der niemals schlief, denn er hatte nun Angst, seinen Körper für immer zu verlassen und nicht wieder zurückzukehren.

Ich erinnere mich an einen späten Abend vor langer Zeit, als er in meine Wohnung auf der Eighty-Seventh Street platzte und direkt auf das Klavier zuging. Es war ein altes Klavier, bei dem Tasten fehlten und das vor dem Wohnzimmer im Flur stand. Er setzte sich auf die Klavierbank und begann eine Melodie zu improvisieren.

»Tod: ich wünschte du wärst eine Fr-au-au-au-auuu ...«, sang er. Er hielt inne und nahm einen großen Schluck aus einer Flasche Chianti, die er in einer Papiertüte mitgebracht hatte. Dann fuhr er fort: »Tod: ich wünschte du wärst ein Mä-ä-ä-ä-dchen ...« Er lachte zufrieden mit sich und unserem Zusammensein, ihm gefiel seine Vorstellung vom Tod. Er dachte sich beim Singen neue Textzeilen aus und sang sie auf ein Aufnahmegerät, das auf dem Klavier stand. Seine Stimme wurde im Laufe des Abends immer lauter und Fritzie, mein deutscher Schäferhund, der mit der Nase auf den Pedalen zu Charles' Füßen lag, fing an, in einem hohen Hundeklagen mitzusingen, denn er merkte, daß etwas vor sich ging. Irgendwo in einer alten Kiste habe ich noch das Band von Charles und Fritzie, wie sie miteinander singen.

ELF

»Die Dualität der materiellen Welt wird in Form von Hitze und Kälte, Elend und Glück spürbar ... Über das vollständige transzendentale Wissen verfügt, wer frei ist von dieser Dualität.«
Die Bhagavadgita

Am frühen Morgen, bevor die Sonne über dem Himalaya aufging und die Luft noch von der Nacht gefroren schien, als die alten Männer und Jungen unter meinem Fenster durch den Sand an den Fluß liefen und nackt im eisigen, grünen Wasser badeten, beschloß ich, daß es an der Zeit wäre, Charles' Asche zu verstreuen. Unten befreiten sich die Männer von den dünnen verblichenen Tüchern, die sie um ihre Körper geschlungen hatten, und nahmen ihre Turbane ab. Ungeachtet des Klimas und der Kälte trugen sie nur einen Lendenschurz und warfen sich heiliges Wasser auf die Haut oder tauchten in seine Tiefen ein. Es war eine heilige Tageszeit und hier in dieser kleinen Siedlung bereiteten sich die Sadhus und Brahmanen, die Heiligen und die Yogimeister auf den Tag vor.

Ich verließ meinen Balkon und ging über den Hof zum Haupttempel. Am Eingang zog ich meine Holzsandalen aus und wartete, bis mir der Swami ein Zeichen machte einzutreten. Er saß mit seinen Helfern auf dem Boden, überwachte das Abfüllen von Getreide in kleine dreieckige Papiertüten, die an die Armen verteilt wurden. Der Swami hatte ein Tuch um die Schultern gelegt und trug Socken. Er grüßte mich mit aneinandergepreßten Handflächen und ich setzte mich ihm gegenüber. Mit der Hilfe eines Übersetzers teilte ich ihm mit, daß ich nun für die Zeremonie bereit sei.

Ich war mir darüber im Klaren, ebenso wie der Swami, daß ich mein anderes Leben nicht hinter mir zurücklassen oder hierbleiben würde, bis ich mit dem Land, in dem ich Gast war, eins geworden wäre. Ich würde dem Himmel und der heiligen Luft um mich herum nicht näher kommen, als ich es in den vergangenen Tagen getan hatte. Und obwohl ich mich vor den geistlosen Anforderungen des weltlichen Lebens in Manhattan und der Rückkehr in ein nicht gewolltes, neues Leben ohne Charles, das ich mir kaum vorstellen konnte, fürchtete, bedeutete ich dem Swami, daß ich für die Zeremonie bereit sei, bereit, weiter zu machen. Der Swami rief einen jungen Brahmanen, der mich zum Fluß begleitete.

Die Morgendämmerung hatte noch nicht ganz eingesetzt, als wir die zahlreichen Stufen herunterstiegen und gemeinsam am eiskalten Ufer standen. Auf den Sand hatte ich den bunten Getreidekorb mit Charles' Asche neben die Blumengebinde aus Ringelblumen und Rosen und die Kokosnuß, die meine Milchgabe für die Mutter Ganges sein würde, gestellt. Der Brahmane reichte mir ein Stück glühenden Weihrauch und wies mich an, einen Kreis des Lebens in die Luft zu zeichnen, während er ein Gebet für den Übergang von diesem Leben ins nächste sang. Dann legte er die Lippen an die Öffnung einer Seemuschel, blies einen langen getragenen Ton und winkte mich zum Ufer. Ich trat in den Ganges und übergab dem Fluß meine Geschenke des Lebens und des Todes: Blumen und Früchte, Asche und Knochen. In einer letzten Umarmung tauchte ich in das Wasser ein, während Charles' Asche um mich herumwirbelte.

Als die Asche auf ihrer Reise davontrieb, stand ich unter dem kalten Himmel und erinnerte mich an die langen Monate in Mexiko, die endlosen Übergangsriten, die Geheimnisse, die Hartnäckigkeit unseres Glaubens und wußte, daß es keine Rolle spielte, ob das alles nur Täuschung war. Es spielte keine Rolle, ob Pachita rosafarbene Lockenwickler vor einem Auftritt trug oder ob das Blut des Leguans geruchlos war oder ob der Swami hier in Indien an kalten Wintermorgen Baumwollsocken trug. Wichtig war nur das Rauschen des Windes an unseren Fenstern, während wir Pfleger, Söhne, Frauen durch die mexikanischen Berge fuhren, angetrieben von Charles' dringlicher Suche nach Frieden, oder wenn Frieden nicht zu finden war, wenigstens nach noch einem Abendessen. Er war ebenso sinnlich gestorben, wie er gelebt hatte, er hatte seine Tage neu erfunden, als sie gezählt waren, er hatte sich in den herrlichsten Restaurants des Landes füttern lassen.

Ich kletterte ans Ufer und stand zitternd vor Kälte da, das nasse Tuch klebte an meiner Haut. In der Ferne sah ich einige unbeaufsichtigte Pferde, die am Strand entlang galoppierten. Als die Sonne hinter dem dunklen Streifen des Himalaya, der den kalten Himmel bedeckte, aufging, wurden glitzernde orangefarbene Karpfen unter der Wasseroberfläche sichtbar. Begleitet von zartem Glockengeläut winkte der junge Priester mit den Fingern in der Luft. Die Zeremonie und die langen Monate waren vorbei.

Ich lief weiter am Strand entlang. Er war ein Jahr lang gestorben, dachte ich; vielleicht war mir keine Angst mehr geblieben. Ich war am Morgen in Frieden aufgewacht, so wie ich es all die Zeit nicht getan hatte, seitdem sie mir erzählt hatten, daß Charles sterben würde. Jetzt war ich losgelassen, befreit von Bindungen, und mir war ein Augenblick Hindu-Ewigkeit innerhalb der Zeit gestattet. Ich ging am glitzernden Flußufer entlang und meine Schritte waren leicht, so hell und schwerelos wie das Sonnenlicht zu meinen Füßen.

EPILOG
DIE ANDAUERNDE DISKUSSION

»Das hat er also gesagt. Er sagte: ›Laß uns das auf der Bühne ausdiskutieren.‹«
Mingus über eine Unterhaltung
mit Charlie Parker

Ein paar Monate nach Charles' Tod wurde ich gebeten, eine kleine Band für einen Auftritt im Rahmen eines zweitägigen Mingus-Gedächtniskonzerts in der Carnegie Hall zusammenzustellen. Ich hatte so etwas noch nie getan und hatte keine Ahnung, wie ich anfangen sollte. Ich durchsuchte einen Stapel von Mingusplatten und beschloß, in Anlehnung an eine Formation, die Charles Ende der fünfziger Jahre für eine Columbia-Aufnahme gewählt hatte, ein Ensemble von vier Bläsern und einer Rhythmusgruppe zusammenzustellen. Alle Musiker, die ich anrief, außer dem Bassisten natürlich, hatten mit Mingus gespielt.

Zur Überraschung aller klang diese improvisierte siebenköpfige Band authentischer als alles andere bei der Veranstaltung. Der Grund war erstaunlich einfach: bei der zweitägigen Veranstaltung spielte niemand sonst Musik von Mingus! Abgesehen von einer Tanzeinlage zu einer Mingusaufnahme von einem Mitglied der Alvin-Ailey-Truppe, kam seine Musik überhaupt nicht vor. Mingus' Kompositionen wurden so sehr mit Mingus selbst identifiziert, daß andere Musiker offenbar davor zurückschreckten, sich an sie heranzuwagen. Diese Erkenntnis regte uns an, das Septett forzuführen, das als »Mingus Dynasty« bekannt wurde. Es war das erste Forum für die Kompositionen von Mingus, bei dem nicht Mingus' Drängen und seine lebendige Persönlichkeit den Ausschlag gaben.

Einige Leute meinten, es könne niemals funktionieren.

Es liegt ein langer Weg zwischen der Gründung der »Mingus Dynasty« und der Gegenwart. Ich werde den Tratsch der Musiker zu Beginn der ersten Tour durch die Vereinigten Staaten im Frühjahr 1979, nur fünf Monate nach Charles' Tod, nicht vergessen. Ich hatte ihn mit angehört, als ich den Zimmerservice rief und die Hotelkellnerin den Hörer neben einer großen Schale Grapefruit und Orangen auf dem Tresen liegen ließ, wo mehrere Musiker der Band bei ihrem Morgenkaffee saßen. Als sie wegging, um meine Bestellung weiterzuleiten, konnte ich hören, wie sie über meine Inkompetenz sprachen.

»Hey Mann«, sagte einer von ihnen. »Die hat nicht die leiseste Ahnung, was sie treibt.« Ich mochte nicht glauben, was ich hörte. Der Musiker, der das gesagt hatte, war derselbe, der mir von Anfang an mit Rat und Tat zur Seite gestanden hatte, derjenige, von dem ich dachte, er sei am ehesten auf meiner Seite. Lektion Nummer eins. Nicht viel später, während derselben Tour, weinte ich alleine auf einem Motelparkplatz in einem Mietwagen sitzend, nachdem verletzende Worte bezüglich meiner Auswahl an Hotels (ach, wie wichtig sie sind!) gefallen waren. Der Pianist kam zur Fahrerseite herüber und sprach mit mir durch den kleinen offenen Fensterspalt. Er erklärte, ich sei auf dem besten Wege, auch ein guter, alter Hase zu werden. Er meinte, am Anfang sei es hart, aber ich würde schon lernen und überleben. Keine Entschuldigung. Nur eine ungeschönte, klare Wortmeldung von jemandem aus dem inneren Kreis.

Nach zwei Jahren auf Tour als »eine von den Jungs« habe ich viele Geschichten zu erzählen und noch mehr Lektionen gelernt. Wie zum Beispiel die über den Musiker, der aus Prinzip ein Zimmer in einem anderen Hotel haben wollte, egal wie sehr ich versuchte, ihn umzustimmen. Es gäbe nur zwei Klassen von Hotels, verkündete er, als er uns alle stehen ließ: »Erste Klasse und keine Klasse.« Oder darüber, wie ich einmal drei

Kilometer auf hohen Absätzen durch die sengend heiße Sonne marschiert war, um mit streikenden Lastwagenfahrern in Belgien zu diskutieren, die die Mautstationen an der Grenze kontrollierten und sich weigerten, größere Fahrzeuge durchzulassen. Mindestens zweihundert LKW und Busse standen am Straßenrand. Ich flehte die Streikenden in schlechtem Französisch, aber mit guter Logik an, unseren italienischen Bus voller Amerikaner, der sich auf dem Weg nach Holland befand, durch die belgische Streikgrenze zu lassen. Triumphierend kehrte ich zwei Stunden später zurück. In meiner Abwesenheit hatten mehrere Musiker unter der Leitung unseres baßspielenden spirituellen Meisters im Bus ein buddhistisches Mantra angestimmt (»Nam-Myoho-Renge-Kyo«). Als ich die guten Nachrichten verkündete, feierten die Singenden lautstark ihren Erfolg. Meiner war, wie sich herausstellte, von nebensächlicher Bedeutung.

Ich erinnere mich an einen Musiker, der niemals aufhörte, sich über die Ungerechtigkeiten um ihn herum aufzuregen und der normalerweise einen großen Bogen um mich machte. Schließlich freundete er sich mit meinem Sohn an, als die beiden zusammen in Woodstock angeln gingen. An diesem Tag fing Roberto einen riesigen Fisch, der in der Nähe des Ufers herumlümmelte, indem er einen großen Stein auf ihn warf. Es war ihr Geheimnis und es zementierte ihre Brüderlichkeit. Auch mir half es. Und dann eines Tages, als jemand nach einem Konzert in die Garderobe kam und nach einem Musiker fragte, der zufällig schwarz war, und ich ihn an jemanden verwies, der zufällig weiß war, meinte der neue Freund meines Sohnes: »Du bist wirklich farbenblind, oder?« Von da an waren wir Freunde.

Tatsächlich waren wir sogar eine Familie, die meisten von uns. Wenn es nötig war, konnten wir miteinander reden. Man lernt Leute ziemlich gut kennen, wenn man mit ihnen monatelang, manchmal jahrelang unterwegs ist. Man entwickelt eine Sprache. Jede Tour hat ihren eigenen Wortschatz, ihre eigenen Ausdrücke, die sich aus den Tagen und den Ereignissen der Tour ergeben. Es gibt einen eigenen Code. Der Posaunist, der nach dem Konzert zum Fahrstuhl geht, und weiß, daß wir uns in nur drei Stunden schon wieder in der Lobby versammeln und abreisen, sagt über die Schulter hinweg: »Schlaf so schnell du kannst.« Der Schlagzeuger sieht einen ausgebrannten, irgendwie hängengebliebenen Sechziger-Jahre-Typen in langen abgerissenen Gewändern und Schals, Batiklook und Perlen am Flughafen und sagt mißbilligend: »Funk de dunk and mugley!« Dann gibt er dem Musiker, der gerade am nächsten steht, Fünf und wiederholt: »Mugley! Das ist schlimmer als ugly.« Der Flötist sagt: »Der ganze Druck liegt auf mir.« Dann dreht sich der Posaunist beim Verlassen des Speisewagens auf einer Bahnstrecke in Deutschland um und sagt, in Gedanken an den bevorstehenden Auftritt am Abend zu uns: »Wir sehen uns, wenn ihr besser angezogen seid.« Diese spontanen Bemerkungen werden unterwegs zu wiederkehrenden Motiven, wiederholen sich wie Melodiebögen, hämisch und vertraut für den Rest der Tour und dann später, Jahre später, werden sie vielleicht über eine Straße in Dayton, Ohio, hinweg gerufen, bei einer Zufallsbegegnung, wenn sie bereits Familiengeschichte geworden sind.

»Hey«, ruft dir eine Stimme aus der Vergangenheit zu, wenn du gerade dabei bist, das nächste Hotel zu betreten: »Funk de dunk and mugley, bro…«

Charles und ich haben nie über das gesprochen, was aus seiner Musik werden sollte, aber er wußte, wie jeder Komponist, daß sie weiterleben würde. Vielleicht wußte er, aufgrund seines Talents, Dinge vorauszusehen – und auch Unheil anzurichten –, daß ich damit zu tun haben würde. Schließlich übertrug er mir die Verantwortung für seinen Musikverlag, obwohl ich keine Ahnung hatte, was das mit sich bringen würde. In Mexiko führten wir ein Leben, das uns wie ein in der Gegenwart verankerter Notfall vorkam. Wir sogen die Sonne in uns auf, befolgten Pachitas Anordnungen und versuchten irgendwie klar zu kommen. Wir dachten überhaupt nicht über die Zukunft nach.

Ich bin keine professionelle Musikerin und ich trete nicht auf der Bühne auf, aber ich fühle mich inzwischen als Teil der Musik von Mingus und als Mitglied eines Kreises außergewöhnlicher Musiker, die sie lebendig halten. Am liebsten erinnere ich mich an die aufmunternde Bemerkung des Pianisten Sir Roland Hanna, als wir mit der ersten Mingus Dynasty durch Argentinien reisten. Auf dem Weg ins Fernsehstudio, wo ich vor dem Konzert ein paar Bemerkungen über die Band machen sollte, gab mir Roland, der gesehen hatte, wie ich bei Interviews ins Stocken geriet, einige Tips. Nach der Sendung, die ich sicher überstanden hatte, wollte er mir seine Anerkennung bekunden.

»Das war gut«, meinte Sir Roland. »Das war echt okay. Du bist eine…«

Er suchte nach dem richtigen Wort. Wir gingen den Bürgersteig vor den Studios entlang auf dem Weg zu unserem Hotel, plötzlich wandte er sich um und machte mir das höchste aller Komplimente.

»Du bist … eine *Musikerin!*«, sagte er stolz.

Wenn ich heute einen Konzertsaal betrete und die ersten Töne eines Mingus-Konzerts höre, kann ich wahrscheinlich genau sagen, ob die Musiker eine Badewanne oder eine Dusche im Badezimmer ihrer Hotelunterkunft haben, ob es im angrenzenden Raum ein bequemes Bett und einen Farbfernseher gibt. Ich habe zwei Jahrzehnte mit Mingus-Bands immer wieder auf Tour verbracht und ich habe gelernt, daß sich die Behandlung, die Musiker am Nachmittag erfahren, direkt auf die Musik am Abend überträgt. Ich habe darüber mit Konzertveranstaltern und Agenten gesprochen, von denen einige glauben, daß Musik abseits des Lebens existiert, getrennt von den Musikern, die sie spielen, und abseits der leiblichen Genüsse, die unterwegs so wesentlich für das Wohlbefinden sind. Jemand sollte mal einen einfachen Leitfaden schreiben – die Bedürfnisse sind keineswegs komplex –, denn diese Bedürfnisse werden das, was im Konzertsaal zu hören ist, so sicher beeinflussen wie das Sound-System oder ein Deckengewölbe.

Gelegentlich macht sich die Erinnerung an Charles' Gegenwart auf mystische Weise bemerkbar. Eine Baßsaite reißt am Anfang eines Konzerts oder die feinen Sinne eines Posaunisten nehmen Schwingungen in der Musik wahr, von denen er weiß, daß sie von woanders herrühren. Eines Abends, als ich ein Buch mit Kompositionen von Mingus für die Veröffentlichung vorbereitete und am Wohnzimmertisch unserer Wohnung in Manhattan saß, in der ich noch immer wohne, und die Seiten der Komposition »Reincarnation of a Love Bird« um mich herum liegen hatte, fiel eine Feder auf die Noten, die ich gerade betrachtete. Ich fegte sie mit der Hand herunter und sah auf meine Armbanduhr: drei Uhr morgens. Ich arbeitete weiter, aber ich dachte auch über die Feder nach. Merkwürdig, das um die Uhrzeit eine Feder herunterfiel. Obwohl es natürlich zu jeder anderen Uhrzeit ebenso merkwürdig gewesen wäre. Ich erinnerte mich an ein Gedicht mit dem Titel »A Feather falls«, das Charles geschrieben hatte. Es handelte von einer Feder, die er in der Carnegie Hall bei einer Probe durch die Luft herabschweben sah, kurz bevor er ein Gedächtniskonzert für Charlie »Bird« Parker spielte. Diese Begebenheit hatte dazu geführt, daß er ein Musikstück mit dem Titel »Reincarnation of a Love Bird« schrieb, die Musik, mit der ich mich gerade beschäftigte.

Ich beschloß, die Feder am Boden zu suchen.Vielleicht hatte ich sie mir nur eingebildet. Genau in dem Augenblick schlug irgendetwas über mir gegen den leeren schmiedeeisernen Vogelkäfig am Fenster und ich hörte einen lauten Knall. Eine kleine Amsel sauste im Zimmer umher. Sie landete auf dem Tisch und starrte mich frech aus wenigen Zentimetern Entfernung an. Ihre Krallen hatte sie breit auf das Notenblatt von »Reincarnation of a Love Bird« gepflanzt.

Ich ging in die Küche, um etwas Wasser in eine Schale zu geben, und der Vogel folgte mir. Als er sich auf dem Küchentresen neben mir niederließ, wußte ich, daß ich für diesen Vogel mein Leben umstellen, Gitter anbringen und die Ausgänge vogelsicher machen würde. Zunächst einmal schloß ich die Balkontür, durch die er offensichtlich geflogen war und ging zu Bett. Während ich las, zwängte sich der Vogel langsam durch den Spalt unten an meiner Schlafzimmertür, begutachtete den Raum, flog an die Bücherregale neben dem leicht geöffneten Fenster und schlief ein. Am Morgen war mein kleiner Freund tot, vielleicht aufgrund einer Erkältung. Ich begrub ihn in einer Pflanze zwischen Charles' Baß und dem Klavier.

In den Jahrzehnten seit Charles' Tod haben sich eine Reihe von Repertoirebands gegründet, die seine Musik fortführen. Dazu gehört das Charles Mingus Orchestra und auch die Mingus Big Band. Über zehn Jahre trat die Big Band Donnerstag abends in Manhattan im Fez auf. Die bekannte Rolle von Charles Mingus als virtuosem Bassisten, Bandleader und Bühnenpersönlichkeit weicht allmählich seiner sehr viel größeren Bedeutung als Komponist – vielleicht ist dies die stärkste Veränderung in der Wahrnehmung seit seinem Tod. Zu seinem Vermächtnis gehört eines der persönlichsten und vielfältigsten kompositorischen Gesamtwerke der amerikanischen Musik, es ist das zweitgrößte des Jazz. Die Library of Congress erwarb die vollständige Sammlung seiner Werke. In den Archiven liegen seine Notenblätter nun neben denen von Haydn, Mozart, Strawinsky und vor allen Dingen auch Beethoven, dessen tintenverschmierte, mit Kaffeeflecken übersäte wellenförmige Linien sich wie ein Sturm auf hoher See über die Seiten ziehen und die denen von Mingus am ähnlichsten sind.

Seine Jazz-Symphonie und sein zweistündiges Meisterwerk »Epitaph«, mit seinem ironischen Titel und der fünfhundert Seiten umfassenden Niederschrift, wurde zu seinen Lebzeiten nie aufgeführt. »Ich hab es für meinen Grabstein geschrieben«, hatte er drei Jahrzehnte vor der Premiere prophetisch gesagt. Zehn Jahre nach seinem Tod und mit Unterstützung der Ford Foundation, dem National Endowment for the Arts, dem britischen Channel Four, dem Musikwissenschaftler Andrew Homzy, dem Verleger und Dirigenten Gunther Schuller und vielen anderen, hatte »Epitaph« nach einem nervenaufreibenden Jahr der Planungen und Vorbereitungen schließlich am 3. Juni 1989 im Lincoln Center Premiere. Ich habe es selbst produziert. Es war eines der anstrengendsten und aufregendsten Ereignisse meines Lebens. Bis zum letzten Augenblick – einschließlich der letzten Generalprobe, als noch immer neue Musikblätter per Kurier von dem Team der Kopierer, die rund um die Uhr arbeiteten, eintrafen – hatten wir keine Ahnung, ob das Konzert ein Triumph oder ein Reinfall werden würde. Es schien wie ein Wunder, aber alles funktionierte. Die Musik war hervorragend, der Saal ausverkauft und die *New York Times* nannte es eines der wichtigsten Musikereignisse des

Jahrzehnts – das erste längere Werk seit Ellingtons »Black, Brown & Beige« von 1943 und dreimal so lang. Gunther Schuller nannte es die »Götterdämmerung des Jazz«.

Seit damals sind drei verlorengegangene Teile von »Epitaph« wieder aufgetaucht. Sie wurden von Andrew Homzy entdeckt, der die ursprüngliche Version wie ein Detektiv Stück für Stück aus Hunderten vergilbter Manuskriptseiten in einer Holztruhe in meinem Wohnzimmer zusammensetzte. Durch eine Zufallsentdeckung löste er das letzte Rätsel, als er in den Musikarchiven des Lincoln Centers stöberte. Dort fand er die fehlenden Teile und ebnete damit den Weg für eine letzte und vollständige Premiere von Charles' Meisterwerk in der Zukunft.

Auf den Tourneen mit den Musikern habe ich viel über Musik und diejenigen, die sie spielen, erfahren. Ich habe die Hingabe, Komplexität, die Gefahr und Kompromißlosigkeit gesehen, die in einem Auftritt liegt. Jeder Musiker wird bestätigen, daß Mingus' Musik vielfältiges Können verlangt. Ein Schlagzeuger hat sie einmal mit einem Zirkus mit drei Manegen verglichen; er hätte vier sagen sollen. Man muß Noten lesen können wie ein Klassischer Musiker, improvisieren wie ein Jazz-Musiker, mit dem Ensemble zusammenspielen und außerdem noch Persönlichkeit besitzen. Ich habe gesehen, wie ein Verhalten, das in einem bestimmten Kontext vielleicht Probleme verursacht, in einem anderen genau die explosive Magie und Freude erzeugt, die ein Konzert lebendig machen und das Publikum von den Sitzen reißt. Die Musik wächst und reift durch solche Widersprüche.

Das erinnert mich an ein Konzert kürzlich in Aarhus, Dänemark, bei dem sich zwei Musiker hinter der Bühne nur Augenblicke vor einem ihrer besten Konzerte angeschrien haben. Ein Kritiker im Publikum hörte den Krawall durch die Vorhänge und dachte, es sei ein Bandmitschnitt von Mingus, der absichtlich eingesetzt wurde, um die Musiker in die wahnsinnige kreative Angespanntheit, die vor einem Konzert nötig ist, zu versetzen. Er schrieb das voller Bewunderung am nächsten Tag in seiner Kritik.

1995 gründete ich eine Plattenfirma mit dem Namen Revenge Records. Ihre Aufgabe ist es, das Mingus-Material, das illegal von Piratenfirmen auf der ganzen Welt veröffentlicht wurde, wieder zurückzustehlen und es auf unserem eigenen Label zu veröffentlichen: um die Mitmusiker zu bezahlen, die niemals Honorare erhielten und vor allen Dingen, um den Piraten das Handwerk zu legen, indem man ihre Preise auf dem Markt unterbietet. Viele Jahre und lange bevor ich Revenge Records ins Leben rief – als einen effektiveren Weg, sich den Piraten und Läden zu widersetzen, die diese oft unabsichtlich unterstützen –, ging ich in die Läden und stahl Mingus-Musik, lief mit einem Dutzend illegaler Mingus-Platten unter dem Arm aus dem Laden, ohne angehalten zu werden. Bis ich eines Tages in Paris auf frischer Tat ertappt wurde. Die Ladendetektive warteten, bis ich durch die Türen auf die Champs Elysées trat, und umzingelten mich auf der Straße. Sie fuchtelten mit ihren Walkie-Talkies in der Luft und zwangen mich, ihnen nach oben in das Büro des Geschäftsführers zu folgen, der sich groß und wütend neben seinem Schreibtisch aufgebaut hatte und mit dem Telefon in der Hand drohte, die Polizei zu rufen.

Ich ermutigte ihn, es doch zu tun. Ich schlug ihm vor, die Nachrichtenredaktionen der Fernsehsender und Radiostationen ebenfalls anzurufen, sowie die Redaktion der wichtigsten Jazz-Zeitschrift in Frankreich zu informieren, die sich zufällig auf der gegenüberliegenden Straßenseite befand, damit ich ihnen allen erklären könne, weshalb ich illegale Produkte aus seinem Laden entfernte. Der Geschäftsführer legte den Hörer wieder auf. Wir hatten eine ausgedehnte Diskussion über Plattenpiraterie von unserem jeweiligen Standpunkt aus. Nach einer Weile erlaubte man mir, den Laden mit den gestohlenen CDs zu verlassen, denn ich hatte mich geweigert, sie zurückzugeben. Ich wußte, mein Erfolg war begrenzt: ich wußte, daß die geleerten Fächer am nächsten Tag aufgefüllt würden. Auf dem Weg zurück in mein Hotel kam mir die Idee für Revenge Records.

Ich erinnere mich, daß ein Interviewer Charles einmal fragte, wo er sein Vermächtnis innerhalb der traditionellen Kategorien sehen würde, zu denen europäische klassische Musik, Bebop, Dixieland, Gospel, Lateinische Rhythmen und Blues zählten – alles Genres, aus denen er für seine Kompositionen schöpfte und über die er dann hinausging. Er sah hoch und seufzte: »Können Sie es nicht einfach Mingus-Musik nennen?« Mehr als zwei Jahrzehnte später denke ich, würde es ihm gefallen – wenn auch nicht überraschen – zu erfahren, daß wir das können.

Was mich betrifft, bin ich von seinen Klängen und manchmal seiner Wut umgeben: Musiker anheuern und feuern, Musik veröffentlichen und produzieren, gelegentlich auf die Bühne stürmen. Es ist eine Rolle, die ich mir früher kaum hätte vorstellen können. Die Anforderungen liegen in seiner Musik selbst begründet. Musiker entdecken das, wenn sie auf deren Reize reagieren, auf die Forderungen nach persönlichem Ausdruck, die in seinen Noten weiterleben. »Spiel selbst!« brüllte er seinen Musikern und der Welt entgegen.

Die Diskussion geht weiter.

DANKSAGUNG

Ursprünglich wollte ich diese Geschichte *Porträt des Künstlers als sterbender Mann* nennen – eine Darstellung von Charles' Würde und Stärke während seiner letzten Tage in Mexiko, als er jeder Forderung gerecht wurde, die er jemals auf einer Bühne herausgeschrien hatte. Im Laufe der Zeit jedoch wurde ich nach der Stimme hinter dem Erzählten gefragt – danach, wer ich sei, nach unserem gemeinsamen Leben, nach meiner eigenen Geschichte –, es wurde eine sehr viel persönlichere Rückschau, als ich erwartet hatte. Vor einigen Jahren nahm mein Freund Richard Michi aus Chicago meine handgeschriebenen Notizbücher aus Mexiko mit, gab das Geschriebene in den Computer ein und ermutigte mich, ein Buch daraus zu machen. Freunde lasen und kommentierten den Text, boten mir Agenten an und erteilten Ratschläge, besonders Janet Coleman, Myra Friedman, Jill Neimark, Celia Zaentz und Elin Schoen Brockman. Eines Tages stellte mir Elin Harold Bloom in Yale vor, der mich an seine Literaturagenten, Glen Hartley und Lynn Chu in New York City vermittelte, die mich wiederum an Erroll McDonald, meinen Lektor bei Pantheon Books, verwiesen. Ich bin ihnen zutiefst dankbar. Ich möchte außerdem Jane Barnes für ihren redaktionellen Rat und Gordon Beeferman, sowie allen anderen aus meinem Büro danken, die die Manuskripte lesen mußten; außerdem danke ich Sy Johnson für die musikalischen Einsichten, zu denen er mir über die Jahre hinweg verholfen hat. Meine Anerkennung gilt den unendlich geduldigen Mitarbeitern bei Pantheon, die es mit mir ausgehalten haben, darunter Archie Ferguson, der den Umschlag der Erstausgabe (viele Male) entworfen hat, Alti Karper, Janice Goldklang, Suzanne Williams. Vor allem aber möchte ich meine Kinder, Susanna und Roberto, grüßen, die dieses Leben an meiner Seite gelebt haben und die, ohne dies Buch zu lesen, wissen, was darin steht.